总　　编　谭维克
副总编　许传玺　赵　弘

中外人文精神研究

第十一辑

主　　编　杜丽燕
副 主 编　程倩春
执行主编　孙　伟　王双洪　王玉峰　王　杰

人民出版社

《中外人文精神研究》编委会

目　录

永远的马克思——纪念马克思诞辰200周年

中华精气神

西洋精华

西学东渐

社会视野

永远的马克思
——纪念马克思诞辰 200 周年

从马克思学说到国外马克思主义
——一种人类思想的产生、演变与实践

黄小寒[①]

从马克思学说到国外马克思主义不仅反映了不同地域的民族文化传统和社会结构基础的差异，而且体现出对世界共同文明精神的继承、丰富与发展。它们作为一种人类社会主义或共产主义性质的思想，在回应170年来人类生存和实践提出的困境、危机与挑战中，试图揭示社会运动的特点、规律与趋势，推动实现人的解放、自由和全面发展。今年是马克思诞辰200周年，对马克思的真正理解与纪念，莫过于将他的思想和家族谱系放入世界历史进程中，深入地考察其产生、演变与实践，在历史检验中对其说"是"。

一、经典马克思主义的产生：对传统理论的超越与转向

15世纪末，欧洲多年来经济变革的积累导致了对中世纪各种制度的革命性重构，这种激烈的变化引发了深远的社会与政治后果。到16世纪，欧洲社会中不仅新制度不断替代旧制序，而且逐渐出现了中产阶级，即后来的新兴资产阶级。在这个欧洲大转折以及问题不断涌现的时代，欧洲文化思想的演进对其给出了许多设想或方案。今天资本主义社会的面貌与这种欧洲文化的基础性奠基分不开。经典马克思主义并不神秘，她的视野始终没有离开世界文明的发展大道，马克思的思想或经典马克思主义就是在这块地域土壤上产生和发展起来的。

人类是"孕育文化的"动物。西方文明发端于两大力量：一是古希腊的思想；二是道德和宗教的信仰。经过文艺复兴和宗教改革，在资本主义的发展过程中，在经典马克思主义诞生的前3个世纪中，欧洲一些先贤们的理论洞见体现了当时思想文化的水平线。资本主义社会是以"自由、平等、民主、人权"等资产阶级的法权为基础。资本主义社会的建构伴随着这些意识形态或价值观念的确立与演变。

在资本主义的肇始，首先，我们看到的是自然法（它是指一套规则或理念。在物理

① 作者系北京大学马克思主义学院教授。

学、天文学等方面，它意指定律式的原则；在伦理学和法学等方面，它意指可以为人们直觉认知到的正当规则或规范）与理性主义。16 世纪的霍布斯接续马基雅维利提出了"自然状态说"和"社会契约论"。他指出，在"自然状态"下，人为自己攫取其他人所需要的东西是一种"自然权利"，因此"人对人像狼一样"。人们为了各自获得安全，达到自我持存，从前一种野蛮的非理性状态过渡到后一种文明合群的理性状态，就要放弃追求一切事物的权利，把它转让出来。这种转让需要政府与君主的强力、需要法律，但是君主可以不受契约约束。上述内容体现了一种自然法。霍布斯不仅总结了以往两个世纪因各种旧制度的衰败而形成的人性观；而且还把握了后续两个世纪因新制度的确立而迸发的自由放任精神，他更强调的是一种"消极自由"，个人主义是霍布斯思想中彻头彻尾的现代因素。

到了 17 世纪，自然法已经成为前定的结论，洛克也不会摆脱这一趋势，仍然以"自然状态说"和"社会契约论"为出发点。他主张"天赋人权"，私有财产权是一种不可侵犯的权利，以个人利益来阐释社会。但是，作为后嗣学说，洛克又认为，人与人之间本应是"和平、自由、平等"的。所以出现自然状态的缺陷，在于没有组织手段使正当规则生效。个人的自由、同意，让渡权利，只有在社会承担起保护每个人财产的义务时才能实现，社会就是人为了实现自己的利益而组成的。因此，他提出"权力重归人民"的思想，强调对权力的道德约束，受托的统治者对其统治的社会（人民或共同体）负有责任，政府必须服从法律，否则，人们就有权力推翻其统治。他还提出权力分立制衡的机制，特别是立法权的重要性。这样，洛克与霍布斯之间就出现了逻辑矛盾。前者从功利的角度考虑，设想个人和各种制度在从事对社会有益的工作，而政府则根据整体利益，并在使整体成为一个共同体的法律框架内工作。后者从个人自我满足的角度考虑，认为社会是由受自私动机驱使的个人组成的，这些人企图受法律和政府保护，在安全与和平的情景下获得最大限度的私人利益。二者如何达成统一，洛克无法处理如此棘手的问题。这一分裂反映了 17 世纪社会本身的复杂性。有意思的是，洛克的上述思想不仅对英法资产阶级革命和美国独立战争发生了影响，而且他的唯物主义思想还与法国的社会主义和共产主义思潮相关联。

18 世纪，法国百科全书派们基本上巩固了之前欧洲历史上学者们所创造的成果，捍卫了自由和人性生活的理想。伏尔泰提出了"购买自由"的思想、孟德斯鸠提出了"三权分立"的思想、爱尔维修提出了功利主义的伦理思想、霍尔巴赫提出了对自然权利的功利主义解释，等等，这些都反映了当时法国是以物质利益为轴心的时代。特别要指出的是，由于法国生活的实践形态，一些学者提出了乌托邦共产主义的方案。例如梅叶、马布里和摩莱里，后来的圣西门、傅立叶、德塞米和盖伊等。而在文艺复兴时期，英国人莫尔和意大利人康柏内拉，后来的英国人欧文也提出了相关的思想。马克思主义经典作家曾经说过，英国人的唯物主义观念被法国学者继承下来，最后汇入社会主义学说。而这种唯物主义又以法国人所赋予的形式重新回到了它的祖国英国。以上的乌托邦社会主义者在批判现实社会时，揭露社会贫富差距，抨击资本主义自由、平等、民主、人权的虚伪性，提出废除私有制、实行公有制，消灭阶级，以合作劳动代替资本主义雇佣劳动等思想。但是，“他们只能求助于理性来构想自己的新建筑的基本特征，因为他们还不能求助于同时代的历史”①。

在资本主义的发展过程中，出现了对自然法的挑战和理性主义的危机。卢梭质疑法国启蒙学者，人性中究竟什么是自然的，什么是人为的？他认为，超越于自利之上，人还有良心和情感，因此，人天生是善良的，“每个人都生而自由平等”。人性中的失调，精于算计的利己主义只存在于堕落的社会中。卢梭抨击理性主义，他认为正是理性主义毁掉了虔诚和信仰。他崇尚道德意志，这为康德关于科学和道德与信仰的分界提供了启示。显然，卢梭的思想与自然权利的自由主义或功利主义的自由主义不同。卢梭更倾向于没有等级差别的社会。他从个人主义中游离出来遁入社会。他认为，自然状态下个人的战争应归咎于“公共的人”或“被称为主权者的道德存在”。个人是由于社会才成为人，只要个人之间有共同利益，他们就会组成社会，而且每个社会都有一种调节其成员行为的“总体意志”（把社会看作一种具有自己的特性和机制准则，并超越其成员的目的和意志之上的集体性实体的观念）。基本的道德能力是公民而不是人。在使人成为人之前，必须使其成为公民。卢梭的社会契约论提出，契约就是人们自由协议的产物。缔结契约的每个人都必须把自己的一切权利转让给全体。这样就可以获得契约的平等与自由。这种根据契约形成的全体就是国家。契约缔结者就是公民。为此，政府（法人团体的代理人）必须给人以法律下的自由，必须给人提供福利和消除财富分配上的重大不平等。自然法赋予人本身的个人权利，如自由权、平等权和财产权，都是公民的权利。人民是主权者，如果政府违反“公益”，人民就有权推翻它。卢梭抨击私有财产，但把财产权作为公民最神圣的一项权利。他没有考虑过财产权在社会中的地位，也没有要求废除财产权。可见，卢梭的思想中存在的非理性主义和浪漫主义的“联合体”情节，还有对柏拉图式的民主城邦的崇尚。

休谟对一个半世纪以来哲学所缔造的自然法体系的各种基础性观点做了逻辑批判，这种批判达到了有史以来的顶点。休谟认为，所谓理性内涵中的三种要素是需要进行区分的。首先，严格意义上的演绎或理性；其次，可以被发现的经验关系和因果关系；

① 《马克思恩格斯选集》第3卷，人民出版社2012年版，第653页。

再次，属于价值范畴的正当、正义或功利。后两者应该具有“约定”的性质。这样，休谟对自然法体系的理性伦理学以及政治学中的契约说和同意说都给以了抨击，“证明任何事物必然存在的理性形而上学就不可能了。”①这种分析引出了经验实证主义，并导致了一种更精致的形而上学。

自从16世纪笛卡尔以来，理性主义把人们从权威和传统的束缚下解放出来，而卢梭的非理性主义和休谟对理性、事实和价值的分裂则对它提出了质疑与否定。黑格尔试图重建理性并依凭去解决一系列尖锐的问题。

黑格尔处于世界历史范围内德国哲学最兴盛的时代，18世纪至19世纪的黑格尔，他的哲学形而上学潜在地包含着对现代生活的批判与对现代思想的彻底重构。他特别关注两个问题：一个是自现代思想发端之始就存在着的科学的自然秩序与宗教伦理传统之间的对立。在黑格尔之前，卢梭、休谟与康德已经尖锐地把问题提了出来，它反映了启蒙时代分析逻辑只能以并列方式处理各个局部的机械特征。黑格尔试图确立一种综合的逻辑以内含和复合休谟和康德所拆分的概念。这种把伦理必然、自然必然和逻辑必然相结合，正是系统化的新逻辑辩证法的本质所在。这种演化的理性形式可以运用于一切与逐渐变化和发展相关的领域。通过把握事件内在的“发展”规律，洞察逻辑上的下一步各种事态所固有的真实命运。②

另一个是如何看待人类历史。黑格尔认为，人类历史是一个有内在联系的统一体，个人或伟人在历史中不起决定作用。人类历史过程始于一种实现自身的潜力，隐含着各种非人格因素。人类历史是螺旋式上升的。它是通过对立斗争而向前发展的，每一种趋势在达至顶点时就会产生出摧毁其自身的相反的趋势，这是宇宙的规律，也是思想的法则。黑格尔质疑自由主义的个人主义。他认为个人不是孤立的原子，因此，无论是社会还是国家都不能仅以个人的同意为基础。它们还根植于构成个人自我实现的有关需求与满足的整个结构中。③ 自由是一种社会现象，“自由乃在于把私人意愿和个人能力与践行对社会具有重要意义的工作相协调”。④ “甚至私人的幸福也要求以那种与社会地位相伴随的尊严和那种参与有益于社会的工作的意识为条件。”⑤他提出，国家和市民社会是一种相互对立、相互依存的关系，经济力量对政治力量具有重要的作用，国家是合乎理性的。黑格尔分析了不同性质的政体，他提倡君主制，不重视民主程序，更

① 乔治·萨拜因：《政治学说史》，上海人民出版社2015年版，第373页。
② 参见乔治·萨拜因：《政治学说史》，上海人民出版社2015年版，第421页。
③ 参见乔治·萨拜因：《政治学说史》，上海人民出版社2015年版，第438页。
④ 乔治·萨拜因：《政治学说史》，上海人民出版社2015年版，第438页。
⑤ 乔治·萨拜因：《政治学说史》，上海人民出版社2015年版，第438页。

强调有序的科层管理。他也不否定社会地位的差异。

总之,黑格尔试图以一种新理性替代17世纪和18世纪自然法体系所占据的地位。但是,黑格尔的哲学思想体系是客观唯心主义的。无论是第一个问题或第二个问题都蕴含在"绝对精神"自我运动和自我认识的辩证发展过程中。他是以客观唯心主义的辩证法修正"各种思想规律"。

由卢梭开启到黑格尔对自然权利哲学的超越,并没有替代17世纪至18世纪主流的个人主义传统,而且在19世纪西方国家获得了重要的成果,即公民自由、财产安全以及由明智的舆论控制的政府机构,并逐渐实现其核心价值:满足人的个性。

与17世纪至18世纪自然权利学说不同的是,19世纪的自由主义顺应科学和特定社会现实的发展趋势,开始强调理想要在实践中实现,因此,整个自由主义哲学洋溢着功利主义的气质。19世纪,工人阶级已经登上历史舞台,代表他们观点的是社会主义,而自由主义则为社会的平稳转型提供了若干原则。这时的自由主义分为先后两个时期;早期自由主义主要继承个人主义;而后期自由主义既维护个人主义,又对社会和公共利益的现实予以承认,颇有些以反自由主义的形式出现。

早期自由主义又称古典自由主义或哲学激进派的思想,其理论基础是功利主义。边沁认为,追求功利是人的本性,社会利益不过是个人利益的总和。所以最大限度地追求个人利益,个人利益增加了,自然全社会也就繁荣了。他的功利主义的原理之一是:"最大多数人的最大幸福"。这些构成了私人道德和公共政策的一种指导原则。它们关系法律、经济和政治领域的改革设计。边沁的法律理论认为,根据幸福原则,立法者可以"用理性和法律的手段来培育和建构幸福结构。因为它从价值和动机两个方面都提出了一种基本人性的理论"①。但是边沁蔑视历史因素,他的法理学所借用的自然法中的平等原则,即所有人都能过像人一样的生活,不仅最大幸福原则无法涵盖,而且所遵循的个人主义观念也会对此形成偏见。古典经济学或自由放任理论的渊源为亚当·斯密等,最重要的代表是大卫·李嘉图。古典经济学也以边沁所提出的一般人性论为基础,这种经济学试图说明任何经济社会的规律,然而与边沁一样,缺乏历史视野。古典经济学的理论十分纠结。以李嘉图为例,一方面,他的经济学以劳动价值论为基础,通过"看不见的手"达成经济利益之间的和谐;另一方面,他的经济学涉及不同利益集团之间如何分配产品的法则,摧毁了自然自由体系的和谐正义。李嘉图的古典经济学已经描绘了一幅资本主义剥削劳动的图景。早期自由主义的政治理论,就边沁而言,他相信好政府与善政,否认制度性保障对于政治自由和公民自由的意义。詹姆斯·密尔

① 乔治·萨拜因:《政治学说史》,上海人民出版社2015年版,第473页。

与边沁一样，他提出，如霍布斯所示，所有人都受无休止的欲望所驱动，包括权力的欲望。因此，他不接受权力制衡的思想，强调建立立法机构，并笃信中产阶级。他主张普选制，把一种利己的个人动机与相信人类利益自然和谐的信念统合在一起。虽然自由主义的思想在19世纪引发了一系列政府改革。但是，他忽视制度和历史沿革，按照一种对人性和动机的公式化观念行事，其功利主义的检验标准充满了未经检验的假说，而伦理学中的最大幸福原则也需要许多前提条件才有意义。因此，这种自由主义只能是那个时期某个方面的社会利益的代言人。

19世纪中叶，自由放任的产业制度所导致的各种社会后果，使得自由主义产生了很大的疑虑。后期自由主义开始修正前期的自由主义理论。第一波修正浪潮的主要代表是约翰·斯图尔特·密尔和斯宾塞。密尔关注社会制度的性质和演化。他反对纯粹的利己主义，认为社会福利是所有善良的人都关注的问题。思想和研究的自由、讨论的自由以及自我控制道德判断和行动的自由，其本身就是善，并认为自由、正直、自尊和人格特性是幸福的固有属性。密尔认为政治制度对生活的运行方式具有重要的作用，但是，他没有把自由同解决政治问题联系起来。他探讨个人自由对社会和法律的权力与义务的依附问题，提出个人行为在一定意义上始终是社会化的。密尔放弃了自然经济法则的概念和自我调节的竞争性经济体系的教条，强调社会立法同自由市场的相关性，并揭示资本主义社会是按照与劳动的反比分配劳动产品的。密尔还深受孔德的影响，指出思想演进有着某种特定的可能进步的秩序；人类发展的不同阶段有不同的社会制度。斯宾塞打破了传统自由主义的狭隘性，把生物进化和社会进化相联系，提出了有机体的进化论，即历史哲学的新版本与17世纪的自然法体系相媲美，因此摧毁了旧的联想心理学的教条主义，并将政治学和伦理学置于文化历史的背景中。斯宾塞还对经济与政治割裂的社会责任体系进行了重构。总之新一代自由主义不支持自由主义的政策，即限制政府开支的范围，鼓励私人企业和尽可能扩大契约自由。他们默认在人获得自由方面政府的作用。

第二波修正浪潮的主要代表或始作俑者是格林。格林认为，自由就是个人增长了分享社会所提供的好处的力量，同时扩大了为共同利益作出贡献的能力。自由哲学的核心是一种关于普遍利益或共同福利的概念，而这种普遍利益或共同福利既能为每个人所分享，又能为立法提供标准。因此，自由是一个个人概念，也是一个社会概念。自由政府的职责就是支持自由社会的存在，通过法律，扫除阻碍人们道德发展的障碍。伦理学的中心原则就是共同体的义务和权利与其成员的权利和义务相一致。“自我乃是社会的自我”。一个真正自由的社会应该给所有的人以道德自决和道德尊严的权利，这种权利既是对个人行动自由的主张，又是社会普遍承认的有道理的主张，是个人幸福的重要部分。① 格林继续消除了经济与政治之间的界限，他认为，自由市场也是一种社会制度，而不是一种自然条件。他认为，经济与政治都应该为自由社会的伦理目的作出贡献。② 可见，格林的理论目的是变革自由主义。他更强调“积极国家和积极自由”。

上述理论反映了16世纪以来先贤们的思想走向或轨迹，人类社会就是在借鉴上述思想的过程中创造了资本主义的各种制度或惯例，同时也激起了愈来愈高的反对资本主义的呼声。马克思的学说继承了世界文明的优秀成果，他对人类历史的深刻反思和理论洞见，促成了其对资本主义演进过程中主导理论的根本转向。

黑格尔的辩证法和费尔巴哈的唯物主义是德国古典哲学的完成和终结，反映了德国人对资产阶级革命和现代化图式的理论态度。马克思扬弃了二者的哲学。黑格尔的辩证法是外化在自然、社会与人的意识中的，马克思的辩证法是对自然、社会与人的思维的反映，马克思的唯物主义确立了他的辩证法的本质。费尔巴哈的唯物主义是人道主义，马克思的唯物主义是实践的、现实的人道主义，马克思的辩证法限定了他的唯物主义的性质。马克思将黑格尔的辩证法，作为推动原则和创造原则的否定性要素引入正确的关系中，指出社会的各种矛盾与斗争必将引发社会变革，社会历史是社会自组织内在演化的结果，它是螺旋式地向前发展的。马克思将费尔巴哈的唯物主义从“一般的人出发”转变为从“现实的个体的人”出发，指出人的本质“是一切社会关系的总和”，“全部社会生活在本质上是实践的”，③社会存在决定社会意识；生产力与生产关系、经济基础和上层建筑的矛盾运动是社会发展的动力，其中生产力处于首要地位。马克思的哲学不仅是要用不同的方式说明世界，将实践作为检验理论真理性的标准，更重要的是通过人的实践活动能动地改变现存的世界。

作为资本主义工具科学的自由主义的古典经济学，斯密，特别是李嘉图在对资本主义的生产关系和市民社会的分析中，奠定了劳动价值论的基础，在一定程度上探讨了剩余价值，发现了资本主义经济运动的若干规律，从经济上初步说明了资本主义社会的阶级构成与对立。但是，他们缺乏历史的视野，相当幼稚地把资本主义的生产方式看作是合乎人性的、合乎自然的、绝对不变的。马克思批判地继承古典经济学的理论，从历史的观点出发，不仅提出剩余价值理论，揭露资本家剥削的秘密，而且指出资本逻辑对生产方式和市场关系的主导，对政治和意识形态的控制以及对人格的剥夺和异化的作用，同时阐明政治经济学是生产方面社会关系的理论表现，它是一种独特的社会历史科学，资本主义的经济关系不可能永恒化。

---

① 参见乔治·萨拜因：《政治学说史》，上海人民出版社2015年版，第537—538页。

② 参见乔治·萨拜因：《政治学说史》，上海人民出版社2015年版，第538页。

③ 《马克思恩格斯选集》第1卷，人民出版社2012年版，第135页。

19 世纪一个头等重要的社会变化就是无产阶级登上历史舞台。这时自由主义学派已经关注,并据此开始改变自己的某些思想方向。但是,马克思却比自由主义更加重视它的意义。他否定了自然法孤立的个人主义,并揭示资本主义社会的自由、平等、民主、人权等只不过是制度化规定的形式化而已。他指出资本主义社会缔造了一个只靠出卖劳动力维持生存,受剥削和受压迫的无产阶级,一个享有生产资料所有权,为攫取利润所驱动的资产阶级。人的意义和道德在这种冷酷的关系中消失了,人既感受不到自己是大共同体的一部分,也感受不到自己是一个人。由此,马克思找到了一个有可能产生革命的实证事实。马克思认为,资产阶级革命完成了世界文明发展过程中的一个必要的阶段,它把国家创建成了维护资产阶级利益的典型机构,它的政治学、经济学的自然权利体系等是对资产阶级剥夺工人权利所做的理性化论证。下一步的革命应该是无产阶级革命。因为,他们的生活最迫切、最实在地要求消灭不堪忍受的关系和制度。只有通过无产阶级革命的现实共产主义运动,才能建立起以人的自由和全面发展为主要内涵的自由人的共同体,每个人的自由发展才可能成为一切人自由发展的条件,才会有真正的幸福。早在罗马法中就有一种学说,私有财产起源于此前公共使用的东西为个人占有。而到了中世纪,不少思想家都认为,私有制是人堕落以后,恶对人性的影响所导致的一种结果。公有制比私有制更完美。因而也是比私有制更"自然"的状态。到了近代,乌托邦社会主义已经提出了财富公有,没有经济平等的政治自由只不过是表面的救济措施等思想。马克思认为,无产阶级在掌握政权以后,也必须像资产阶级的哲学对自然财产权的主张一样,有一种无产阶级人权的社会主义主张。要废除剥削,摆脱贫困,就要解决所有制问题。因此,马克思恩格斯提出关于社会主义或共产主义的基本观点:所有制是社会之基础。"所有制问题"是"反对现存的社会制度和政治制度的革命运动"的"基本问题"。要"消灭私有制","使社会(即首先是国家)保持对生产资料的所有权。"①这种国家所有只是为社会本身占有准备条件。一旦社会占有了生产资料,将消灭商品经济,有计划地组织全部生产,"各尽所能,按需分配!"这里,马克思把探讨人的理想和实际模式结合起来。经典马克思主义的价值,"并不具有关于人的现象的理想模式的性质,而是在复杂的社会活动中、在人的本质—被赋予为理想—转变为存在的社会活动范围中",②实现这些理想模式的必须根据。马克思把社会主义社会看作全面实现人的一切本质力量的手段。

把马克思放到整个人类文明发展的过程中去理解,就可以看到,马克思与其他一些

① 《马克思恩格斯选集》第 4 卷,人民出版社 2012 年版,第 581 页。

② 《国外学者论人和人道主义》第三辑,社会科学文献出版社 1991 年版,第 31 页。

思想家的理论分歧在于:虽然,他肯定,资本主义现代化对人类社会的变革作用,也提出“无论哪一个社会形态,在它所能容纳的全部生产力发挥出来以前,是绝不会灭亡的”①。但是,他的思想不是完成于现存社会制度之中,而是对现存社会制度的批判与否定,对未来社会制度的探求与设想。马克思认为,人类真正的历史将从现存社会制度被推翻的时候开始,现实的人道主义就是人的自由和全面的发展。可以说,经典马克思主义是“当代社会革命力量在思想上的最高表现”②。它转变了关于历史的全部传统的和习惯的观点,全部的论证方式(这里要指出的是,恩格斯是马克思的战友,他们在各自思想的艰辛探索中相互补充,使他们的理论成果不断达到新的高度。经典马克思主义印刻的是两个人的名字)。

二、传统马克思主义的理论与实践:在人类历史中的思考与检验

19 世纪,经典马克思主义基本还在书本范畴内,尽管它影响着世界历史的进程,并经历了巴黎公社的壮举。而到 20 世纪初,马克思主义被抛到人类生活的前沿,得到了社会和政治方面的表达,这就是传统马克思主义的诞生和实践。传统马克思主义所因袭的是经典马克思主义理论,它们两者同属一个家族谱系。但是面对不同的文化背景和政治格局,思想却发生了很大的改变。

19 世纪末 20 世纪初,国内外条件为俄国探索未来的革命道路提供了契机。首先,欧洲资本主义的总体危机和第一次世界大战,使俄国处于帝国主义统治的薄弱环节。其次,作为一个半欧洲和半亚洲的中等程度的资本主义国家,俄国工业发展水平已经占世界第五位,具有一定数量的无产阶级。同时,俄国又以半亚细亚的生产方式和封建宗法制度为主体,农民占绝大多数。在俄国内部各种矛盾尖锐,工人阶级和农民群众生活困苦,具有一定程度的反资本主义情绪和私有制情绪,包含走向革命的潜能。马克思曾提出,社会主义革命只有在欧洲资本主义高度发达的国家同时发生共同胜利,才可能在更高的历史水准上超越资本主义的文明。面对上述形势,列宁认为,帝国主义和无产阶级革命时代的机遇与挑战已经来临!他没有任何理由将俄国革命局限于资产阶级革命的目标中。作为一个马克思主义的信仰者,在马克思主义创立 69 年后,在西欧巴黎公社革命 46 年后,列宁于 1917 年领导了苏联的十月革命,改变了世界的政治格局,开辟

---

① 《马克思恩格斯选集》第 2 卷,人民出版社 2012 年版,第 3 页。
② 普雷德腊格·弗兰尼茨基:《马克思主义发展史》第 3 卷,黑龙江大学出版社 2015 年版,第 223 页。

了社会主义的新纪元，对亚洲、欧洲、非洲和拉丁美洲都产生了巨大的震动和影响。十月革命不仅唤起一些国家的人民接受马克思主义，通过暴力革命建立社会主义社会，组成了以苏联为中心的社会主义阵营；而且促进一些被压迫民族的民族解放运动蓬勃发展，摆脱殖民地和西方列强的控制，实现民族独立和民族自决；同时还将“不发达的民族”和“发达的民族”组织到反对帝国主义的共同斗争之中，①构筑起全球性的反对帝国主义的统一战线。此外两种社会制度之间的竞争，造成了对资本主义国家的压力，使得欧美社会福利国家快速形成。这些都是不争的事实。

由于世界社会主义运动没有完全按照经典马克思主义的设计和预想实践，使得苏联马克思主义和一切落后国家的马克思主义遇到了与西欧马克思主义迥然不同的问题。革命后的路程如何走，以什么样的组织和策略治国理政，没有任何前人的经验，这是社会主义的第一次世界历史性试验。

面对苏联生产力还很落后，发展极不平衡的国情，列宁在具体的历史实践中逐步提出了“新经济政策”。

苏联这个独生的社会主义一问世，1918 年就遭遇了多国帝国主义列强和反革命势力的武装干涉与军事包围，形势十分严峻。以列宁为首的苏维埃共和国实行了“战时共产主义政策”。这包括：战时经济体制，国家对各种经济实体集中控制，统一决策，以行政强制手段取代商品货币关系、市场机制调节和分配制度。战时政治体制，政党管理取代苏维埃民主制，领导权、立法—执法权和部分司法权实行统一。上述架构既保证了赢得三年战争的胜利，也比较符合经典社会主义的设想。但是，1921 年战争结束后，这种政策导致了农民的强烈不满、工业岌岌可危和政治武装暴乱等一系列动荡和危机。列宁和布尔什维克党及时总结经验，转而采取“新经济政策”。这就是：国家有计划地利用市场经济、商品货币关系，发展多层次的经济结构，允许小农自由贸易、利用国家资本主义、国营企业实行经济核算，同时发展新型民主，等等，稳定了局面，赢得了经济一定程度的发展。1922 年以后，五年多的社会实践使列宁强烈感到，“根据书本争论社会主义纲领的时代也已经过去了，今天只能根据经验来谈论社会主义”。② 列宁在去世前，认真思考了如何在俄国这样落后的国家，建设社会主义的问题。列宁指出：“我们的文明程度也还够不上直接向社会主义过渡。”③因此，“实有”的社会主义只能是在新经济政策的基础上，进一步实现农民的合作化，逐步过渡到整个社会的“合作制”，使俄国超过现有水平。同时，列宁尖锐地提出，由于实行新经济政策，“这个新经济政策所

---

① 参见汪辉：《十月的预言与危机》，载《研究报告》总第 125 号，北京大学中国与世界研究中心。
② 《列宁全集》第 34 卷，人民出版社 1985 年版，第 466 页。
③ 《列宁选集》第 4 卷，人民出版社 2012 年版，第 796 页。

采取的每一步都包含着许许多多的危险”，包括“资本主义关系的发展”①。如一部分人钻政策的空子，利用市场，投机倒把，发财暴富，大部分人的经济状况没有得到应有的改善；党内和国家机关官僚主义盛行，甚至出现贪污、受贿和腐败，等等。因此，列宁强调，“必须善于克服新经济政策的一切消极面，使之缩小到最低限度。”②同时加强人民监督和执政党的自身制度改革，实行法治，大力发展文化，建立新型文明。这段时间，列宁提出了许多深刻的思想，分析了十月革命后的俄国“是什么”“为什么”和“怎么办”的问题，实际上为社会主义的发展定下了调子，一些思想可谓告诫后人，并为后来的历史发展所证实。实践证明，要捍卫革命，不能实施由一个抽象原则构成的体系，马克思主义应该成为行动的指南。

列宁逝世，20 世纪 30 年代以后，斯大林并没有延续“新经济政策”，而是构建了“苏联模式”。

“苏联模式”的确立，基于全球经济危机（大衰退、大萧条）和德国法西斯的崛起，还有国内状况（城乡、工农和劳资矛盾突出）和党内斗争（不同派别的激烈交锋）。为此，斯大林 1929 年开始“大转变”，宣告新经济政策结束。所谓苏联模式，它有三个基本特征：经济上，国家垄断。政治上，高度集权。思想文化上，行政化。这种模式在苏联卫国战争时期，在恢复战争创伤，向着和平与发展的过渡时期，在工业化初期发挥了巨大的作用，取得了重大的成就。南斯拉夫学者曾评价说，苏联模式就是一种国家主义的模式，它是社会主义的低级形式。苏联在一定时期内之所以比许多资本主义国家发展得快，是因为这种模式利用了巨大的财政手段或人力物力，在许多领域和新的领域迅速崛起或突破；在一定程度上重视实证科学和技术；在生活水平和文化水平上使工人获得提高，他们认为，这种社会形式就是社会主义，因此，他们爱国，发挥自己的创造精神。由于苏联是世界上第一个社会主义国家，这种模式也是当时唯一具有的或所能依托的建设社会主义的经验，因此，它也就成为后来社会主义国家的借鉴形式和样板。但是，马克思曾指出，国家所有仅仅意味着达到了一个新的为社会本身占有一切生产力做准备的阶段。苏联的这种模式本身僵化封闭、效益低下、压抑劳动者的创造性和民主权利，缺乏不断进步的驱动力。加之个人崇拜盛行、官僚主义严重、引发民族情绪，党和国家主要领导人思想意识等综合性原因，不能及时实现现代化转型，跟上世界历史前进的步伐。20 世纪 90 年代，一个世界超级大国，终于亡党亡国了！

第二次世界大战前，南斯拉夫是一个君主立宪制的国家，也是欧洲较贫穷的国家。大

---

① 《列宁全集》第 42 卷，人民出版社 1987 年版，第 231 页。

② 《列宁选集》第 4 卷，人民出版社 2012 年版，第 737 页。

战中，南斯拉夫人与德国法西斯浴血奋战，他们最终从游击队成长为打败纳粹的军队，靠自己的力量“解放”了自己。在社会主义实践的过程中，南斯拉夫突破苏联的国家所有制，实行社会所有制和“自治模式”，试图“构建一个全新的和原创型的社会主义社会”①。

南斯拉夫共产党认为，苏联这种国家社会主义的模式在一定时期内具有内在优势，但是也有一定的弊端。这种模式具有集中化的特点，国家计划、指导和控制个体和集体，权威机构以缓慢和无效的方式对应底层的任何信息与建议，缺乏活力、迂腐，造成浪费。这种模式滋生官僚主义，人民群众并没有真正当家作主，人的潜能没有得到发挥，创造力受到压抑，并产生了异化。马克思一直就强调公有制、“自由人的联合体”的重要形式，强调国家的消亡。“工人的自由结社，在马克思看来，它构成了新的社会组织的基础”。② 也就是说，革命不仅是国家主权的更替，更应是经济关系和社会关系的改变。因此，卡德尔提出，官僚主义机构不可能建成社会主义，社会主义的发展只能走不断深化社会主义民主的道路，即逐步扩大人民群众的自治，逐步参与国家机构的工作，逐步参与每个企业和机构的直接管理。铁托也指出，人民的自治，是人民发展一切创造力的动力，是通向“人的解放”的主要途径，是“社会主义建设发展合乎逻辑的结果”③。在反法西斯战争时期，南斯拉夫就曾提出“劳动人民掌握政权的口号”，并在解放区实行工人管理工厂的做法，得到了群众的拥护。在反法西斯战争胜利的初期，也是依靠人民群众的劳动热情，使得国民经济迅速得到恢复。南斯拉夫一度采用过苏联体制，这一体制实行后的弊端，南苏关系的恶化，外国的政治压力以及经济与军事的封锁，遭遇的自然灾害和粮食歉收等原因，使得改变苏联模式势在必行。铁托指出，在南斯拉夫这种的落后的国家，克服困难的唯一办法就是鼓励和动员所有潜在力量。这样，南斯拉夫以“自治模式”取代了苏联国家社会主义的模式，走上了一条独立发展的新路。

南斯拉夫自治模式经历了“工人自治阶段”“社会自治阶段”和“联合劳动阶段”。总特点是，从生产资料的国家所有制改变为由直接生产者管理的社会所有制，党政分开。具体而言：在经济上，不断扩大企业自主权，强调企业自治和社会计划的结合，工人委员会和经理制的结合，等等。在政治上，扩大地方机构的自主权，精简国家管理机构，联邦国家集中的权力受到限制，实行国家集体元首制和议会代表团制，等等。通过这些改革初步引入市场机制，使得企业逐步成为独立的经济实体和商品生产者，国家管理也

---

① 米·马尔科维奇：《从富裕到实践——哲学与社会批判》，曲跃厚译、魏志军校，黑龙江大学出版社 2012 年版，第 93—94 页。

② 米·马尔科维奇：《从富裕到实践——哲学与社会批判》，曲跃厚译、魏志军校，黑龙江大学出版社 2012 年版，第 93—94 页。

③ 佩·达姆汤诺维奇博士等编：《铁托自传》，达洲、李代军、赵乃斌译，新华出版社 1984 年版，第 334 页。

开始从行政方式转化为经济方式。开始的改革,促进了经济的发展;随后经济开始下滑;最后经济领域蕴含了各种困难与问题,自治制度基本失去活力。

南斯拉夫自治模式与苏联模式不同,为什么是这样的结果,原因很复杂。从国有化到社会化是需要条件的。社会主义的真正目标是人民群众自己管理自己,即人民自治和直接民主,但是不能无视各种现实基础。列宁曾指出:"要从国有化和没收过渡到社会化,即使有世界上最大的'坚决性'也是不够的。"①南斯拉夫是在用"未来的砖头"建设"现实社会主义大厦",这种超越阶段的理论尺度和社会实践无疑是急于求成和拔苗助长。而在具体的改革过程中,南斯拉夫虽然放弃了国家或中央的计划经济方式,但始终没有建立起真正的社会主义市场经济和有效的自治社会计划体制,没有达到一种生产者的民主和功能组织的高水平。在社会所有制中,无人承担经济责任,分配存在缺陷。在经济活动和发展政策中,主观主义和唯意志论不断增长,经济合理性得不到保证。在生产组织和调节组织(金融机构)之间,形成了不平等的依附关系和垄断关系。由于竞争性的条件,造就了新的富有的管理者阶级,工人的地位和权利仍然有限,利益受到严重损害,工会自治组织名存实亡。加之,联邦国家领导权不断弱化,助长了民族主义与分离主义,等等,这些都不可避免地使得南斯拉夫的社会主义改革实行 40 多年后仍然垮掉了。在"社会主义大家庭"中,波兰、捷克斯洛伐克和匈牙利也都做过一定程度的改革,都未获得满意的结果。到 20 世纪 80 年代末,最终东欧发生了剧变。

20 世纪社会主义实践的进程极为复杂曲折。世界上一些不发达的国家从"新经济政策"到"苏联模式"到南斯拉夫"自治模式",等等,试图尝试建立一种新的"公正"的社会,其中既有失误和教训,也有可以激活的经验和理论。无论人们今天对它们怎样评价,作为新的社会形态的时代纪实,它们必定会被历史载入史册,并最终被长程历史的发展所检验和阐释。上述社会主义的"悲剧",并不意味今后的"社会主义形式也要为它殉葬"。② 社会主义仍然是一种值得追求的价值理想和实践课题。直面当代的条件和危机,人们也在多维度的比较和研究自由主义与经典马克思主义以及传统马克思主义,追问历史并探索通往未来的正确发展道路。

三、国外马克思主义的继承与推进:在新情势下的审视与批判

国外马克思主义(西方马克思主义和东欧新马克思主义)属于马克思主义的理论

① 《列宁选集》第 3 卷,人民出版社 1995 年版,第 519 页。
② 罗默:《社会主义的未来》,余文烈等译,重庆出版社 2010 年版,第 1 页。

谱系,它们在完全不同的社会发展环境中承继马克思主义的理论传统,并依据历史的具体情况对其作出新的阐释与推进。

西方马克思主义肇始于20世纪初。在西方资本主义国家中,它既是边缘的,又是批判的。它之所以是边缘的,是因为它在所处的社会中不占统治地位。它之所以是批判的,是因为它反映了一种对所处的社会不满和格格不入的情绪。现代化的工业社会对西方马克思主义来说并不是理想的社会。西方马克思主义对马克思主义传统的依附由紧至松,他们的理论信念更多地取决于置身其中的社会情势。

西方马克思主义的发展特征是同西方社会的发展变化相对应。第一次世界大战后,早期垄断资本主义兴起,西欧和美国的工人阶级日益增长保守主义倾向,政治形势已不利于革命变革;20世纪初,中欧和西欧一些国家革命的相继失败,又使得共产主义运动走向低潮。在这样的背景下,早期西方马克思主义集中讨论了马克思主义解放目标的实现问题。其中,卢卡奇致力于对资本主义社会全面"物化"的批判和资产阶级意识形态的批判,强调马克思主义哲学"总体性"的辩证法,试图呼唤无产阶级的阶级意识和革命意识。葛兰西提出"历史主义"的实践哲学,揭示资本主义市民社会及意识形态领导权的意义,倡导以文化革命为主导的总体性革命战略,强调以"阵地战"(坚守阵地,逐步扩大)代替"运动战"(阶级对抗)。

第二次世界大战后,早期垄断资本主义已完全成熟。西方科技与工业不断发展,政治国家组织经济活动的能力不断提高,资本家和工人共同分享企业利润,在维护和完善制度化中一致起来。面对早已退却的革命形势,法兰克福学派试图以一种哲学的批判揭示资本主义的弊病与局限,呼唤和寻找革命的力量。社会批判理论是法兰克福学派的标志。它象征着从德国古典哲学到马克思式的批判传统。在法兰克福学派审视资本主义现代化过程所产生的现代性结果时,霍克海默和阿多诺集中批判了对资本主义发展起决定性作用的传统理论与工具理性。霍克海默反对经验主义、实证主义、实用主义和科学主义,揭示传统理论就是积累起来的知识,这种知识与价值相关,成了建构资本主义世界的科学基础和意识形态。霍克海默和阿多诺对启蒙精神进行反思,提出神话是启蒙,它展示了理性与自我,而启蒙已经倒退为神话,它展示了工具理性与非我。阿多诺反对绝对的同一性。他指出,在资本主义世界资本的支配下,自然、人类社会和人的个性都被它(工具理性)所同化。马尔库塞也提出,由于工具理性的绝对同一性君临天下,社会生活中的技术崇拜和统治使人产生一种"单向度"的思维和行为模式,放弃批判与反抗,并与资本主义的各种制度相安共存。法兰克福学派还对资本主义的文化工业和大众文化进行批判。阿多诺认为,在大众文化中,艺术失去了高于现存社会的否定性功能,通过传媒,把资本主义的价值观、思维方式和行为方式强加于人,它是资本主义社会物质基础和意识形态的融合,是一种辩护性和操控性的文化。法兰克福学派对消费资本主义社会中的虚假需求给予揭示。马尔库塞指出,对压迫感兴趣的一部分社会势力强加给个人的那些需求,表面上对人来说是愉快的,但是,它抑制人的能力和阻碍人的发展,使人看不清整个社会的病态。因此,对资本主义的批判应该从市场领域扩充到消费领域。20世纪的两次世界大战对人的生命的轻蔑和杀戮,对人类文明的威胁和毁灭,极大地震动了法兰克福学派。霍克海默等挖掘了纳粹主义的心理、经济和文化的根源,揭露了产生并维护极权主义制度的非理性主义和神话特征。作为对这个问题的进一步揭示,法兰克福学派理论家也提到阿伦特的“极端的恶”和“平庸的恶”。

20世纪50至60年代,西方垄断资本主义不断发展,也不断遭遇各种冲击。政治上的一致性有所削弱;国际经济中的垄断地位发生动摇,公众的价值观念开始转向,学生运动与工人运动接连爆发,等等,资本主义的文明与现有制度受到怀疑。这就使得西方马克思主义对资本主义制度重新审视。其中一些学者汲取了现代西方哲学的批判精神,将马克思主义与西方哲学的一些倾向或重要概念结合起来。弗洛伊德的精神分析理论属于“一个伟大的批判行列”。马尔库塞认为,马克思从社会宏观批判的角度解析了人和社会的不健全状态。弗洛伊德则从心理—精神微观分析的角度揭示了人与社会的异化。马尔库塞将马克思宏观的社会动力心理学与弗洛伊德微观的个人动力心理学互补结合,试图唤醒人的新的解放意识,塑造一个新的革命时代。弗洛姆也将弗洛伊德的心理学成果与马克思对社会发展的解释联系起来,重点考察“人的本性”,即进步的历史行动的可能性和意向性。他指出人的存在的矛盾性:人是动物,但人的动物本能是不充分的,人对过去与未来具有自我意识和意识,人是不被束缚的自然存在物。因此,人会不断创造同自然、社会的人和自己协调一致的更高级的形式,这种必然性“是推动人迄今的全部心理力量以及他的全部情欲、感应和恐惧的源泉。”①存在主义是20世纪的显学,它在一定程度上对资本主义社会和异化现象做了批判。作为存在主义的马克思主义的主要代表,萨特面对人类存在的矛盾和非人道状况,试图走出抽象的存在主义,关注现代历史及其运动的结构与意义。马克思主义对旧观念和范畴的改造深深吸引了他,他的存在主义就是在马克思边缘发展着。萨特的存在主义注重人类生活的规定性,强调个人和群众的能动的、创造性的具体实践,一种生成的和历史的人学,生成的辩证法。由于社会历史的各种既定条件以及各种复杂关系的制约,人可能由自由状态进入到与他者消极共在的异化状态,即体现为被构成的辩证法。但是,工人阶级是一种战斗集团,阶级斗争可以使人们超越集体的惰性,进行自由的共同的实践。另一位存在

① 参见普雷德腊格·弗兰尼茨基:《马克思主义史》第3卷,人民出版社2015年版,第90页。

主义的马克思主义者列菲伏尔则揭露了资本主义日常生活世界中的异化状态，提出应该彻底改变对资本逻辑的依附。

20 世纪 70 年代中期以后，发达资本主义国家出现了经济衰退，人们对资本主义社会内在矛盾与异化加深的不满；对污染环境以及掠夺自然资源行为的担忧；对人的分裂和各种不平等现象的愤怒，对枯燥乏味的日常工作和浅薄无聊的闲暇生活的厌倦，等等，孕育了哈贝马斯等人的资本主义的危机理论。其中哈贝马斯把当代资本主义称为晚期资本主义，揭示了资本主义社会的四重危机，即经济危机、合理性危机、合法化危机和动因危机。生态马克思主义理论则提出，人与自然界的实践联系决定着生态本身的意义。当今人类面对严重的生态环境问题。这种生态危机属于一种政治现象，它无疑是资本逻辑主导下的产物之一。女性主义的马克思主义指出，女性问题反映了资本主义社会"特殊性的总体性"；叙述了资本主义社会的日常生活批判，描绘了资本主义统治的物象延伸。资本主义的生产方式和上层建筑在家庭内外施加影响，再生产男性与女性之间的不平等，以及女性之间的各种差异。他们试图把上述一系列问题连接起来思考，把本来各不相同而分散的斗争与更大的政治图景相沟通，为女性的解放运动或亚政治实践提供了一种导向，一种斗争目标。

人类进入 21 世纪，随着资本主义社会金融危机的爆发，一方面西方马克思主义者指出，资本主义并不是一个稳定的制度，危机是资本主义生产过程中不可避免的副产品，进而重新研究马克思的《资本论》，进一步认识资本主义自身的矛盾与弊病；另一方面，西方马克思主义开始关注政治哲学，重提自由、平等、正义、民主等问题。法兰克福学派的霍耐特，在哈贝马斯从生产理论向"交往理论"转化的基础上强调，社会"正义就是要求保证每个人都有相同的自由的机会。"①他揭示消极自由与积极自由的本质和时弊，重新发现蕴含在家庭领域、经济领域和民主政治领域内的互惠合作关系，他指出，主体间相互承认的可能性和合理性，主体的主体间性是一种生存论的结构，落实社会成员的"社会"力量的相互承认机制，可以使人们在平等交流中"成为自己的社会结合的主人"②，实现"社会自由"，进而达至社会主义的理想目标。分析的马克思主义者科恩也在此时完成了政治哲学的理论转向。他提出了正义的平等主义概念，强调道德在维持社会正义中的作用，指出社会主义的平等并不意味着取消自由。罗默也强调平等，包括社会主义的机会平等。如自我实现和福利机会平等；政治影响机会平等；社会地位机会平等，等等。

① 霍耐特：《为承认而斗争》，胡继华译，上海人民出版社 2005 年版，第 85 页。
② 《马克思恩格斯选集》第 3 卷，人民出版社 2012 年版，第 817 页。

西方马克思主义面对的一个重要问题是:经典马克思主义诞生于19世纪,当时,它面前曾存在一个崭新的历史力量——无产阶级。这个阶级的历史使命是由它的生活以及现代资产阶级生活的整个组织状况决定的。今天,情况发生了根本的变化,只有变革的意识,没有组织、维持和再生产变革的物质力量,即使再敏锐的意识也是无能为力。西方马克思主义的弱点恰恰在于,目前,它还没有在现存社会内部立刻激活解放行动的方式,或还不具有填平今天和未来之间鸿沟的能力,它们面对理想与现实、理论与实践的尖锐矛盾与困境。但是,西方马克思主义试图改变资本主义社会的各种压抑与统治,强调实质上的平等、正义、自由、民主等诉求是有意义的。

东欧新马克思主义主要分布在南斯拉夫、匈牙利、波兰和捷克斯洛伐克四国。东欧四国的"家族相似"或"整体性是非意向性的"。① 历史的处境与共同的经历将它们汇集在一起。东欧四国形成于古罗马帝国。西欧文明对东欧四国具有不可忽视的影响。第二次世界大战前,东欧四国基本上是西方民主式的共和国。在内政和外交上类似西欧或受制于西欧。第二次世界大战后,苏联替代西欧成为主角,东欧四国被纳入苏联的势力范围。特别是以美苏为首的两大阵营开始冷战后,东欧四国也就开始了全盘苏联模式化的过程。由于东欧四国的政治、经济和历史文化与苏联有较大的差异,特别是苏联对东欧四国不平等关系的确立,接下来是一段长长的反抗苏联的时期,而且曾以十分激烈的方式发生。东欧四国的社会主义改革也就是在这一期间展开的。

东欧新马克思主义正是在东欧社会主义改革进程中兴起的一种新马克思主义理论。它包括南斯拉夫实践派、布达佩斯学派和波兰、捷克斯洛伐克等国的新马克思主义。由于东欧新马克思主义者既有对东欧社会主义建立和改革历程的亲历,又有对现代化过程中当今世界和人的生存状况的体验,因此,他们具有比较坚实的马克思思想传统;比较深入的社会主义改革的思考,比较透彻的现代性的批判。

东欧新马克思主义者对马克思思想具有深刻的理解和悟性。他们渴望回到"真正的"马克思主义。他们对马克思思想的把握是西方马克思主义者无法相比的。东欧新马克思主义者坚持马克思主义的开放性和与时俱进,主张马克思主义的批判性,他们关于东欧社会主义改革的理论逻辑正是依据马克思主义的基本原理。东欧新马克思主义者提出,马克思主义是一种新的人道主义。南斯拉夫实践派的马尔科维奇认为,马克思的哲学是一种实践哲学。"实践体现了一种普遍的人类结构,包括了一种可能的人的本质"②。即人的潜能与创造性、人的自由自觉的活动,人的自我实现。他强调人与实

① 米兰·昆德拉:《帷幕》,董强译,上海译文出版社2006年版,第58—59页。

② 米哈伊洛·马尔科维奇:《实践——南斯拉夫哲学和社会科学方法论文集》,郑一民、曲跃厚译,黑龙江大学出版社2010年版,第18页。

践的关系;揭示实践的辩证方法和内在规律;分析规范的实践和异化的实践;激发和鼓励人们投入社会改革。南斯拉夫实践派的弗兰尼茨基认为,马克思思想中的最核心部分是异化。人的存在是一种自由的创造性的实践存在,因此,人具有开放性与超越性的特征。在人超越现存,获得新的创造性的同时,也可能走向异化。就这个意义而言,异化是特定历史发展阶段上人的存在结构。异化的每种形式都会展示出一种特定的历史内容。迄今人的历史只能通过各种异化的形式来发展。其中的许多形式和结构具有历史的必要性和进步性。人的解放也就是克服各种形式的异化。正因如此,异化也不可能随着现行社会主义社会的建立而自然消亡。南斯拉夫实践派的学者一致认为,马克思的辩证法"必须被理解为一种研究和解决人道主义问题的方法,归根结底被理解为一种决定人类行动的目标与适当手段的方法。这就预设了辩证法作为历史实践之一定结构的基本意义。"①马克思的辩证法是人在其现实生活中的"批判武器",辩证法与人的本质活动密切相关。捷克新马克思主义者柯西克进一步阐释了辩证法的总体性思想。他提出"具体的辩证法",即具体的总体性,并以具体的总体性的思想来说明"人是谁?社会—人类实在是什么?这个实在是怎样形成的?"②布达佩斯学派的马尔库什和波兰新马克思主义者沙夫都认为,马克思关于人的存在和人的本质思想,充分体现了马克思人类学中蕴含的人道主义思想。

东欧新马克思主义者对社会主义理论和实践进行了深刻地反思,并对社会主义改革做了一定的理论设计。南斯拉夫实践派的学者一致认为,斯大林主义对社会主义做了扭曲的理解,苏联社会主义模式是一种僵化的模式。由于东欧各国刚刚开始社会主义道路的探索,就通过"斯大林化进程"而普遍采纳了苏联式的社会主义体制,因此,其问题具有共性。南斯拉夫实践派的弗兰尼茨基提出,虽然现存社会主义体系与资本主义体系不同,但是异化问题仍是"现行的社会主义"的中心问题。在东欧的政治生活中,人民失去了公共权力,个人崇拜盛行。政治成为一种失控的、自律发展的力量,导致了官僚制和官僚制的自我膨胀与复制。意识形态演变为脱离实践和现实的思想,这种被异化的意识是人的解放和自由发展的阻碍,其作用在于使人们认同现存体制和现存社会结构,使异化的世界合理化。迄今为止的自动化和劳动的科学组织并未使人真正得到解放,而是使传统的社会分工深化为"技术分工",技术成为衡量人类一切进步的最高标准,人成为自动机器系统的附属品和组成部分,更加片面和僵化,劳动和技术异化,人失去了自身的本质和存在的意义。在"现代文明史上基本还不曾有过更强大和

① 马尔科维奇等:《南斯拉夫"实践派"的历史和理论》,郑一民、曲跃厚译,重庆出版社 1994 年版,第 4 页。
② 柯西克:《具体的辩证法》,傅小平译,社会科学文献出版社 1989 年版,第 170 页。

更有组织的国家主义和官僚主义的形态。整个社会生活,即经济、政治和精神生活,完全由国家官僚主义的最高一级机关,而归根到底是由它的最高支配者指挥”。① 因此,后来的社会主义改革具有不可抗拒的必然性。弗兰尼茨基认为,按照马克思的理解,社会主义应该扬弃普遍的异化,实现人的自由和全面发展,建立自由生产者的联合体。因此,南斯拉夫实践派提出,社会自治和民主的思想,强调个人自由地支配其自由劳动和自己的社会关系。彼得洛维奇指出:“社会主义不仅是一种社会的经济形态,而且是一种新的生活方式。在这种生活方式中,人将真正地成为人,……这个社会,为每一个人的自由发展和创造性的发展展示着可能性。”②

东欧新马克思主义者对现代性作了独特的理论反思。他们的关注点主要指向文化批判和社会批判,特别是政治哲学的主题。捷克斯洛伐克新马克思主义者柯西克基于马克思的实践与人学思想,对“伪具体性世界”进行哲学剖析,揭示“日常生活的形而上学”或“烦的哲学”③;“科学与理性的形而上学”④和“文化的形而上学”⑤对人的存在方式的异化,深入反思现代性危机。布达佩斯学派的赫勒深入后现代政治状况的微观领域对当代社会政治进行批判,他对现代性机制的分析,阐明了现代性发展的逻辑。费赫尔在现代性反思的视域下重新审视法国大革命,提出雅各宾主义——被冻结的革命。瓦伊达对法西斯主义的分析关涉到其产生、发展的社会—政治根源,特别是微观阶级基础的根源。显然,布达佩斯学派的“政治批判”已经从传统的宏观角度转向微观层次。赫勒、波兰新马克思主义者鲍曼等人还从人性的精神深处揭示 20 世纪理性文明的危机和潜藏着的邪恶,强调以个体的责任和个性的道德为核心,推动人类文化和道德精神的重建。布达佩斯学派的文化批判主要集中于对文化的现代性机制的反思上。马尔库什和赫勒都提出了在新的历史条件下创造多元主义文化的思想。此外,波兰的新马克思主义者科拉科夫斯基汲取传统基督教文化精神中的文化价值,与现代性中理性的工具化相对抗,试图依凭信仰的力量,消解西方文化在现代化进程中的危机。而作为文化批判的审美,引起了一些东欧新马克思主义者的关注,其核心指向是以审美之维为人的解放与自由提供更广阔的视野。对历史的反思也是东欧新马克思主义的重要内容。赫勒、沙夫、柯西克等人都从不同的视域展开讨论。赫勒的历史哲学是从后现代的角度对传统历史哲学进行革新。沙夫和柯西克则更多地从马克思主义理论的角度阐述马克思

① 普雷德腊格·弗兰尼茨基:《马克思主义史》第 2 卷,胡文建等译,人民出版社 1992 年版,第 267 页。
② 加约·彼得洛维奇:《官僚主义的社会主义?》,《南斯拉夫哲学论文集》,生活·读书·新知三联书店 1979 年版,第 315 页。
③ 科西克:《具体的辩证法》,傅小平译,社会科学文献出版社 1989 年版,第 46 页。
④ 科西克:《具体的辩证法》,傅小平译,社会科学文献出版社 1989 年版,第 61 页。
⑤ 科西克:《具体的辩证法》,傅小平译,社会科学文献出版社 1989 年版,第 76 页。

主义的历史观。从某种意义上说,东欧新马克思主义这方面的研究已经与西方左翼激进主义批判理论思潮合流。东欧新马克思主义者的马克思思想的理论视野,对社会主义历史命运和发达工业社会综合思考的社会批判视野,构成了他们现代性批判理论特有的和深刻的内涵。

东欧新马克思主义是国外马克思主义的重要组成部分,在马克思主义发展史中占有十分重要的地位。这里特别要强调的是,东欧新马克思主义者指出,现行社会主义发展中出现的不成熟性和各种异化问题表明,建立经典马克思主义的社会主义所必需的客观条件还没有严格的具备,我们对社会主义的概念还具有抽象性、公式性和模糊性。而这些又被强加给社会主义运动和马克思主义。因此,东欧新马克思主义者坚守马克思所提出的社会主义人道主义的本质,即使在经历了苏联解体、东欧剧变这样重大的历史转折,他们也没有放弃社会主义的理想价值。①

对国外马克思主义的历史作用,我们可以作出一些最基本的判断。由于共同的马克思主义的理论传统,西方马克思主义者根植于资本主义本土,主要集中对西方由"资本"控制的各种时弊问题的揭露与批判。对当代资本主义和人类所面临的现实困境进行深入分析。他们也关注社会主义问题,他们曾对苏联模式做了"外在的"分析与批判。东欧新马克思主义者根植于现行的社会主义本土,主要集中对苏联和东欧由"权力"控制的各种扭曲问题的揭露与批判,对东欧社会主义实践以及整个共产主义运动做了"内在的"体验与反思。他们也深入考察资本主义社会,对当代文明进行理论分析。国外马克思主义的共同主题直指实现人的解放,他们以自己的理论和行动影响社会发展的进程,他们反映了在现时代中自己的良心选择、使命担当和理论局限。当然,国外马克思主义的一些设想还只是理念和理想。

四、结 语

21 世纪近五分之一的岁月就快要过去了。此时,对从马克思学说到国外马克思主义的发展历程与趋势进行回顾和总结,有几点思考。

第一,从马克思学说到国外马克思主义体现了一种人类思想的产生、演变与实践。虽然,它们的理论内容有别,但基本方向一致,属于一个家族谱系。它们致力于对人类现代化过程中出现的资本主义和现行社会主义的分析,试图回答社会发展中产生的一系列问题,它们贡献了创造性的和变革性的理论,其思想本质是批判的和革命的。它们

① 东欧部分参见衣俊卿:《近年国内对东欧新马克思主义的研究述评》。

已经成为深刻影响人类精神世界的重要的思想和理论资源。当它们所表现的历史时代还没有被超越时,它们是不可能被超越的。①

第二,从马克思学说到国外马克思主义的发展过程中,其间曾通过一些落后国家的社会主义实践,在某种程度上和一定时期内,实现着自己的理论,体现出社会制度的优越性。但是,在后来的进程中也印证了社会制度不是以随意的方式设计的。一个制度的改进或变革需要考虑特定国家的思想文化传统,经济和社会情势,实事求是,审慎处之,否则就有可能轻易地毁掉创建的新制度。因为,一种选择有时会内含人们的各种价值判断、偏好,甚至各种习惯,它将影响人们对社会事实的理解、对经验或然性的估计以及对逻辑自洽性的考虑。"历史,往往需要经过岁月的风雨才能看得更清楚。"②长程历史或实践是检验认识真理性的唯一标准。

第三,从马克思学说到国外马克思主义的发展过程中,表明了理论的开放和与时俱进的重要性。在现代世界发展过程中,资本主义遇到反抗和危机并没有停滞不前,而是不断寻找和开辟出路。社会主义遇到困境和挫折也没有悲哀放弃,而是坚守信念和总结历史经验。处于这种复杂的情势下,一些非马克思主义的思想家也在对社会做审视、分析和批判,一些马克思主义的思想家也通过各种途径被人思考、选择与接收。马克思主义不应是"自我参照"系,与外界思想隔绝,它必须享受来自全世界的优秀精神产品。

第四,从马克思学说到国外马克思主义的发展过程,体现出马克思主义的传承具有多样性。人类经过数千年的发展,不同的地缘文明走出了今天的世界历史。不同的文明标志着不同国度的文化样式、思想方式和政治模式。中国是继中东文明之后的三种边缘文明形式之一。诞生了孔子的中国传统与诞生了苏格拉底、柏拉图和亚里士多德的古希腊传统迥然不同。因此马克思主义的中国化不是一件轻而易举的事。新中国成立的69年,我们不断在学习与实践中改进;在继承和发展中变革,今后的道路还将很长很长。

比起人类漫长的思想史,从马克思学说到国外马克思主义的思想史才仅仅170多年。我们必须结合社会的变革和发展来理解它们的价值,并强迫自己去认真研究具有世界历史意义和中国历史意义的问题,多做艰苦的社会调查,多做深入地、有的放矢的理论建设。

---

① 参见普雷德腊格·弗兰尼茨基:《马克思主义史》第3卷,人民出版社2015年版,第132页。

② 习近平:《在庆祝中华人民共和国成立65周年招待会上的讲话》,《人民日报》2014年10月1日。

中华精气神

早期儒家"仁""义""礼"思想发微

孙　伟[①]

一、《论语》中的"仁""礼"与"义"

作为儒家思想开创者的孔子，其核心思想往往被概括为"仁"。何为"仁"？孔子说："子曰：'弟子入则孝，出则弟，谨而信，泛爱众，而亲仁。行有余力，则以学文。'"（《论语·学而》）在这里，我们可以看到，孔子的"仁"并不是一个抽象的概念或理念，而是对一种体现在日常伦理行为之中、极其鲜活亲切的境界的描述。"仁"体现在家庭中——"孝"和"悌"，同时也呈现于社会中，对待朋友要"谨而信"，对待普通民众要有爱心和同情心，对孔子来说，这其实就是"仁"的具体体现。在实践行为做好之后，才可以去学习理论知识。也就是说，一个人首先应该去进行具体的伦理实践，也就是先"行"，然后才可以去"学"。如果只是学而不行，那学就没有任何意义了。这其实反映出儒家"知行合一"的特点。然而，此段话如果要更近一层来思考，就又有一层深意。孔子说"入则孝""出则弟"等固然是实践行为，但在此行为之前难道没有"学"或"知"的存在吗？如果没有这种知识存在，又以何为依据来进行道德实践呢？因此，人应该本来就必然具有这种伦理知识。这样，我们就可以发现，这段话蕴含的前提就是人生而具有伦理的知识，就知道对父母应如何孝，对兄长应如何悌。所以，人更需要的是如何将这种本来具有的伦理知识去付诸实践，完成知行的合一。当然，在完成实践之后，人会对本来具有的伦理知识有更清楚的认知，因而能够更深刻地发展这种伦理知识。正如王阳明所言：

> 真知即所以为行，不行不足谓之知。此为学者吃紧立教，俾务躬行则可。……知之真切笃实处即是行，行之明觉精察处即是知。知行工夫，本不可离。只为后世学者分作两截用功，失却知行本体，故有合一并进之说。……夫物理不外于吾心，外吾心而求物理，无物理矣。遗物理而求吾心，吾心又何物邪？心之体，性也，性即

---

① 作者系北京市社会科学院哲学研究所副研究员，副所长。

理也。故有孝亲之心,即有孝之理;无孝亲之心,即无孝之理矣。①

王阳明的这段话可谓是为孔子的上述之语做了最好的诠释。

对于"仁"与"礼"的关系,孔子说道:"人而不仁,如礼何?人而不仁,如乐何?"(《论语·八佾》)这句话非常清楚地指出了"仁"与"礼"之间的关系以及轻重分别。孔子认为,一个人如果没有培养自己成为"仁",那要礼乐又有什么用呢?这句话乍看上去是在说,"仁"的培养是最重要的,而礼乐只是外在的形式,即便有这些外在的礼乐形式,但如果一个人的内心并没有仁,这些礼乐也只不过是一些空洞的外壳罢了。这固然是孔子这句话的题中应有之意。但这句话中似乎还隐含着这样一层意思,那就是,仁和礼乐之间存在着内在的联系。礼乐可以是一个人内心仁的外在表达和呈现,但一个人也恰恰可能通过礼乐的实践而最终实现仁。因此,礼乐虽然是一种外在的形式,但它的作用是为了培养和塑造一个人的内在之仁。如果缺乏了这个功能,礼乐便不能被称其为礼乐。孔子后来所说的"克己复礼为仁"便充分说明了这一点。作为一个生活在尘世中的世俗的人,很难完全依靠自身的道德力量来完成自身仁德的塑造和培养。这样,人就必须要依靠一些外在的力量和手段来培养人的道德。这一观点和佛家依靠外在仪式与戒律来实现自身佛性培养的观点非常相似。

颜渊问仁。子曰:"克己复礼为仁。一日克己复礼,天下归仁焉。为仁由己,而由人乎哉?"颜渊曰:"请问其目。"子曰:"非礼勿视,非礼勿听,非礼勿言,非礼勿动。"颜渊曰:"回虽不敏,请事斯语矣。"(《论语·颜渊》)

在这段话中,孔子在著名的"克己复礼为仁"这句话之后,紧接着提出了如何实现"克己复礼"的详细方法,即"非礼勿视,非礼勿听,非礼勿言,非礼勿动"四句话。我们可以看到,在这句话中,礼已经深入到人们日常生活的各个方面,人的吃穿住行以及视听言动都被礼所渗透和规范。在这个意义上,礼其实就是我们日常生活的一种方式,而不再是一种单纯仪式性或政治性的礼节或制度。在这段话的背后,我们也能够发现,孔子似乎并不认为人性善,或者至少说,他对人自身对内心物质性或生理欲望的控制并没有太多信心。孔子宁愿相信通过外在礼乐的力量,人更容易实现"仁"的理想。当然,孔子相信外在礼乐的力量并不意味着他就否认了人内心中本来就存有"仁",只是因为世俗间的欲望纷争往往让人迷失了这样一种善的萌芽,因此需要通过外在礼乐的力量来对这一萌芽加以细心呵护,方能使之茁壮成长。我们发现孔子的这一思想在某些方面为孟子所继承,但也有一些方面为荀子所继承。孟子继承的是人内心的道德萌芽,但对这一萌芽的发展并不完全诉诸于礼乐,而是更强调人内心的自省。荀子继承的则是用外在

① 王阳明:《王阳明全集》上,上海古籍出版社 2011 年版,第 47—48 页。

礼乐力量来培养塑造人的内心,但人的内心中并没有道德萌芽的存在,而是完全将质料之性转化为道德之性。孟子和荀子都选取了孔子思想的一个方面进行发展,很难说哪一方更能代表孔子。

在孔子的言录之中,我们不难发现“仁”和心之间的关系。孔子说:“回也,其心三月不违仁,其余则日月至焉而已矣。”(《论语·雍也》)在这句孔子评论颜回的话语中,我们发现孔子认为颜回的心能够做到在三个月内不违反“仁”。这就意味着,“仁”本身就是内心所能达到的一种道德境界。孔子说:“仁远乎哉?我欲仁,斯仁至矣。”(《论语·述而》)从这句话,我们可以清楚地看出,孔子所说的“仁”是一种内在的境界。这种境界的实现并不依靠外在的物质条件,也就是说,一个人只要自己想成仁,他就有这种成仁的能力。外在的物质财富和地位不是一个人想得到就能得到的,但只要一个人想要得到“仁”,就一定能够得到,因为“仁”本来就是每个人心中固有的根底。

孔子说:“志于道,据于德,依于仁,游于艺。”(《论语·述而》)孔子的这段话是说,一个人应当首先立志于“道”,即立下从道的大志,这个“道”并非具体的道德或德性,而是指超越一般具体事物的形而上之道。之后,应当在具体的社会实践活动中依据具体的德性规定来行动。这个“德”具体而微的德性规定,并非抽象的形而上之道。而在现实的社会生活中,有时候可能由于自身的知识局限性,并不能非常清楚地了解所有的德性规定应该是怎样的。在这种情况下,我们能依据什么来作出判断和行动呢?孔子认为,这就是“仁”。也就是说,这时候我们就只需要依从我们内心的“仁”来作出判断和选择。这就是如王阳明所说:“是的还他是,非的还他非,是非只依着他,更无有不是处。”(《传习录》)虽然王阳明提到的“他”乃是指“良知”,但“良知”本身恐与“仁”颇有相通之处。在此不再赘述。

我们再返回看看孔子对于“仁”的解说:

> 子贡曰:“如有博施于民而能济众,何如?可谓仁乎?”子曰:“何事于仁,必也圣乎!尧舜其犹病诸!夫仁者,己欲立而立人,己欲达而达人。能近取譬,可谓仁之方也已。”(《论语·雍也》)

这段子贡与孔子的对话清楚地指出了“仁”的本质含义。孔子认为子贡所说的“博施于民而能济众”不仅达到了“仁”的要求,而且还达到了“圣”的境界。“博施于民而能济众”是一种完全为民众谋福利、担当民众苦难的精神,这种精神中其实蕴含着一种无私、无我的精神内涵。也就是说,人只有摆脱了自我私欲的纠缠,才能达到人我合一、无我无他的境界。在这种境界中,为他人的付出就等于对自己的付出,因为自我和他人之间取消了差别。当然,正如孔子所说,这样一种境界是一般人难以达到的“圣”的境界。对于大多数人来说,实现“仁”更为可行的途径是这样的:“己欲立而立人,己欲达而达人。"我们可以看出,这句话并没有取消人我之间的差别,而是在这一差别的基础上,坚持将自己所欲求的目标也让他人能够实现,自己所想要的生活也要让他人能够过上。这样一种境界显然并没有取消人我之间的差别,而是在承认这一差别的基础上,将自我的欲望推己及人,能够帮助他人实现美好的愿望。对于一般人而言,这就是"仁"的本质所在。对于大多数人来说,并不能完全达到消除自己私欲、实现无我无他的圣人境界,所以对于实现"仁"来说,更为实际的途径是从自我的欲求做起,如果自己能吃上肉,就要让别人也吃上;如果自己能够过上好的生活,也让别人能够过上。这样一种"能近取譬"的途径也能使人慢慢达到"仁"乃至于"圣"的境界。

从以上对孔子"仁"的讨论中,我们可以看出,"仁"对孔子来说是一种根植于人内心之中的对于民众、社会和国家的无私之爱,这既是一种在道德上对于一个人的最高要求,也同时为提升自我修养境界、达至形而上之道提供了一条必由之路。然而,尽管孔子对"仁"的界定大都是关于道德修养和个人境界相关的,但也有几段话似乎跳出了这样一种内在的解释框架。

子路曰:"桓公杀公子纠,召忽死之,管仲不死。"曰:"未仁乎?"子曰:"桓公九合诸侯,不以兵车,管仲之力也。如其仁!如其仁!"(《论语·宪问》)

子贡曰:"管仲非仁者与?桓公杀公子纠,不能死,又相之。"子曰:"管仲相桓公,霸诸侯,一匡天下,民到于今受其赐。微管仲,吾其被发左衽矣。岂若匹夫匹妇之为谅也,自经于沟渎,而莫之知也。"(《论语·宪问》)

在这两段话中,子路和子贡连续向孔子发问,管仲到底能不能称为仁。很显然,按照老师一贯以来的思想和叙事方式,他们可以预料老师给予否定的回答。然而,出乎他们意料的是,孔子却认为管仲可以被称为仁。理由是,管仲通过辅佐齐桓公结盟各诸侯,使得天下太平,百姓免于战争之苦,这难道不能被称为仁吗?虽则如此,我们可以看出,孔子在这里对"仁"的界定多少脱离了之前对"仁"的内在规定,而是在客观外在的角度上对"仁"加以界定。一个人或许可能没能达到最高的道德境界,但只要他能在客观上保障百姓的利益,维护他们生命,这也能够被称为"仁"。

我们再来看孔子的"礼"。

子曰:"道之以政,齐之以刑,民免而无耻;道之以德,齐之以礼,有耻且格。"(《论语·为政》)

孔子的这两句话阐明了两层意思:第一层意思是在治国的层面上来讲的,通过正确的政治和法律制度来引导民众,用刑罚制度来齐整他们,民众就能免于犯罪,但却没有廉耻之心。这就是说,法律制度和刑罚制度虽然能够使得民众避免犯罪,但却很难起到让民众道德提升的效果。民众可能会因为惧怕法律和刑罚的惩罚而在外在行为上遵循法律的规定,但在内心中还是缺乏相应的道德提升和塑造。这样一种状况在现实生活中可能会造成很大问题。比如一个人能够遵循法律的规定,不去做坏事,但在遇到法律没有规定到的情况时,就不一定不去做坏事,久而久之就会形成投机取巧的民风。而在另一方面,有些时候由于法律没有规定该做什么不该做什么,人就有可能会选择躲避做好事。比如在面对老人倒地该不该扶的问题上,法律当然没有规定人该不该扶老人,在这种可以选择扶还是不扶的情况下,人就有可能不会去扶老人。所以,法律虽然能够限制人们去做坏事,但却很难鼓励人们去做好事。既然如此,那应该怎样才能促使人们去做好事呢?孔子的第二句话解决了这个问题。第二句话是在道德培养的层面上说的,如果能够用道德去引导民众,用礼节去约束齐整民众的行为,那人们就不仅会行为正确,而且还会产生道德。在这种情况下,民众的行为不再是完全外在约束下的行为,而是发自内心道德情感的自发行为。在面对上述的老人倒地的情况,人们会更多地考虑去扶老人,因为人的内心已被道德所感化,而由道德塑造的品格就促使着人们在日常生活中进行道德地作为。当然,我们要注意到,孔子并不完全将道德教育的任务诉诸道德宣教,而是通过礼的潜移默化的作用,使人们逐渐培养自己的道德。

对于孔子来说,礼一方面固然是培养仁的手段和工具,但另一方面,仁也是礼乐得以存在的根本前提。如果没有了仁,那就谈不上礼乐了。

> 子曰:“人而不仁,如礼何?人而不仁,如乐何?”(《论语·八佾》)

因而,一个人如果没有了仁,那就必然不会遵从正确的礼乐制度。因此,人内心中的仁应该是比礼乐更为重要的因素。既然如此,那仁似乎应该在礼乐之前就要产生,因为只有仁人才能创制礼乐流传后世。这一逻辑恰被接下来的孔子与子夏的一段对话所证实。

> 子夏问曰:“‘巧笑倩兮,美目盼兮,素以为绚兮。’何谓也?”子曰:“绘事后素。”曰:“礼后乎?”子曰:“起予者商也!始可与言诗已矣。”(《论语·八佾》)

很明显,孔子非常认同子夏所说的礼乐产生于仁之后的说法。这似乎说明,比起后天礼乐制度对人的培养和塑造的观点,孔子更倾向于相信仁是人内心本身就固有的这一观点。这其实是后来孟子对孔子思想进行发展的一个重要理论依据。

> 林放问礼之本。子曰:“大哉问!礼,与其奢也,宁俭;丧,与其易也,宁戚。”(《论语·八佾》)

在这段孔子与弟子的对话中,孔子提出了“礼”的本质的问题。孔子认为,礼与其奢侈,不如简朴,这就意味着礼的形式并不是那么重要,那么什么才是最重要的呢?孔子接下来说,在丧礼中,与其在形式上周到完备,不如悲伤的情感更重要。这就是说,“礼”的目的本身就是培养和促进人的道德情感的发展和完善。在这种情况下,如果舍弃了人的真实情感而去追逐礼仪的形式，那么，就本末倒置了。

在《里仁》一章中，孔子提道："不仁者，不可以久处约，不可以长处乐。仁者安仁，知者利仁。"这句话其实点明了仁对于礼乐的绝对先在地位。不仁的人，就不能长久地处于礼乐制度的约束之中，也不能长久地处于安乐之中。没有了仁，人就失去了最重要的东西，即便有礼乐制度的约束，人也不可能成为仁。因此，礼乐虽有促进培养塑造人们性情，使之趋向仁的功用，但终究只是一种工具，不可能成为人之为仁的决定性力量。决定人之为仁的关键性力量还应该是人心中本来就具有的向仁之心，一念为仁即为仁。

孔子在谈到礼的时候，又对管仲进行了评论。

> 子曰："管仲之器小哉！"或曰："管仲俭乎？"曰："管氏有三归，官事不摄，焉得俭？""然则管仲知礼乎？"曰："邦君树塞门，管氏亦树塞门；邦君为两君之好，有反坫，管氏亦有反坫。管氏而知礼，孰不知礼？"（《论语·八佾》）

这段对管仲的评论似乎有些出人意料。之前孔子谈到管仲时，曾认为他通过自己的施政方针使得人民免于战乱，因而可以称为"仁"。但这段话又认为管仲不知礼，这又是为何呢？我们看到孔子眼中的管仲对于各种礼节并没有遵循，而是经常逾越礼制的规定。因而，这样一个对礼节不加以遵循的人肯定不能被称为"知礼"。然而，不知礼并不意味着不仁。对于孔子来说，一个人如果能够对人民仁慈，使其免于战祸，保全生命，那要比遵循礼节更为重要。这就说明，对于孔子来说，虽然礼有培养仁的功能，但对于现实政治来说，如果当政者并不能完全遵循礼的规定，但能够通过现实的政治方略来使人民获得幸福的生活，这也是难能可贵的，也可以被称为仁，尽管这种仁可能并不是孔子心目中最高层级的仁。

我们再来看孔子的"义"。"义"在孔子的语境中很多时候是指内在的道德原则。比如：

> 君子喻于义，小人喻于利。（《论语·里仁》）
>
> 德之不修，学之不讲，闻义不能徙，不善不能改，是吾忧也。（《论语·述而》）
>
> 君子义以为上。君子有勇而无义为乱，小人有勇而无义为盗。（《论语·阳货》）

在这些段落中，"义"显然是指君子所应具备的内在道德品质。那么，"义"究竟是一种怎样的道德品质呢？

孔子言："隐居以求其志，行义以达其道。"（《论语·季氏》）这里的"义"应该是指人在现实世界中进行道德和政治实践时所应遵循的基本规则。相对于隐居以求"志"而言，"义"应该是指人在现实世界复杂多变的境况下仍能将自己的仁心志向诉诸实践的决心和能力。从这里我们也可以看出，"义"就像"格物"，通过"义"，人才能在面对各种具体事物时保持恰当的态度，作出适当的行动。通过不断的"集义"，也就是不断地积累自己在面对各种具体事物时所作出的选择和行为，就能够逐渐实现内心"仁"的理想，使得"仁"的理想能够应用于现实世界之中，这就是《大学》所说的"致知"。正如钱穆先生言："仁偏在宅心，义偏在应务。仁似近内，义似近外。"①这似乎是说，"仁""义"本一体，只不过"仁"偏在"宅心"，也就是内在道德修养，而"义"则偏在"应务"，也就是将内在的道德修养应用于现实事务之中。

孔子说："夫达也者，质直而好义，察言而观色，虑以下人。在邦必达，在家必达。"(《论语·颜渊》)对于孔子来说，要成为一个"达则兼善天下"的君子，不仅需要"质直而好义"的内心修养，而且还能够察言观色，从而能够使得内在的道德素养恰当地应用于现实之中。"仁"在人心之中，也就是内在的道德。但在现实生活中，人会遇到非常复杂多变的情况，如果只是简单地将"仁"应用于其中而不善加调整和适应，那就可能会遭遇很多困境。这时候就需要"义"的介入。"义"是一种能够与现实境况相适应的道德能力。无论现实状况怎样变化，人都可以应用"义"这一道德能力来恰当地处理各种纷繁复杂的局面。孔子说：

> 君子之于天下也，无适也，无莫也，义之与比。(《论语·里仁》)

这其实就是说，"义"不是某种确定不变的标准，它是随着当下境况而不断变化适应的能力。当然，孔子也说：

> 君子义以为质，礼以行之，孙以出之，信以成之。君子哉！(《论语·卫灵公》)

就"义"的本质而言，它当然也就是"仁"，它们二者之间并没有差别。唯一的差别在于，"义"是一种能够将"仁"具体应用于现实各种境况的能力。最终的结果当然还是为了要实现"仁"。

钱穆先生说："然察言观色，当与质直好义内外相成。既内守以义，又能心存谦退，故能谦撙而光，卑而不可逾，此圣人处世之道，即仁道。"②这就是说，要成为君子或圣人，仅凭自己的刚直之气或察言观色是无法达到的。这二者必须紧密结合在一起才能成就君子或圣人。在这个意义上，"义"其实就充当了内在与外在沟通桥梁的作用。有了内在的道德素养，还必须要有能够将这种内在素养随现实状况适应变化的能力。这种能力对于孔子来说就是"义"。虽然"义"在孔子看来属于人的内在道德范畴，但其起到的作用则是连接内外，最终成就君子或圣人的理想。因此，我们可以看到，"义"的本质内容就是"仁"，但在此基础上，还有能够将"仁"这一道德理想转化为可行性现实的能力。

---

① 钱穆：《论语新解》，生活·读书·新知三联书店2005年版，第94页。
② 钱穆：《论语新解》，生活·读书·新知三联书店2005年版，第94页。

我们可以发现,“义”在孔子的语境中更多指涉内在道德应用于外在实践即道德“格物”的能力,本身并没有深入具体的社会制度和政治建构的层面。那么,后世的儒者能够对“义”作出更多的发展,展现出其更多可能的社会政治面向吗?

二、《孟子》的“仁”与“义”

孟子将孔子所开创的“仁”的内涵加以更为明确的界定,提出“仁政”的概念:

王如施仁政于民,省刑罚,薄税敛,深耕易耨;壮者以暇日修其孝悌忠信,入以事其父兄,出以事其长上,可使制梃以挞秦楚之坚甲利兵矣。(《孟子·梁惠王上》)

今王发政施仁,使天下仕者皆欲立于王之朝,耕者皆欲耕于王之野,商贾皆欲藏于王之市,行旅皆欲出于王之途,天下之欲疾其君者皆欲赴愬于王。其若是,孰能御之?(《孟子·梁惠王上》)

君行仁政,斯民亲其上,死其长矣。(《孟子·梁惠王下》)

这样看起来,孟子将孔子以来的“博施于民而能济众”的仁圣理想加以界定,明确提出了仁政来作为儒家的最高理想。当然,仁政这种最高的理想是从小处慢慢培养出来的,这就是人心中固有的四端。

恻隐之心,仁之端也;羞恶之心,义之端也;辞让之心,礼之端也;是非之心,智之端也。人之有是四端也,犹其有四体也。有是四端而自谓不能者,自贼者也;谓其君不能者,贼其君者也。凡有四端于我者,知皆扩而充之矣,若火之始然,泉之始达。苟能充之,足以保四海;苟不充之,不足以事父母。(《孟子·公孙丑上》)

孟子认为,恻隐之心就是仁的发端处。当然,人有了这一仁的发端并不意味着就能够成为仁了。成为仁的必要条件还包括了人对这一端绪的发展和扩充。缺乏了这种对仁之发端的扩充,仁便不会成长为参天大树。对于孟子来说,仁就像是人所居住和生活的“安宅”。对于一个普通人而言,只有有了一座自己的宅院,才能使得自己的身体和心有所安置之处。

夫仁,天之尊爵也,人之安宅也。(《孟子·公孙丑上》)

从这段话里,我们可以看到孟子已经将“仁”与“天”联系了起来,认为仁是天所尊崇的“天爵”,这种将仁上升至天的观念在《论语》中较为罕见,说明了这一时期的儒家已经开始将“仁”这一道德范畴逐渐上升至天的形而上层次。

孟子说:

仁之实,事亲是也;义之实,从兄是也;智之实,知斯二者弗去是也;礼之实,节

文斯二者是也；乐之实，乐斯二者，乐则生矣；生则恶可已也，恶可已，则不知足之蹈之手之舞之。(《孟子·离娄上》)

在这里，孟子明显将仁、义视为仁义礼智中的核心要素。对他而言，仁的实际内容或者就“近取譬”来说，就是事亲，也就是要孝敬自己的父母；而义就是对自己的兄长顺从。礼和智则是围绕着这两个核心元素而展开的。礼就是在仁和义的方式礼节上加以规定和约束，从而形成一套完整的礼仪体系。智则是知道仁和义的内容并且将之坚持下去。由此可见，虽然孟子将仁加以形而上学化，但却并没有舍弃其原本的含义和初衷。仁本来就是发端于人对于自己父母的爱，并将其扩展至社会中的其他人等。没有了这个根本，就会使得人无法发起对于他人的仁爱之心，或者虽能发起却不能持久。从这个角度上讲，儒家其实是有着非常强的自我意识的。对于儒家来说，只有人能够认清自我以及自己的家庭，才能认清社会和他人。对待社会中的每个人的方式取决于对待自己家庭成员的方式，以仁事亲才会以仁待人，以义从兄才会以忠待君。这和佛家思想其实有着很大的不同。佛家强调人应该有大悲心，能够以慈悲之心对待他人，而这样做的前提并不是人先在自己家庭中做到了慈悲，而是能够修行自己达到无人我之别的境地。这样，佛家修行强调的是无我、无他，因而要以一颗佛陀之心来关爱众生；儒家修行则强调有我、有他，因而要以对己之心去对待他人，才能利益众生。相比起佛家来说，儒家更加从后天经验层面来提示人的道德精神和主体价值，而佛家则从先天经验层面来揭示人的本始状态和返归本真。

我们再来看孟子的“义”。孟子认为“义”是一种人内在的美德。孟子说：“羞恶之心，义之端也。”(《孟子·公孙丑上》)这就是说，“义”的最初萌芽就是在内心中，随着这一“羞恶之心”的发展和成熟，“义”这一内在美德才得以完成和确立。当然，孟子的这一说法未必有充分的根据。事实上，有羞恶之心，正说明一个人对自己所做的事会有一个普遍的，能为大多数人所接受的社会标准。这种标准看似是个人内心所自然拥有的一种标准，实则是社会所约定俗成的外在标准。一个人在孩提之年很难自发地产生这种羞恶之心，比如未经别人允许私自拿取他人的东西。在拿取东西后，他并不会产生所谓的羞耻之感。只有当成人告知他这种行为不对时，他才会对自己的行为产生羞恶之心。而成人的价值观标准显然是由社会长期的熏陶才会形成的。没有这种长期的、既定的价值观塑造，任何人的行为都不可能符合“义”的标准。从这个角度上说，孟子所认为的“义”显然应该是外在的，而不是内在的。当然，人能够接受这种价值观塑造之本身，也说明了人内心之中可能原本就有“义”的“善端”，所以才能接受外在“义”的输入。而随着外在标准的逐渐内化，人会在成长过程中也逐渐形成自己的一套价值标准，这样，“义”就会成为内在的。当然，人内心之中也可能根本就没有此“善端”，而是在后天逐渐地学习和实践中获得“义”的。所以,“义”本身既可能是外在的,又可能是内在的,最重要的是,它是随着人的社会化和被教育过程逐渐演化过渡的。

不管怎样,孟子强调的是人内在之心的成熟和发展,而这一成熟和发展的过程与外在的实践有着密切联系。孟子说:

> 言非礼义,谓之自暴也;吾身不能居仁由义,谓之自弃也。仁,人之安宅也;义,人之正路也。(《孟子·离娄上》)

在孟子看来,“仁”似乎是人的心灵所停泊和栖息的温暖的家,只有拥有这样一个家,才能使人在处理各种社会关系时能够有所依据和保障。“义”似乎是人在家庭外面处理各种社会关系时所应该遵循的正确道德标准,只有遵循这种正义的标准,人才能以正确的行为方式生活在这个世界上。孟子在这里对仁义的区分和界定是“居仁由义”,仁是一个人安置自己内心的根基,而义则是一个人在行事中需要秉持的原则。由此可见,仁和义之间虽有区别,但亦有深刻的联系。如果没有了内在的仁作为基础,人就不可能在外在的行为活动中遵守正确的原则(“义”);而如果没有了“义”,内在的仁也无从展现和凸显。所以,仁与义之间是一种互相依存、相辅相成的关系。和孔子相似,对于孟子来说,“义”这一正义的标准在本质上也就是“仁”,只不过是一种对于“仁”的外化形式。孟子说:

> 仁之实,事亲是也;义之实,从兄是也;智之实,知斯二者弗去是也;礼之实,节文斯二者是也。(《孟子·离娄上》)

在这里,“仁”似乎强调的是一种感情(emotion),而“义”似乎包含了更多理性和现实的考虑,是一种遵循正确道路来行事的义务(duty)。从这点上也可以看出,“仁”在狭义上来讲是一种不讲求回报的子女对父母的感情,推而广之也就是人与人之间的真挚情感。“义”则是一种弟对兄的遵从,这种遵从基于兄长的丰富生活经验或生活智慧,推而言之也就是劝诫人们在社会上需要遵循或跟随那些比自己年长从而更有生活经验和智慧的人,这是做一件正确事情的前提。在另一段话中,孟子也强调了父兄在一个人成才过程中的关键作用。他说,

> 中也养不中,才也养不才,故人乐有贤父兄也。如中也弃不中,才也弃不才,则贤不肖之相去,其间不能以寸。(《孟子·离娄下》)

在孟子看来,父兄对一个人的成长起着关键的作用。贤明的父亲和兄长能够正确地教导一个人,使他按照正确的路线成长。这其中就有父兄自身的成长经验和生活经验的灌输。因此,“义之端”的形成和发展就具有了外在特征。

孟子说:

> 人皆有所不忍,达之于其所忍,仁也;人皆有所不为,达之于其所为,义也。

(《孟子·尽心下》)

从这里可以看出,孟子将“仁”与“忍”这种人内心的情感联系起来,而将“义”与“为”这种人外在的行为联系起来。这就反映出“仁”和“义”所强调的不同方面。孟子说,

> 夫义,路也;礼,门也。惟君子能由是路,出入是门也。(《孟子·万章下》)

“仁”就如同人所居住的安宅,“礼”便是进出这座宅邸的大门,而“义”便是这座宅邸门前通往外界的路。“仁”意味着一个人需要有一个安静的内在心灵环境,在这个环境中,他可以相对自由地用自己的真情实感来对待自己的亲人,因而这是一个人安身立命的地方。“礼”便是这个地方的大门,也就是通向外界的一个通道。在这里,人就不再简单地用自己的情感来对待别人,还要通过遵循一定的礼节规范来与他人交往。因为如果另外一个人不是自己的亲人,便很难接受那种你用来对待自己亲人的方式。所以,通过遵循“礼”的规范,一个人便学会了与人相处的恰当方式。除了“仁”和“礼”,还需要走上一条“义”的路,才能真正在人世间顶天立地。“义”其实是一种无论在任何情况下都能遵循正确道路来行使道德义务的能力。一个人可能对别人充满了真情实感,也对别人待之以礼,但仅仅有这些还是不够的,还需要有一种甚至敢于触犯某些外在规则而坚持道德义务的能力。这是因为现实世界存在着很多复杂而多变的情况,在某些特别的情况下,要克服某些规则的羁绊,才能成就圆满的结果。比如伸手去救溺水之嫂的道德困境。如果按照“义”的要求,就应该伸手去救,因为只有这样才符合道德的要求。试想一个人如果只对嫂子“仁”且有“礼”,但并不能突破“男女授受不亲”的规则,那就会在这种特殊情况下放弃救人的打算,这当然是一种道德的悲剧。正如柯雄文(A.S.Cua)所说:

> 当体现既定价值原则的“礼”在某些情况下无法为我们处理当前问题提供指导的时候,我们就需要诉诸我们自己的判断来决定在某种特定的境况下怎样做才是合适的。换句话说,就是在这样一些境况中,“礼”虽然被考虑但并不适用于当前的现实。……因此,“义”在道德规则与特定境况相关性的道德考虑中就会占据优先地位。①

这就是说,在“礼”无法解决某些特定境况中的问题的时候,“义”就发挥着主导作用。“义”的最大特点就在于能够连接内外,使得内在的道德责任感与外在的具体境况相互联系,从而使得人即便在“礼”尚未规定或已规定但却不适合的时候,也能作出正确的判断和行动。

---

① A.S.Cua,“Yi and Li:Rightness and Rites”,*Encyclopedia of Chinese Philosophy*,Antonio S.Cua ed.,New York:Routledge,p. 844.

除了认为“义”是一种连接内外的道德能力，孟子还认为“义”是规范君臣之间道德责任关系的标准。孟子说，

> 仁之于父子也，义之于君臣也，礼之于宾主也，知之于贤者也，圣人之于天道也，命也，有性焉，君子不谓命也。（《孟子·尽心下》）

在这段话里，“义”同样是描述君臣道德责任关系的一种概念，而“礼”则成为描述宾主关系的一种概念。在这里，“礼”并没有上升到国家制度乃至君臣等级的高度，仅限定于主人对待客人的礼仪方面。

我们可以看到，孟子继承并发展了孔子关于“仁”和“义”的思想，也就是如何将内心的道德良知付诸个体行为，使之能够依良善而行。但在“义”的政治“格物”一面，孟子则未能对孔子的思想进行充分的发展，这使得儒家思想在战国晚期愈发重视外在政治实践的形势下显得有些格格不入。① 幸运的是，在战国中后期，有另外一条与思孟学派不同的儒家思想脉络，这一脉络对“义”的政治内涵进行了充分地发展，其主要思想就反映在《荀子》中。②

三、《荀子》的“礼”与“义”

对荀子来说，正常社会秩序的实现是实现仁政的第一步也是最重要的一步。为实现正常的社会秩序，荀子将礼看作是最重要的工具。荀子说：“故先王案为之制礼义以分之，使有贵贱之等，长幼之差，知愚能不能之分……”（《荀子·荣辱》）对荀子来说，礼能够通过划分不同的社会阶层而维持正常的社会秩序。在荀子看来，社会中的所有人都有自己对物质利益的追求。如果所有人都毫无节制地追求自己的欲望，社会将陷入到混乱之中。基于此，圣王建立了礼来区分不同的社会阶层，从而使不同阶层的民众都能根据他们自己阶层的需求来追求不同的事物。所以，一旦人民都能按照礼来行为，不追求超出他们阶层需求以外的东西，国家就会变得有秩序。我们可以看出，荀子并不期望一个统治者能在短时间内变得足够仁爱从而把对自己家庭的爱延展给他人，实际上，即便统治者不能这样做，他也能成为一个好的统治者，一旦他能运用礼来统治，他的政府就能成为一个好的政府。

尽管荀子强调礼作为一种实现良好社会秩序的重要工具，而在这个意义上，礼至少

---

① 道家、墨家思想在战国中后期逐渐兴盛起来，甚至超过了儒家思想而成为当时社会的主流思想。正因如此，孟子叹道：“杨朱、墨翟之言盈天下。天下之言不归杨，则归墨。”（《孟子·滕文公下》）

② 关于这条思想脉络的发展进程，可参见孙伟：《“心性一体”与“心性二体”——早期儒学心性论发展路向研究》，《北京社会科学》2017 年第 8 期。

可以实现最低标准的仁政，但他也并没有忘记礼所能带来的道德修养，而这也是实现最高层次仁政的必要途径。荀子说，“古者先王分割而等异之也，故使或美，或恶，或厚，或薄，或佚或乐，或劬或劳，非特以为淫泰夸丽之声，将以明仁之文，通仁之顺也”（《荀子·富国》）。所以，在荀子眼中，礼仪形式就是仁的“文”，而仁就是儒者所追求的道德修养的最终目的。对荀子来说，礼不同于仁，礼是实现仁的具体方式。礼要求一个人按照某种正式而带有规范性的规则来行动，这些规则呈现为外在的礼仪形式和模式，然而仁则要求一个人去爱别人正如爱自己的家人一样。那么为什么在实现仁的过程中必须有礼的参与呢？原因在于礼的具体外在形式更容易被遵循，而仁则是更高一级的、较为抽象的道德要求，较难为人民理解和遵循。荀子说，“仁者好告示人。告之、示之、靡之、儇之、钤之、重之，则夫塞者俄且通也，陋者俄且僩也，愚者俄且知也”。（《荀子·荣辱》）对荀子来说，只有仁被呈现为礼，它才能被效仿、实践并最终得以实现。也就是说，荀子并不认为道德具有的内在魅力大到能够足以吸引人们走向道德之途的能力；实际上，道德只有依靠礼的呈现和规定，才能被模仿和实践。如果道德领袖不能使得人们意识到道德自身的吸引力，那么就要依靠礼的力量来实现道德。

荀子对“义”则是这样定义的：

> 水火有气而无生，草木有生而无知，禽兽有知而无义，人有气、有生、有知，亦且有义，故最为天下贵也。力不若牛，走不若马，而牛马为用，何也？曰：人能群，彼不能群也。人何以能群？曰：分。分何以能行？曰：义。故义以分则和，和则一，一则多力，多力则强，强则胜物；故宫室可得而居也。故序四时，裁万物，兼利天下，无它故焉，得之分义也。（《荀子·王制》）

在这个意义上，人和禽兽的区别只在于是否有“义”。人虽然也有和禽兽相似的欲望，但人之所以为人，就是因为他同时也具有控制欲望的能力。这种能力就来源于“义”这样一种似乎很抽象的概念。那么，对于荀子来说，“义”究竟意味着什么呢？就这段话而言，“义”显然是一种内在的心理结构，只有具备了这种心理结构，“分”才得以实施。“分”其实就是社会等级的划分和差别。只有进行了社会等级的划分，一个社会才能称之为社会（“群”）。如果按照这种论证的逻辑，“义”其实就是一种人类生而具有的理性能力。这种理性能力促使人意识到，如果人只按照自己的欲望来行事，那就必然会造成社会的混乱和无序，而这样对每一个人都是无益的。因此，这种理性能力就在于能使每个人意识到，必须要完成在各自等级上的道德和社会责任，才能使得整个社会系统平稳运行。

我们可以看到，荀子认为人的内心存在这样一种理性的能力，它能够统治和驾驭欲望，使之在合理的范围内活动。不过，理性的“义”并没有任何道德的内容，它对欲望的驾驭和控制只是出于理性的、维护人类群体存在的考虑。因而,对于荀子这样的儒家而言,承认理性的“义”只是第一步,第二步要做的就是如何在欲望得到控制的基础上产生教化欲望和情感的能力。荀子说:

> 故人之所以为人者,非特以其二足而无毛也,以其有辨也。夫禽兽有父子,而无父子之亲,有牝牡而无男女之别。故人道莫不有辨。(《荀子·非相》)

这里提到了人类社会中存在的“辨”。这种“辨”其实就是指人类社会中存在的各种社会角色和伦理角色的差别。这是人类区别于动物的显著标志。荀子接着说:“辨莫大于分,分莫大于礼”。(《荀子·非相》)这就是说,要用“礼”来指导“分”和“辨”。很显然,“礼”是外在的制度结构,而“分”和“辨”也是外在的社会等级与角色差别。通过“礼”的方式来对这种社会等级和角色差别进行规定和确定,就是人类社会的主要特征。而之前荀子提到“分何以能行?曰:义”,这就显然将“礼”和内在的“义”联系在了一起。这样,外在的“礼”(外在的制度结构)和内在的“义”(内在的心理结构)结合在一起,共同构成了教化欲望和塑造社会结构的心理与制度基础。

我们可以看到,荀子的礼义包含内在与外在两个部分。内在的部分就是“义”,这是人类内在的理性能力。通过这种理性能力,人类能够形成关于社会的心理基础,这使得社会和秩序的建立成为可能。外在的部分就是礼,这是外在的制度结构。只有通过礼的建构和塑造,人类社会才能成为所应该成为的样子,才能形成具体的社会制度和等级差别,并在此基础上形成教化人性情和欲望的道德力量。可以说,内在的“义”就是一个秩序社会形成的必要条件,但如果要形成完美的儒家道德社会,还必须要具备外在的“礼”。二者对于一个健康成熟的社会而言,缺一不可。

荀子进一步说,

> 故尚贤使能,则主尊下安;贵贱有等,则令行而不流;亲疏有分,则施行而不悖;长幼有序,则事业捷成而有所休。故仁者,仁此者也;义者,分此者也;节者,死生此者也;忠者,惇慎此者也;兼此而能之备矣;备而不矜,一自善也,谓之圣。(《荀子·君子》)

在这里,荀子进一步明确了“义”的等级性。正是在“尚贤”“使能”“贵贱”“亲疏”以及“长幼”中,“义”发挥了“分”的社会和政治功能。这一“分”的社会功能就是分辨、划分社会等级差别的政治秩序和亲疏长幼的伦理秩序。因而,对于荀子来说,“仁”“义”“礼”三者是不可分割的整体。荀子说,

> 义、理也,故行。礼、节也,故成。仁有里,义有门。仁、非其里而处之,非仁也。义,非其门而由之,非义也。推恩而不理,不成仁;遂理而不敢,不成义;审节而不和,不成礼;和而不发,不成乐。故曰:仁义礼乐,其致一也。君子处仁以义,然后仁

也;行义以礼,然后义也;制礼反本成末,然后礼也。三者皆通,然后道也。(《荀子·大略》)

在这里,荀子更加明确地指出,如果只是简单地“推恩”,也就是将仁爱推广到所有人,并不能成就“仁”的理想。“仁”必须要和“理”结合在一起,而“理”就是“义”,就是在等级基础上的道德责任和义务。也就是说,“仁”和“义”必须要结合在一起,也就是荀子所说的“处仁以义”。同时,“义”还具有外向实践的特征。一个人只是遵循着“义”的要求而并不去亲身实践,那也就不成为“义”。荀子在这里还强调,“行义”的同时还必须要遵循“礼”的要求,这样,“义”才能称其为“义”。所以,“仁”“义”“礼”三者是合为一体,不可分开的。

除了认为“义”是一种涉及社会等级的社会功能,在此基础上,荀子还和孔孟一样认为“义”是一种人应该具有的道德感,这种道德感应当超越当下的利益考虑。荀子说,

义与利者,人之所两有也。虽尧舜不能去民之欲利;然而能使其欲利不克其好义也。虽桀纣不能去民之好义;然而能使其好义不胜其欲利也。故义胜利者为治世,利克义者为乱世。上重义则义克利,上重利则利克义。(《荀子·大略》)

这就是说,包括圣人和普通人在内,每个人都有追求道德的理想和爱好利益的倾向。但圣人与普通人的区别就在于能够使得自己爱好利益的倾向不超越对道德理想的追求。但普通人如果不加以引导,则很难使得自己内心本有的追求道德的理想超越对私利的重视。

从以上的讨论我们可以看出,对于孔子来说,“义”虽有政治“格物”之意,但毕竟没有具体化到社会制度和政治建构的层面。孟子也更重视“义”的道德“格物”一面,也就是如何将自己的行为付诸个体行为,使之能够依良善而行。荀子则大大拓展了“义”的政治和社会功能,这为荀子的礼学思想在战国后期的兴起奠定了理论基础。

《周易》与中华美德

傅永吉[①]

《周易》相传系周文王姬昌所作，被称为群经之首，设教之书。包括《经》和《传》两个部分。《经》有六十四卦和三百八十四爻，卦和爻各有说明（卦辞、爻辞）。《传》包含解释卦辞和爻辞的七种文辞共十篇，统称《十翼》，相传为孔子所撰。春秋时期，王官之学慢慢解体并逐渐演化为民间私学，诸子百家蜂起，《易》学渗入各家各派。自孔子赞《易》后，《周易》被儒门奉为儒门圣典，六经之首。《四库全书总目》将易学历史的源流变迁，分为"两派六宗"。两派即象数学派和义理学派；六宗即：占卜宗、机祥宗、造化宗、老庄宗、儒理宗、史事宗。

《周易》内容极丰富，堪称中华传统思想文化的主要源头，是古代先思想、智慧的结晶，被誉为"大道之源"。对几千年来中华民族政治、经济、文化等都曾产生极其深刻的影响。由特定角度审视，《周易》就是道德书，关于中国人如何"做人"的伦理观念与实践规范体系，构成中华人文精神的特质和内核，具体又细化、表现为一系列的可在现代日常生活中践行的美德。

一、孔子眼中的《周易》

1. 何谓"易"？

《周易》道德书？

史界素有《三易》说。除《周易》外，还有《连山易》《归藏易》，前者据说是神农氏时代的产物，经《艮》卦开始，而后者则是黄帝时代的产物，以《坤》卦开始，今人大多只读的《周易》，则从《乾》卦开始。三《易》存在及流传至今，说明"易"的观念由来已久，也大可由此而探讨中华人文精神的内核。

---

① 作者系北京东方道德研究所研究员、原所长；国际儒学联合会理事；中国孔子基金会学术委员会委员；中国青少年研究会副秘书长；北京市青年研究会常务理事。

昌明发达的现代学术，至今并未充分明了灿烂辉煌的古代文明知识，更遑论超越。大多数人对自己的学术传统不甚了了，对域外诸文明的核心价值与历史传承也处于略知皮毛状态，却在那里钻牛角尖，在芝麻谷子之间展示巧伪的貌似精微而实则粗陋之至的不学有术。

讨论中华文化，尤其是中华民族所特有的人格精神时，寻根溯源到《尚书》《周易》这两部中华民族最古老文献，是必然且必需的。然《尚书》残缺不堪，不免令人扼腕慨叹；而素有"群经之首"之美誉的《周易》，就其保存状态而言，则大致完整；就其内涵而言，其中许多观念对于中华文化整体而言更具有开创性意义，在真髓这一极高明的层面上，探寻中华文明的奥秘，《周易》代表一条便捷然而艰辛的曲径，因为它实无愧于集中华民族生存智慧之大成的超级"智慧书"。

《周易》分《易经》(包括卦名、卦辞、爻题和爻辞)和《易传》("十翼"的上下《彖》、大小《象》等七种十篇)两部分，为方便起见，本文统以"周易"名之，而不做《经》《传》的析解。《说文解字》解"易"为蜥蜴(极可能是变色龙)，从蜥蜴体色多变中抽象出"变易"之观念：生生不息、变动不居，即所谓"生生之谓易"①，朱熹也说："故易者，阴阳之道也"，②所谓"易"也就是阴阳交替的生生变化(变易)之道。《周易》中的表述更其明确："一阴一阳之谓道"③，由是，"易""阴阳""道"这三大范畴，实可贯穿并统一起来加以解读，互映互照，以解其真谛。

2. 孔子何以"老来喜《易》"？

众所周知，孔子是"老而好《易》"，好到什么程度？到了迷恋之至、手不离卷的程度：居则在席，行则在橐。孔子对《易》的态度，和年轻时发生了180度的大转弯，简直判若两人。子赣(子贡)曾回忆老师早年的教导，原话是："夫子他日教此弟子曰：'德行亡者，神灵之趋；智谋远者，卜筮之繁。'"这代表了孔子年轻时对《周易》的态度：基本否定，也表达了对世道人心颇为不满：人们不去追随德行修养，而去追随神灵，寻求莫须有的保护；人们不去追随智慧，求事理人心之明达，而去依赖卜筮之术。这也与通常认为《周易》就是卜筮之书的观念(常识)一致。子赣很听话，虽然并不太同意老师对《周易》的看法，但却一直努力不去碰它，不搞卜筮那一套。让他不解的是，老师本人却在年事渐高之际，突然整天摆弄起《易》："夫子何以老而好之乎？"老师怎么突然喜好、迷恋起了《周易》？看那样子明明是个算卦，这是怎么回事？这段极珍贵的记载是1973

① 《系辞上传·第五章》。
② 《周易本义·周易序》。
③ 《系辞上传·第五章》。

年长沙马王堆《易传》帛书出土后，才为当代知晓的史料，孔子与《周易》的关系也有了新的眉目，但《易传》是否为孔子所作，仍不为多数研究者所认同，然而，孔子确实与《周易》有极密切的关系，则被证明实属确定无疑。①

孔子说："《周易》未失也，且有古之遗言焉。予非安其用也。"《尚书》残缺太多，而《周易》基本完整，孔子对此欣欣然的态度溢于言表，对"古之遗言"极感兴趣，也就是对以往历代先人所积累下的经验教训的集结（以《周易》《尚书》为代表）乐观其成并极为重视的意思，这是孔子珍爱《周易》的关键。子赣对老师的态度的忽然大转变力图求解，想起了老师的另一句话："赐闻于夫子曰：……'孙（逊）正而行义，则人不惑矣。'夫子今不安其用而乐其辞，则是用奇于人也，而可乎？"老师一直教导我们要谦逊、中正、持守并履行道义，那样人们就知道我们究竟在做什么了。但这回老师开玩这部卜筮之书，是什么新花招呢？又不像是要卜筮的样子，整天读那些卦辞爻辞，叫人实在搞也搞不通、弄也弄不懂。孔子听说了子赣的烦恼，就把他叫来，解疑释惑一番："吾告汝，《易》之道"，我来说说对《周易》的一些浅见吧，说是浅见，其实包含根本之道理。显然，孔子不要探讨卜筮技术。孔子接着说："夫《易》刚者使知惧，柔者使知刚，愚人为而不妄，渐人为而去诈。"孔子的意思是说，《周易》的内涵太丰富博大了，不同的人阅读都可以发现与自己大有益处的道理，阳刚强悍的人读《易》会知道畏惧，因为刚强的反面就是柔弱，况且强中更有强中手?！而柔弱者则知道自己其实本有刚烈强猛的另一面，只是不自知而不曾激发之而已。即使是（貌似）愚蠢笨拙之人，也会因读《易》而变得聪明起来，做事就（慢慢）变得有板有眼了。而那些惯于玩弄权术阴谋者，则通过《易》可以知道智慧的博大，阴谋的有限，慢慢地自觉放弃巧诈等小手腕，向堂堂正正的人生大道（持中守正方向）从容转身。子赣很关心老师是否多少相信点卜筮之术，就问："夫子亦信其筮乎?"老师对这书中所讲授的卜筮技术信不信呢？孔子也直言不讳地告诉子赣，说自己也曾试过卜几把："吾百占而七十当，唯周梁山之占也，亦必从其多者而已矣。"

---

① 帛书《易传 · 要》：夫子老而好《易》，居则在席，行则在橐。子赣曰："夫子他日教此弟子曰：'德行亡者，神灵之趋；智谋远者，卜筮之繁。'赐以此为然矣。以此言取之，赐缗行之为也。夫子何以老而好之乎?"夫子曰："君子言以矩方也。前（剪）羊（祥）而至者，弗羊（祥）而巧也。察其要者，不诡其福。《尚书》多阙矣，《周易》未失也，且有古之遗言焉。予非安其用也。"子赣曰："赐闻于夫子曰：……'孙（逊）正而行义，则人不惑矣。'夫子今不安其用而乐其辞，则是用奇于人也，而可乎?"子曰："缪哉，赐！吾告汝，《易》之道……夫《易》刚者使知惧，柔者使知刚，愚人为而不妄，渐人为而去诈。文王仁，不得其智以成其虑，纣乃无道，文王作，讳而避咎，然后《易》始兴也。予乐其知……"子赣曰："夫子亦信其筮乎?"子曰："吾百占而七十当，唯周梁山之占也，亦必从其多者而已矣。"子曰："《易》，我后其卜祝矣，我观其德义耳也。幽赞而达乎数，明数而达乎德，又仁守者而义行之耳。赞而不达于数，则其为之巫；数而不达于德，则其为之史。史巫之筮，乡之而未也，好之而非也。后世之疑丘者，或以《易》乎？吾求其德而已，吾与史巫同途而殊归者也。君子德行焉求福，故祭祀而寡也；仁义焉求吉，故卜筮而希也。祝巫卜筮而后乎?"

我读得累了,也不免玩上几把,大概一百把有七十把左右很是准确!大多数还挺准的!但孔子只是玩几把解闷吧,他手不释卷地读《易》,当然不是为了玩要解闷,而是另有意图:“我后其卜祝矣,我观其德义耳也。”在孔子眼中,《周易》中的卜祝术数只是很次要的内容,德义才是根本与核心。他接着说道:“幽赞而达乎数,明数而达乎德,又仁守者而义行之耳。”幽赞是手段,是为弄明白术数之理;术数貌似是某种初级目标或目的,其实仍然只是手段,更深层的目标是达到对德(美德、道德)的精准理解,而德的最为根本的内涵,不过是“仁”与“义”,仁是内心的修养,要悉心呵护,即所谓“守仁”,守望内心的那份人类独有的温暖情愫:仁者爱人。光有内心的仁爱感情当然不够,必要见之于行动。于是有“义行”的要求。所谓“义行”,是仁在实际生活中的表现、实现、践行。孟子后来说,“义,宜也”,也就是按照“仁”的理念去做应该做的事(合宜之事)。于是就想到了康德的“you ought to ”(应当、应该)。道德的根本之处被发现了:勇猛精进、义无反顾地做道义精神所指引、所要求的事情。孔子看到那么多人在研究《周易》却不得门径、要领,很是伤心:“赞而不达于数,则其为之巫;数而不达于德,则其为之史。”这许多人喜欢《周易》却未难窥其真谛,要么停滞在跳大神的巫祝(神婆神汉)层次,要么稍有进境了仍不过是个只会咬文嚼字、又故做深沉(做学究天人、沟通神鬼状)的酸腐学究式,终究为流俗所累而不得升华、超祓,实在可惜:“史巫之筮(shi),乡之而末也,好之而非也。”说到家,仍不过是卜筮这套愚弄君主民众的下入流的把戏,根本没有弄到点子上!这些巫呀史的,只会玩弄这些小把戏,太没水平、没层次了!孔子很担心自己被后世之人误解,被归入巫史之流:“后世之疑丘者,或以《易》乎?吾求其德而已,吾与史巫同途而殊归者也。”孔子强调自己酷爱《周易》,是将之当作道德之书阅读,与史巫完全是两码事,表面看起来行为走向类同,所追求的目标却截然相反。孔子的结论是:“君子德行焉求福,故祭祀而寡也;仁义焉求吉,故卜筮而希也。祝巫卜筮而后乎?”①君子专心追求德行修养,不用去祈求福祉呀;虔诚修养并努力做到(践履)了仁义(为代表的美德),祥和吉利是为必然——自然而然,还用得着装神弄鬼地占卜?我所追求的是“德”,我和史巫们貌似走着同一条路,目标与归宿却使然不同!

杨庆中对此段文字也曾做过总体性解读。他认为,孔子早年视《周易》为掌于史巫之手的筮占之书,不太看重。晚年则发现其出于文王之手,包含“古之遗言”,因而态度转变,重新认定其性质,并以“观其德义”为原则,对《周易》的部分爻辞进行了诠释,提出了一系列影响深远的主张②。

---

① 帛书《易传·要》。

② 参见杨庆中:《周易经传研究》,商务印书馆 2005 年版。

二、作为"道德书"的《周易》

《周易》作为一部古老的筮书太著名了。但就其内涵而言，则更加丰富得多，从中华人文精神的视角审视，《周易》更应被解读为一部系统的人格理论著作。表面上预示吉凶祸福，实际上无处不在地谆谆教导人们如何调适身心、立身处世、待人接物、随机应变地解决生产生活中的种种问题，关涉到中国人作为一个特定民族的人格整体设计，以及中华民族的生存理念和生活（行为）方式。《周易大传·系辞下》："初率其辞，而揆其方，既有典常。"《周易》卦辞爻辞是直指人生的大智慧，真切地理解了其言辞之奥义，遵奉其为生产生活的指导，以变应变，便宜行事，就能心想事成，万事如意，言行莫不中节——无不符合人伦准则，而且能德行圆满，成为他人的榜样。《周易》的人格理论是极其丰富的，它是数千年甚至更其久远的原始生存状态下中华民族先祖繁衍生息过程中求解天地人关系特别是人与人之间关系以及处世准则、人生经验的系统总结。在中华人文精神传统中，所谓人格无疑应主要从道德人格视角切入以解读之。我们就从道德书的视角，试行解读一下《周易》吧。

中国人什么样子？当然不能看皮肤、头发、眼球一类的粗浅，否则与韩国、日本、蒙古等国人就必混为一谈。最根本与核心的仍然是文化，或曰人文精神，或曰中华人格。《周易》代表了中华文明的一种系统总结，也代表了对理想态的中华人格的一种全面设计。使中国人是中国人而异于其他任何民族，是我所理解的中华人格的核心内涵。

杨庆中试图通过流传到现代的日常用语来解读《周易》智慧对中华民族的深刻影响。他列举了居安思危、穷变通久、自强不息，厚德载物、否极泰来、革故鼎新、求同存异、义结金兰等近乎常识化的成语，并指出，《周易》是真正的中华民族的文化血液，是"日用而不知"庸常而深邃的大智慧。他还认为，《周易》表达了中华人文精神的三大核心意识（忧患意识、变通意识、整体和谐意识）。张宜则主张从《周易》"时""位"观角度研究中华人格的总体构想。冯兵将《易经》中的生活智慧和伦理规范概括为：尊重规律、与时偕行、革故鼎新、持中守正。他的总体判断是：《易经》的伦理思想源于生活智慧的积累、总结和抽象，反过来又对人们日常的"做事"与"做人"予以伦理指导。……《易经》伦理对"做事"的伦理关注居主导地位，相比"做人"显得更加强烈，与后世"做人"优先于"做事"的价值观念结构不同。他认为，这主要关乎"做事"，而在"做人"方面则主要为：自强不息、居安思危、谦虚、诚信、节俭等。本文以为，这些研究都与《周易》所设计的中华人格特质密切相关。冯兵还有一个总体判断：《周易》中的辩证法思想、主体能动性思想的探索等"只是处于萌芽阶段"，而"伦理道德观则较为成熟"。我对这个判断深表赞同:《周易》代表中华民族处理人际关系之生存智慧的成熟形态。翁银陶认为,《周易》中所凝练出的中华人格特质可归结为三个方面:其一,阳刚与阴柔并重。其二,守退与开拓并重,其三,内省与外倾并重。至于表现这一中华人格的具体"德目"则有:自强不息、居安思危、独立不惧、乐天体命、谦虚、诚信、谨慎、节俭、仁义、刚柔并济、忠贞、恭敬、守礼,等等。

质言之,《周易》中人格理论极丰富,人格设计理念亦极高明,可视为对自我、个体与他人、个体与群体及社会、人与自然等现实关系及华夏先祖长久积淀之处世准则、人生经验的系统总结、阐发。《易》的思维模式以象征类比(比兴)为主,常以人事比附于天道,劝谕世人,即所谓"推天道以明人事"。在《乾》卦爻辞中,"初九,潜龙勿用","九二,见龙在田,利见大人","九四,或跃在渊,无咎","九五,飞龙在天,利见大人","上九,亢龙有悔",就是一连串的比喻,统统借助于"龙"这一神话模拟的"自然物象"表达对事物发生发展、起落兴衰的过程理解,也喻示人应该努力认识规律并遵循规律办事,而对陌生多变的客观事物(自然和社会)则应保持足够谨慎。而《小过》的卦辞"亨,利贞,可小事,不可大事。飞鸟遗之音,不宜上,宜下,大吉。"试图通过"飞鸟哀鸣,向下而不向上飞"等生活经验昭示做事必须审视具体条件,处在"小有过越"的不利条件下,则不宜勉强操办宏大事业而应尝试从小事做起、守持正固,循序渐进,徐图进取,而不可操之过急。

因此,《周易》处处强调着道德生活的本根性、基础性,始终注重人际关系的调适,将具超越性的道德型人格设计为中华人格的基轴和主干,则构成《周易》的核心内容。事实上,技术、能力较之道德秩序,显然是等而次之的事情,在仁者和强者之间,"仁"毫无疑问必须是首选,无仁者之强大、强悍,终归表现为某种邪恶,实无路可逃。人生在世首先要解决的是行为的目的、动机问题,即优先解决生命意义这一根本或根基问题,方能站稳脚跟,待机而后动;至于行为的方式、效果,则依据于目的与动机的选择;具体的技术、能力等,必须置于道德的引导下,渐次解决。向善是基本的方向,走向崇高、神圣是人性发展的内在诉求,无论对于自己还是别人,都以这样的向善标准予以审视和要求。有了道德秩序的保障,人生才可能无往而不吉。

后文我们将尝试较为系统地探讨《周易》中的道德人格设计。在此先作简略的评点。《周易》中有多个卦象讨论道德型人格。如《损》卦:"有孚,元吉,无咎,可贞,利有攸往",《离六二》:"黄离,吉",《象》的发挥是:"黄离元吉,得中道也",诚信、中正的美德,预示着大吉大利,而且几无缺陷(无咎),必定顺利——无往而不胜。人生中困难、挫折无处不在,但这并不要紧,美德可以使人逢凶化吉,遇难呈祥。《讼六三》:"食旧德,贞厉,终吉",道德是稳定可靠的人生资本(根本),是靠得住的生命特质,美德养成

(积善成德)后成为一种自然的近乎本能的行为习惯,即使遭遇"厉"(艰难困苦、重大挫折)也会吉人天相,最终的结果仍然是吉利。《复六二》:"休复,吉",《象》:"休复之吉,以下仁也",这是说,美德不仅有利于个体自我,还将惠及他人,将吉祥的雨露挥洒给亲近的人。所以,《周易》是主张人们去亲近那些仁者,即亲近君子而远离小人。缺乏道德意识、修养、践行,而执意亲近小人者又将如何?自然有凶。如《恒九三》:"不恒其德,或承之羞,贞吝",《无妄》卦:"其匪正有眚,不利有攸往",这都是警告人们要重视自己的道德银行,以日常的善行不断增加德性储备,坚持不懈,持之以恒,以美德滋育人生。反之,如果道德银行经常处于赤字状态,恶行累累,丑闻不断,坏事做绝,结果只能是自取羞辱,遗恨无穷,这样的人没有光明的未来——害人者最终贻害的是自己。这是人类世界的铁律,古今中外概莫能外,我们要做或能做的,只是根据变化了的环境略做必要的调适。而无论如何,坚守道德上的向善方向则是做人的本分、根本,没有任何讨价还价的余地。

任何时代,教化都不可少。事实上,"教"与"化"一直都在那里,不即不离,是人类社会的必然(必须)的内容,区别仅仅在于"教"什么又"化"什么罢了。良性的生活智慧、伦理意识、行为规范已经成为这个时代最为稀缺的资源,所幸,我们还拥有悠久厚重的人文传统。于是,本文也就想到,我们探讨《易经》这部古老智慧书,理解其日常教化功能,引导人们脱俗而入雅,而不是相反(铲平高雅,彻底庸俗),是文化建设的应有之义,且已成为真正的(或许是最迫切的)时代必须。因为,各种迹象表明,我们整个民族都到了需要下定决心学会重新做人的关键时刻。

《彖传》:"圣人以神道设教。"神道设教中所谓"神道",与商代极度普及的卜筮之术很相关,《易经》本身当然与卜筮相关,从外在的、直接的形式或形态来说,也算是典型的"神道"吧。这种渊源极为久远的传统,通过卜筮以预示吉凶祸福,把人间事与上天垂训紧密结合起来,告诫世人做事做人都应当遵循"正道"(如礼制规矩、伦理规则)。显而易见,在文明初启的"准蒙昧"时代,迷信也许是一种不得不采用的导向文明的"变通"(曲径通幽)方式,有特殊的(相对的)积极功用。我们今人所需开掘的(所思考、探讨的重点),则是《易经》中所包含的人伦义理所蕴涵的对现代生活仍不曾、不会丧失的积极、合理意义或价值(而不是简单地全盘接纳、照单全收),并探索应用于当代社会的现实可能,至于其中神话、宗教和祭祀内容,那些属于传统特定时代的"神道"内涵(以及必不可少的迷信、蒙昧),则大可付之阙如。

在《易经》《易传》中,"圣人""君子"概念频繁出现,是理想人格的代表,是"仁""义""谦""慎"等美德(崇高的人格境界)的化身或样板,涉及人与自然、人与社会、人与人之间的关系的处置和协调。此外,还有"大人"和"小人"概念也反复出现,也都与道德(理想)人格设计有关。

《周易》开宗明义:“昔者圣人之作《易》也,幽赞于神明而占蓍,参天地而倚数,观变于阴阳而立卦,发挥于刚柔而生爻,和顺于道德而立于义,穷理尽性以至于命。”(《说卦传》)这段话的大意是说,圣人是抵达道德人格价值体系最高境界者,观天地之变化(也包括或首先有“占蓍”即“幽赞于神明”)而作《易》(以天道之阴阳为依据而确立基本的卦象,又以“地道”之刚柔为依据而细化为爻象),进而体会其中与人类社会行为的契合性而制定了各种调整人的行为及相互的关系的价值判断系统与规范体系,为全社会(以及个人、个体)提供了“和顺于道德而立于义”且“穷理尽性以至于命”的标准与规矩。众所周知,孔子早年曾讨厌《周易》,晚年却来了个超一百八十度的华丽转身,终至沉迷其中而推崇备至,他说:“《易》其至矣乎。夫《易》,圣人所以崇德而广业也。知崇礼卑。崇效天,卑法地。天地设位而《易》行乎其中矣。成性存道义之门。”(《系卦·上》)表达了对《周易》的极度赞美,认为《易》是圣人推崇道德、建树广大功业的凭籍,通过它,圣人明了天地运行的规律并遵循之;孔子并由此判断《易》就是天地之道的表达、表现,是“道义之门”。这就为他自己老来极度喜爱《周易》做了绝妙的注脚。

“大人”是作为社会地位较高的人物的代名词出现的。如“见龙在田,利见大人”、“飞龙在天,利见大人”(《乾卦》),“利见大人,不利涉大川”等,是与“圣人”很相近的通天地日月四时鬼神之道(阴阳之道)的非凡人物:“夫大人者,与天地合其德,与日月合其明,与四时合其序,与鬼神合其吉凶。先天而天弗违,后天而奉天时;天且弗违,而况于人乎！况于鬼神乎”(《文言》),天地之德、日月之明、四时之序、鬼神吉凶,大人的言行与这四者莫不符节,尤于天道一节,弗违之,能奉之,一切基于阴阳变异之数,这样了不起的人物对于人间事、鬼神事当然于总体上能了然于心。这番吹嘘,实在神乎其神！这样的进入“化境”的生存状态,也只有圣人、大人者之流们有机会体验了吧？最重要的也是我们愿意深入讨论的,是更具有大众化教育(教化)意义的“君子”概念,它在《周易》里出现的频率更高得多,也是更实在(现实)而更可亲近的道德化身,作为中华人格的理想模板也得到更为具体细致的刻画。君子应该是社会生活中数量较“圣贤”“大人”更多而承担辅佐政治管理职能的士阶层(即直接管理具体社会事务的人员)的中坚群体,也是社会伦理价值的集中体现者;君子人格则是具有较大普遍意义的理想人格的代表。《易》云:“君子安而不忘危,存而不忘亡,治而不忘乱,是以身安而国家可保业。”(《系辞下》)“文明以健,中正而应,君子正也。唯君子能为通天下之志”(《彖传·同人》),君子具备许多优良品格,居安而思危,盛世忧虑于衰亡,天下大治却主动预防动乱的可能,这样做的结果是:自身的安全和国家的基业都可得到保障。不仅如此,君子还是文明以健、中正以应的理想社会的希望所在,因为他们能不遗余力地追求小康、大同的理想,全力以赴地化幻梦为实境。因此,君子才既足以成为普通百姓的即理想即现实的道德楷模,框正世道;又可以为当政者出谋划策,建功立业。因而,君子在以"德治为主,法制为辅"的德法并治的古代社会,其地位、价值和存在意义可谓举足轻重。

三、《周易》与中华美德

那么,《周易》到底教导中国人如何"做人"呢?理想的君子人格的主要特质又包括些什么?质言之,君子人格的核心或根本乃是"仁义";而君子所标称的这一政治精英及其后备队群体所拥有的美德则所包括:自强不息、居安思危、独立不惧、乐天休命、谦虚、诚信、谨慎、节俭、刚柔并济、忠贞、恭敬、守礼,等等。本文拟择其要者试行分析。

1. 仁义

《周易·说卦传》另有一段广为流传而颇为重要的话:"昔者圣人之作《易》也,将以顺性命之理。是以立天之道,曰阴与阳;立地之道,曰柔与刚;立人之道,曰仁与义;兼三才而两之,故《易》六画而成卦。分阴分阳,迭用柔刚,故《易》六位而成章。"这算得总论或总纲了,意思是说,圣人作《周易》,顺合了自然万物的性质和变化规律,确立天之"道"为"阴"和"阳";确立地之"道"为"柔"和"刚";确立人之"道"为"仁"和"义";而天地人"三才"都是内在的客观矛盾的统一体,都天然地包含着既对立又统一的两个方面,天之道由阴和阳组成,地之道由柔和刚组成,人之道由仁与义组成,这就是所谓"三才两体",是《周易》"卦""爻"的基本元素,交而错之成为八卦,八卦再行组合而构成六十四卦,每卦分解为六爻,共计有三百八十四爻。《周易》天地人同参、共参,也可以说是"参天地人",即以天地人统一(一体化)的视域探讨人生和社会,以求参天地之造化而通悟人生至理。至孔子儒家则集中精力于人伦义理的开掘,在人生观或伦理学方面获得深度(高度)或突破性的发见、洞悉;而道家却悬浮于天地之间,更注重大"道"的探究与开悟,在宇宙观(自然观)方面领跑。所谓"道"当然有通常的"道理"的含义,但更合理的简约解释,似乎非"规律"二字莫属。然而,要解读《说卦》上的这段文字,以道理或规律为核心,都不太通顺,倒不如解为"根本"或"要诣"。譬如说,人之为人的根本或做人的根本(要旨)是什么?"仁"与"义"是否已经足够。解读为"根基"或者也颇通顺吧。总之,将"仁"与"义"置放为人生根本、要旨、根基,我觉得很到位,实在是抓住了要害,儒家代表人物至圣孔子以"仁"德为总纲而亚圣孟子则高扬"义"德(将道义精神提升到与仁爱比肩的位置即仁义并称),把握了人伦义理(中华人文精神)的究竟处(真几)。

“仁”与“义”是儒家理想的君子人格的最基本要素,也是最核心、最重要的品质(美德),是人之为人的特质之核,是个体成德、成才、成功乃至分享人生幸福的最重要、最核心的立身之根本——内在的心性根基。唐朝孔颖达著有《周易正义》,中有《说卦传注》对《周易》有很经典的解读:“爱惠之仁,即慈厚泛爱之德,主于柔。”他认为“仁”代表了人类内心的温暖,即所谓“爱惠之仁”,即慈厚泛爱之德,其主要或基本特点是“柔”——脉脉温情。人类特有的温柔情感的释放,一定是给周边(他人)带来温暖的,所以,“仁”所代表的是人性中至情至性的内在温暖(温馨)情愫的沛然释放。而有关“义”,孔氏的话是这样讲的:“‘断割之义’,即正大坚毅之德,主于‘刚’”。“义”德是勇猛精进的阳刚进取与担当精神的表达、表现、实现与坚守,令人立即会想到“大义凛然”一词。“仁义”暨与“天之道”密切相关,又与“地之道”紧密相连。与“天之道”相关联时,谓之合于阴阳之数;而与“地之道”相关联时,自然就有刚柔之性的呈现了。人类的“仁”与“义”德性禀赋犹如地之柔刚、天之阴阳,或者说,“天之道”即阴阳与“地之道”即刚柔表现在人类身上就是“仁义”美德①。也就是说,仁义(潜质)是人性本善的内在基础或心性根本(根据),说是人之为人或这之所以称其为人的最根本最核心的特质亦颇为贴切。樊阳程认为,仁与义两方面互为补充、相互协调,也就是说人道遵循自然变易、发展、转化的规律,仁与义是《周易》中理想人格的构成基础,表明了处于自然和社会环境下人所能达到的最高境界,即对人道的透彻把握及履践。《易》曰:“君子体仁足以长人,嘉会足以合礼,利物足以合义,贞故足以乾事。君子行此四德者,故曰‘乾:元、亨、利、贞。’”(《文言·乾》)君子是把握(体会)仁德真谐的特殊人群,人之为人的特质得到充分而健康的发育,又能够通过以身示范而引领他人成长;与人交往周到而体贴并且能自然而然地合于礼制;适当分享物质生活而不沉迷于声色犬马即张弛有度而合于道义;有操守重气节而清清白白因而善于操持事务而能建功立业。君子具备“体仁”“嘉会”“利物”“贞”四大美德因而人格健全健康,所以谈论到君子会说“乾:元、亨、利、贞。”这里将“仁”置于首位,“体仁”是根本、根基,是温暖、温柔的心体,恰是做人的起点,一切的真、善、美都由此而生发,复为成就君子人性之美的归宿:亨通。

在此,有必要特别讨论一下孔子对于“仁”德的特别重视,以及儒学创立之后“仁”德内涵的开掘、拓深。在孔子之前,仁爱精神已经受到广泛重视,《尚书》《国语》《诗经》《左传》等经典可资证明。孔子将仁爱由众多德目之一提升为儒学的核心理念,即

① “天地即位,人生其间。立人之道,有二种之性,曰爱惠之仁;与断割之义也。既备三才之道,而皆两之,作《易》本顺此道理,须六画成卦,故作《易》者,因而重之,使六画而成卦也。六画所处,有其六位,分二四为阴位,三五为阳位,迭用六八之柔爻,七九之刚爻而来居之,故作《易》者分布六位而成爻卦之文章也”。

百德之总枢,视之为人类特有的以生命智慧形态显现的温暖情愫,予以特别重视并系统阐述,彰显了其中华人文精神(人伦义理)及人文信仰之核心的独特价值。因而,儒学即可恰当地称之(命名)为仁学。也就是说,仁爱精神或仁爱温情,强调、突出的是人之所以成为人,乃因为人有人性即人类不同于(严格区别于)其他动物的特质(特殊本质),以仁爱美德标识人性,所强调的实乃人伦感情这一人类精神生命之核在人类群体生活及个体精神健康发育中的关键价值。

"仁"的基本内涵就是"爱人"。《论语》记载,"樊迟问仁,子曰:爱人。"[①]这是最经典的解释。孟子后来直接归结为"仁者爱人",作为美德的"仁"所指称的就是爱人这一人格特质。孔子又说:"仁也者,人也。"只有具备了仁爱温情的个体,才称得上是真正的人。换言之真正的人必然(必须)具备自觉地爱人这一核心品德或善良根性(良知良能)。"爱人"(即仁爱美德)这种最真挚的人伦情怀,既包括"他爱"或"爱他"(爱别人即除自己之外的其他人)之情,又包括"自爱"或" 爱我"(珍爱自我)之情,这二重内涵一体两翼、互为表里、相辅相成。"他爱"就是"己所不欲,勿施于人""己欲立而立人,己欲达而达人",即儒家所谓"忠恕"之道,孟子曾发挥为"亲亲而仁民,仁民而爱物"[②],将"爱他"或"他爱"推展为亲亲、仁民、爱物这样三个由近及远的层次或步骤。韩愈则简捷论定:"博爱之谓仁。"[③]北宋张载进一步发挥为"民胞物与"[④]的大爱理念。关于"仁爱"温情(美德)的另一侧面或内涵,荀子曾有经典表述:"智者自知,仁者自爱。"[⑤]他认为自爱是仁爱精神发育的最高阶段,也即最精妙层面的表达和实现。这是荀子对孔子所创立的儒家学术传统最主要的贡献之一。《论语》中记载,孔子对"己"高度重视,反复讲论"古之学者为己"[⑥],"为仁由己""君子求诸己",又强调"修己以敬"。因而,在此视域(视角)下,儒学即可恰当地定义为"成己"之学,或者说,儒学(仁学)的首要内涵是"为己之学"即"仁者自爱"这门大学问、大智慧。必须特别指出的是,"为己""自爱"绝非任何意义上的自私自利,与市侩哲学毫无干系。仁者自爱的"为己之学",强调每一个体要先努力发现自我的独特潜质、价值并全力开掘之、培育之,也就是要先努力成就自己——把自己的潜能和价值开发出来,这也就是现代人所谓健康人格养成这一哲学、心理学、社会学的重大命题了。子思将此理念概括为"格物、致知、诚意、正心、修

① 杨朝明:《论语诠解》,山东友谊出版社 2013 年版,第 226 页。
② 杨伯峻:《孟子译注》,中华书局 1960 年版,第 322 页。
③ (唐)韩愈撰:《韩昌黎文集校注》,马其昶校注,上海古籍出版社 1988 年版,第 13 页。
④ (宋)张载:《张载集》,章锡琛点校,中华书局 1978 年版,第 62 页。
⑤ (清)王先谦:《荀子集解》,中华书局 1988 年版,第 533 页。
⑥ 杨朝明:《论语诠解》,山东友谊出版社 2013 年版,第 259 页。

身”[①]五大步骤，这和现代人所重视的“自觉、自信、自强、自立、自律直至自我实现”这一生存理念显然是内在契合的，具备完整的(总体性的)精神文化同构性。换言之，儒家认为，一个人要走向人格的成熟与健康，就要走君子“下学而上达”的阳光大道，要“尚志”，要“志于道”“志于仁”“志于学”，要立定超越平庸的宏图大志，不做庸庸碌碌的小人、庸人、市侩，通过“博学以文，约之以礼”[②]即修习“文、行、忠、信”以及大小“六艺”，努力把自己最好的东西全面开发出来，成长为一个士，再进一步成长为君子——顶天立地的大人(大丈夫)，然后投身“齐家、治国、平天下”即为社会公共权力管理而奉献牺牲的事业。如果说，仁爱美德的爱他(他爱)一维表达的是主体际性这一洞见的话，那么“仁者自爱”这一维所表达的则是个体主体性幡然觉醒的人生哲学奥义，是轴心时代中华文明所开启的“人的发现”“人的解放”并取得(臻至)丰厚人文成果的重要表征。《周易》以“天行健，君子以自强不息”“地势坤，君子以厚待载物”[③]。为总纲，实可谓对中华人文精神“主体性”与“主体际性”的同步发现、激扬、崇尚的绝妙总结和概括。

2. 自强

“自强”即自强不息。这一条时代感很强吧。其实它一直时代感很强，堪称中华民族的文化基因。“交相本无种，男子当自强。”其实，我觉得可以改为：“交相本无种，人人皆自强。”这才更符合于时代精神。《周易》第一卦为《乾》卦，六爻皆阳爻，一派阳刚气象。孔颖达认为：“此乾卦本以象天，天乃积诸阳气而成，故此卦六爻皆阳画成卦也。”《说卦传》云：“乾，天也”，又云：“乾，健也”，这是说《乾》卦取象于天，而寓意则是雄心勃勃、健强有为、自强不息。读者或者应马上联想到《象传》的“天行健，君子以自强不息”，至少在中国，这话早已妇孺皆知，说是俗谚也不为过分。读到此处，我的感想是：奋发向上、不断进取的主体人格是中国人始于远古的理想人格设计，是中华民族每个个体“做人”的最基本的精神生命要素。冯兵研究《豫》卦，同意其他研究者认同《经典释文》将“豫”字训为“乐”(即娱乐、喜悦的意思)字。《豫》卦的爻辞有“鸣豫”“盱豫”“冥豫”等判言，细细研思之，发现都含有或多或少的耽于享乐、不思进取的意思，个体若沉湎于如此精神状态，结果必然趋于邪恶——直接的或间接的“凶”必会接踵而至。这一卦显然是在昭示负面的训诫，是催人奋起的警示钟那类振聋发聩的声音，“告诫人们为人处世必须不断进取、健强有为才可免于祸患”。在《恒卦》中有流传至今的

① 朱子律：《儒家经典》，中国长安出版社 2007 年版，第 3—4 页。
② 杨朝明：《论语诠解》，山东友谊出版社 2013 年版，第 105、155—156、222 页。
③ 余敦康：《周易现代解读》，华夏出版社 2006 年版，第 4 页。

另一句俗谚(成语)“持之以恒”,其九三爻辞是这样说的:“不恒其德,或承之羞”,认为个体若没有“恒”(持之以恒即坚守的意志、毅力)的德性,将可能蒙受羞辱。我们由此可以更加深入地体会“自强不息”的深沉、隽永的意韵。

《周易》中另一句“俗谚”是“地势坤,君子以厚德载物”(《彖传·坤》),与“天行健,君子以自强不息”同样脍炙人口。此语所表达的也是中华民族一种最基本的为人(立身)处世之道。此句正可理解为“仁德”的最基本义(较之“自强不息”更其基本):温暖的、温柔的,博大的包容心。如果说“自强不息”标示着勇猛精进的阳刚气质,那么“厚德载物”所标示的则是“泛爱”“博爱”的阴柔气质。一阴一阳、一刚一柔,阴阳交泰而刚柔互补,是源自远古的中华人格设计的健全、健康结构即理想态:阳刚的积极入世的态度与阴柔的包容厚德的态度不仅并行不悖而且互补互释、互为表里。君子勇于进取而胸怀宽广,阳刚之德与阴柔之德并举,才近乎理想,又可相对容易地落实于日常生活之中。这一阳一阴、一刚一柔的统一与互补势态,也是对即理想即现实的君子人格特质的一种恰当表达;换言之,只有修养到君子人格境界,才能抵达如此的阴阳交泰、刚柔互补的现实而理想的生命运化状态。樊阳程指出,所谓刚,即“刚健”;柔,便是“宽厚”。这是两种相反相成的行为方式与道德品质,以自身崇高的道德理想境界面对理想与现实,是一种乐观的人生态度。

人生在世不能不依赖于环境作基础,但人的特殊之处又在于能创造条件改造(改善)环境,而不为具体的环境所束缚、局限。如果外部环境直接地提供了有利条件,把握机遇是君子的基本行为方式;而当外部的恶劣环境时,君子则能迎难而上,以积极进取的心态创造(改变)条件。这后一方面更体现了君子的内在的坚韧毅力和品质,凸显的是责任与义务意识,即勇猛精进的道义担当精神。当然,这也必须表现为顺境时积极地把握稍纵即逝的时机,赢取最大的事功效益,造福家人、民众、群体与社会并从而实现自我;而当遭遇极恶劣的逆境和巨大困难时,又能忍辱负重,待机而发,既不自暴自弃,更不盲目折腾(不逞匹夫之勇)。

《易》所反复张扬的“时”“位”观之独特价值就更加彰显——审时度势的敏慧遂构成君子人格必不可少的关键内涵(要素)。诚如《文言·乾》所断言:“‘亢’之为言也,知进而不知退,知存而不知亡,知得而不知丧。其唯圣人乎! 知进退存亡,而不失其正者,其唯圣人乎!”用现代白话来解释,就是说:有些人只知一味地进取而不知适当收缩和后退,只懂得直接的生存而不懂得其背后的衰亡(不懂生与死是貌似对立实则内在统一的两个互为表里的侧面),只懂得获取之妙而不懂得丧失之痛。只有圣人能看到事情的正反两面,深谙进取与引退、生存与灭亡等对立面之间相反相成的道理。君子是最接近圣贤境界的人,于“进退”“存亡”“得丧”的理解与把握,亦必达到了相当高明的境界。

3. 诚信

诚而信,信而诚。诚信一体一辞,端是美德。学者的研究认为,《周易》卦爻辞里的“孚”字所表达的即是诚信。卦爻辞凡四十多处提及“孚”,尤其是《中孚》一卦。孔颖达说:“信发于中,谓之中孚”(《周易正义》),这是他在解释“中孚”这一卦名时的感想。在古汉语中,“信”通“孚”,但程颐和朱熹还是对二者进行了一些微妙的区分、析解,程颐说:“存于中为孚,见于事为信。”朱熹拍案叫绝:“说的极好”。“存于中”,就是本于自心,即内心的诚,诚心也,真诚也;以此状态去为人处事、与人交往,就表达、表现为“信”了。所以,诚信不二。不必那么细抠字眼,以“孚”包含“诚”与“信”的完整涵义,简洁、明晰,何乐而不为?“孚”所表达的是诚信,首先且主要体现为内在的美德。至于具体生活中的表达、表现,也许并不重要。因为,诚于内者,必发于外,此处无须庸人自扰。《升》卦九二爻如是说:“孚乃利用禴,无咎”,“禴”指的是薄祭。黄寿祺、张善文认为,这段爻辞表明:“只要心存诚信即使‘禴祭’微薄,也利于荐享神灵,不致咎害。”内心的虔诚是最主要而且根本的,“禴祭”之厚薄则是很次要的事。现代人生活中所缺乏的或者正是“孚”,因为没有(丢弃)了内在的真诚,所谓“信”之美德也就无可避免地常常流于虚幻甚至虚伪了。

4. 谦虚

君子是深谙人性弱点的特殊人群。他们知道自己原本就有许多弱点,譬如无知。越是博学多识,越感到自己的无知;越是才华横溢、能力卓越者,也必越深知自己其实必定会在很多其他领域很无能——一窍不通。人的智力和技能都是有限的,生命苦短,任何个体怎么可能是万事通呢?个体在某一方面异常地强大些,必然强化、突出了另外一些方面的薄弱、粗陋甚至彻底的无能。君子对人性这类必然缺陷心知肚明,且绝不回避。直面这种人生窘境,唯有谦虚谨慎的美德的适时与恰当地显现,巧妙把握和运用阴阳刚柔之术,行仁仗义,不忘初心,在漫漫的人生旅途中不断寻求自我发现与再发现,自觉而谦卑地与生存环境相磨合、相调适,既保护自己,复强化自我,如此,方有机会扬长避短而成就自身为真正的强者——守其柔弱而抵至真正的刚强。

以高尚道德情操而立身于世的大人、君子者流,其道德力量感召力是内在的,近乎天然的,以平淡无奇的低(谦卑)姿态面世,却更能亲近并感化他人(特别是普通人),不经意间营造出柔和然而强大(绝不霸道)的“人气场”。《周易》有言:“圣人感人心而天下和平”(《彖·咸》),“君子教思无穷,保民无疆”(《象传·临》),说的都是圣人、君子以美德感化人心，于是百姓以人格臻于完美者（圣贤、君子）为榜样行事，和平、和谐、昌顺为标志的太平盛世就自然而然地如期到来了。更为要紧的是，圣人、君子有大功业于国于民，有美德彰行于世，天下皆知，而圣人、君子自己并不因此而骄傲狂妄。因为，保持自然（平淡）的谦虚谨慎的人生态度素来是圣人、君子的本色——立身之本，于是“劳谦君子，万民服也”（《象传·谦》），明明有大功劳，却从不居功自傲，黎民百姓心服口服是再自然不过的事情了。

居安思危，忧患意识，与谦虚的美德本质上相通。《周易·谦》的卦辞中说：“亨，君子有终。”表达的是“谦卦”的核心观念：谦逊谨慎的美德，是抵达亨通之境的不二法宝。此处强调谦虚君子为代表的精英群体必须具备的美德（人格）素质，我们由此可以体会老祖宗所设计并传承至今的“谦虚”美德的原始况味。《易·大过》卦曰：“利用攸往，亨”，《象》曰：“翼而说行，利有攸往，乃亨”，认为只要待人谦顺、和悦，就必定亨通有吉。《谦》卦之《象》《传》对卦辞“亨，君子有终”解说道：“天道亏盈而益谦，地道变盈而流谦，鬼神害盈而福谦，人道恶盈而好谦，谦尊而光，卑而不可逾，君子之终也”，这里将谦虚归于天地自然甚至鬼神共通的“道”，而人类有“好恶”这种意识能力及相应的意志力，自然得以做到令言行等契合于自然（天地）之道，“恶盈好谦”就成为顺理成章、自然而然的事情了。人类如果能够做到并保持谦虚，就能养成（滋育、培植）美好、健康（健全）的人格，从而与天地自然以及鬼神之道相耦合，就可以“赞天地之化育”了，受到福佑（因契合于必然性而诸事遂顺如意）也不在话下。

然而，并不是每个人都能保持谦虚之行，唯修养到君子人格境界者流才能发自内心地谦逊恭敬并能善始善终。“谦卦”的六爻都围绕这个核心观念而展开，谦虚的美德可以帮助君子无往不利，君子滋养（自我培植）这样的美德而可帮助圣人、大人等治理天下，百姓则由是而得享太平。樊阳程教授的分析表明，“谦”卦中的“谦”包含两层含义。首先是常识性的待人接物的方式。《象传·谦》所说的“地中有山，谦。君子以裒多益寡，称物平施。”高山隐藏于广袤的大地之中，这就是谦虚的一个好形象，“君子仿效此象，取过多补不足，权衡各种事物，公平地施与。对人，君子先人后己；对物，君子以多补少”这里是说谦虚所表现出的是君子与他人相处时（人际关系中）的一种态度。而更重要的是，我们应由此领悟，美德是本然的善，有无待于外的价值。也就是说，“谦”还有另一重更重要的含义或意蕴，即谦虚的美德是内在的，是长期修身养性的结果，无论它是否表现出来都无关紧要（真正的美德是自然流淌的，它时刻就在那里，自然挥洒、才好，而不必刻意地表现）。诚如《象传·谦》所说：“谦谦君子，卑以自牧也。”拥有谦逊美德的君子，用这一美德自我管理，以近乎天然的自律而为人楷模。

老子也认同于谦虚为美德：“江海所以能为百谷王，以其善下也”。他以江海善下

(谦虚)而成为百谷之王的例子,比喻人类应该拥有并保持谦虚之德。魏晋时的徐乾也说:“君子常虚其心志,恭其容貌,不以逸群之才加乎众人之上;视彼犹贤,自视犹不肖也。故人愿告之而不厌,诲之而不倦”。即使有非常之大才,也能守持谦虚,看别人时,努力发现其优点,所谓寸有所长;看自身时,则努力发现不足、缺陷,所谓尺有所短。想起了苏格拉底的名言“我知道我无知”。孔子亦云:“吾有知乎哉?无知也。有鄙夫问于我,空空如也。我叩其两端而竭焉。”(《论语·子罕》)真正有大知(智慧)者,才懂得自己其实仍然很无知,而时刻注意自觉地向任何人学习。孔子说:“三人行必有吾师焉”。子弟们常常记起“子入太庙,每事问”的情形,那正是孔子践行“学而不厌”理念的写照。日常生活中,如别人教我们哪怕一个生僻的字词,亦足堪敬为“一字之师”。欺师灭祖则是中国人所唾弃的恶劣品质。唐朝陆德明认为:“谦,卑退为义,屈己下物也”,《周易正义》亦说:“‘谦’者,屈躬下物,先人后己。”显然“卑退”“屈己”“屈躬”都具有道德的含义,或者本身都属于某种人类可以具备的良好德性,其实所包含的是不断自我发现,寻找限制自己进步的短板而努力到不断自我改进的意蕴。显而易见,个体不断自我改进(弥补自身不足)的过程,其实就是进步的过程。

当然,对于现代人而言,这种谦谨恭敬的做人态度是否构成美德?在某些人眼里似乎颇有可争议性,因为谦虚好像与现代人所特别注重的自信、自立、自强等个体主体性的诉求相对立、冲突、矛盾,如确实如此,则谦虚在现代生活中已经大可归属于恶德。笔者则对此类数典忘祖、狂妄自大的判断深不以为然。因为,在现代人的人际视野或人际关系中,保持适度的或恰当的和(或足够的)谦虚态度仍极为必须,且是健康人类群体或社会生活的必须——必不可少的精神纽带。因而,谦虚终究仍然是美德,今天是如此,今后也必定只能如此。此其一。更深入的理由则是,谦虚并非与自信等相对立或相矛盾。自信心并不建立在虚妄的自大(自吹自擂)之上,而是建立在恰当的自我评价上,包括对自己的优点的肯定和不足的了然。知道自己有不足,而不断地择机向他人学习,从而得到改进,在工作和生活中表现出来就是恰当(恰到好处)的谦虚恭敬的做人态度(人品样态),而所成就的恰恰是个体有坚实根基的自信、自立、自强并最终达成自我实现的人生梦想的心性的与品质的坚实基础。后来的史书也有类似记载,如《魏志》:“夫人有善者,鲜不自伐;有能者,寡不自矜。伐则掩人,矜则陵人。掩人者人亦掩之,陵人者人亦陵之。”[①]许多人有了点成绩或特别的能力,就会“自伐”“自矜”,也就不自觉地自我感觉良好而感到自我膨胀(不知天高地厚)起来。一旦如此,就会蔑视甚至欺凌别人。蔑视、欺凌的一个直接后果,就是他人自然而然的“反作用力”的普遍出现,

① 参见《群书治要·卷二十六·魏志下》。

以蔑视、欺凌始而以被蔑视、欺凌终。因而，一个人无论有多么大的进步，若呈骄狂（目中无人）之态，则为中国人所鄙视。因为，它所带来的是人际关系的普遍紧张，如听之任之，只能是相互倾轧直到你死我活（或相反的恶果）。因而，中华优秀传统文化的教导或告诫是："若高升，必自下；若陟遐，必自迩"，"汝惟弗矜，天下莫与汝争能。汝惟弗伐，天下莫能与汝争功"，"惟德动天，无远弗届。满招损，谦受益，时乃天道。"显然，《尚书》此处对谦虚美德的肯定态度更上一层楼，干脆上升到"天道"的高度。《系辞下》云："谦，德之柄也。"柄，何谓？是手柄幺？是把柄幺？或者是我们今天常说的"抓手"，做任何具体事情都要一个合适的切入点、立足点、根据地，一个很基本的东西。

前几个"德目"更多是个体主体的自我考量，此处之"谦"德，则开始彰显道德的另一侧面是同样或更其重要的品质，即人际关系（或现代哲学视野所谓"主体际性"）视野中与个体之间、群体之间以及个体与群体之间须臾不可或缺良性关系的建构与维系的品德、品行的修炼与坚守。个体必自觉地建立良好的人际关系，欲行此道，必当从谦虚开始，虚己以待，方有大成。陈碧明确认为：谦之为德"有智者之真、知、才；有仁者之敬、爱、德。谦是智者和仁者皆具的美德。"这让我一下子想起了孔子所青眼有加的"三达德"即"仁、智、勇"（孔子所设计的儒家道德体系的三大支柱）中的"义理之勇"。在此处，谦虚与仁与智如此亲密的内切入关系，岂非一种大勇，而且是地道的"义理之勇"！《谦》卦的卦辞中有这么一句："谦：亨，君子有终。"可见谦虚美德确实是个上好的把手（抓手），既是君子人格的起点，又积淀成为华夏民族典型的人格理想：谦虚作为人之为人立身处世的基本准则，为君子以及准君子（向君子）所共享，具备这样的美好人格者，始得尝人生成功与幸福的真滋味，且必有福报与善终。

我们不妨再深入开掘一下《周易·谦》卦的六爻。这六爻分别从不同角度解读谦虚的多重内涵。《初六》中说："谦谦君子，用涉大川，吉。"《六二》则这样说："鸣谦，贞吉。"谦虚的美名是巨大的人生财富，对事业当然大有利。这种谦虚当然是真谦虚，是长期积淀的美誉，而不是欺世盗名的假道学，更不可是自我标榜、自我吹嘘式的无耻说教与愚弄民众。当然，也有人解读这一段为：名声很大的时候更要谦虚，且要发自内心。也是一番道理吧。《六三》中说："劳谦，君子有终，吉。"有功劳时同样需要谦虚的态度，不自我膨胀，是人生善终（得吉）的重要法门。《六四》则说："无不利，撝谦"。这里干脆说，时时处处要谦虚了，这已经养成了一种自然而然的习惯了。当然，良好的习惯也就是真正的美德了，拥有美德实在没有什么坏处，除了表面上要吃些不大不小的亏。而真正的君子又何曾计较那些无谓的（蝇头之利）得失呢？《六五》中说，"不富以其邻，利用侵伐，无不利"。只要拥有谦虚的美德，即使（因为别人挑衅生事）不得不与人争竞（斤斤计较些蝇头小利等），也会得到（其他人比如友邻的）必要的帮助，而且总体上而言会顺利。《上六》:“鸣谦,利用行师,征邑国。”谦虚的美名,可资利用于对外的必要征战,因为任何忍让都不是无限度、无节制的,忍无可忍之际,就转化对外征伐以保障国家和人民的权益的必要或必须,这也属再正常不过的国家行为。所以,谦虚是不可违背的人生准则,若违背,则必如《无妄六三》所说,可能(或必定)有“无妄之灾”降临。所谓“谦受益,满招损”,诚不我欺。刘向在《说苑 敬慎篇》中曾有一段概括,可以作为对《周易》所设置的谦虚美德的总结:“有一道,大足以守天下,中足以守国家,小足以守其身,谦之谓也。”查一下,前面还有“故《易》曰”三字,原来就是《周易》中的话。拥有谦虚美德并保持之,可守天下、守国家、守其身(身家性命),的确是天大一等一的超级事。《盐铁论·遵道篇》也说:《易》曰:“小人处盛位,虽高必崩,不盈其道,不恒其德,而能以善终身,未之有也。是以初登于天,后入于地。”小人为什么不能持久地拥有“盛位”?既无道又缺德,而任骄狂之恶德自我荼毒,一时扶摇九天之上,却必坠落九地之下,难以善终。今天我们正遭遇“富不过一代”的窘境,对照“谦”德反躬自省,或能期待些许亡羊补牢之奇效。

5. 谨慎

所谓谨慎,就是强调说话、办事要思忖再三,而不能凭脑袋发热。一切要深思熟虑后方可付诸行动。行动中还要注意言语周密、办事稳妥、不出纰漏,力求万无一失,特别强调处理险情、艰阻时的慎之又慎,反对贸然行进,反对冒险。最终谨慎积淀成一种普遍的人格特征,成为整个中华民族人文精神的重要维度。

《周易》将谨慎作为美德加以肯定和突出。如“君子以慎言语”“需于泥,致寇至”“自我致寇,敬慎不败也”,人在生活与工作中,遭遇风险甚至敌寇都在所难免,但如果一直保持谨慎,勤于防范,则大可立于不败之地。《蹇·初六》中说,“往蹇,来誉”,《象》的解读是:“往蹇来誉,宜待也”,人生是向上攀援的过程,如果遇到一时难以化解的艰阻,冒险冲关又胜算太小,不如暂时撤退,休养生息,待机而动。回撤是一种大谨慎,而能在必要的时候静下心来,恰当地判断形势,是为关键。《鼎·九二》这样说:“鼎,有实”,《象》的解读是:“鼎有实,慎所之也”。这又是一种人生情境,即阳刚充盈、一切貌似顺利之际,是不是就可以简单地率性而为,大刀阔斧地胡乱披荆斩棘去者?《周易》的建议恰恰相反,指出,顺境中潜藏着巨大的风险,保持谨慎、克制,绝不贸然地一意孤行,是真正使顺境持续下去的不二秘诀。《既济·初九》里的这句话是个比喻:“曳其轮,濡其尾,无咎”,车轮飞一般地转动时,要学会刹车,而不是继续猛踩油门,因为欲速则不达。任何交通工具都有其极限,千万不要尝试去突破这类极限,而面对公共生活中的规则,认真不苟地遵守,更是现代繁杂多变的城市生活中的至理。第二个比喻是沾湿狐狸的尾巴，也是防止它行进速度过快的“土办法”。人类社会在工业机器的推动之下是一日千里了，但留下的隐患多多，有时甚至感觉灵魂都被疯癫般的速度甩脱了，人类成了无灵（丧失灵性）的行尸走肉，任凭野性的欲望放纵，这样的时刻恰恰正是回归理性和谨慎的良机。“既济之初，谨戒如是，无咎之道”。人生在世，无论逆境、顺境，戒惧警惕的谨慎人格是人生之必须。谚云：“诸葛一生唯谨慎”。有人却觉得诸葛亮谨慎过分，坐失了统一天下的良机，其实以西蜀的实力，与强魏鼎足而三，勉为其难，孔明的才智与蜀地天险，可暂保一时之平安，韬光养晦、徐图发展是唯一的正道，诸葛亮的策略应该说是唯一的可靠（可行）路线，而后继乏人、无以完成孔明所筹谋的宏图大略则是另外一回事了。

《乾·九三》说：“君子终日乾乾，夕惕若，厉无咎”，乾乾者，阳气旺盛也，刚健者风头正劲，貌似太平无事也。但恰恰在这样的时候者更须戒惧警惕那些潜藏着的风险！《履·九四》：“履虎尾，想想，终吉”，踩到老虎尾巴上了，怎么办？意外的大风险面前，冷静的谨慎态度更派得上大用场。《既济·六四》：“繻有衣柳，终日戒”，大功告成，功成名就何如？踌躇满志地准备分邦裂土纳享大福了？答案当然只能是否定的。功成而身退，是另外一种高端谨慎了。如范蠡携西施归隐于太湖的千古佳话，是成功者的好榜样。贤且智者一定不要（不会）傻傻地等待亲身验证（体验）“狡兔尽、走狗烹；飞鸟尽、良弓藏”的死亡陷阱。

6. 节俭

《周易》的《节卦》，是节俭理性的集中表述。《节卦》这样说：“节：亨；苦节不可，贞。”汉代许慎的解释是：“节，竹约也”，“约，缠束也。竹节如缠束之状。”“节”指的是竹节，引申开来就有“节制”“约束”“节约”“节俭”等意思。研读《节卦》的卦辞，可体会到两重含义，其一是强调适当节制、节俭，认定这一品德是“亨通”的必要条件。其二是反对过度的节制、节俭（既禁欲式节俭也即伪节俭），因为那样做有违于常理。奢侈（穷奢极欲）与禁欲（禁绝、限制人们的正常的、正当的需求）是两个极端，都违背天理（常理）。

什么是“俭”？孔子说：“欲而不贪”。有正常的欲望并满足之，但不贪求。这可以说是儒家对“俭”德的经典诠释。孔子曾说：“饮食男女，人之大欲存焉”。饮食男女是“人之大欲”，极原始极强烈的生存本能，自然有天然的合理性。俗谚谓“民以食为天”，是很好的注脚。孔子还曾感慨：“已矣乎！吾未见好德如好色者也！”算了吧，我还没有见到过喜好美德胜过喜好声色犬马的人呢！这句话如何理解，历来争议颇多。本文以为，可视为孔子的感慨，也可视为孔子对普通人的生存状况的一种理解，诚如司马迁所谓“天下熙熙皆为利来，天下攘攘皆为利往”的判言。人们具有功利的老师、诉求是再正常不过的事情，想阉割掉人的这一层面的本性或诉求则明显与人性相悖。色身、色相所代表的世俗生活，是正常人生活的必然。儒家并不简单排斥之。孔子的论断足可资证明。孔子还说过：“食不厌精，脍不厌细，……惟酒无量”。饮食上很是讲究，越精细便越好。酒也可以适当喝点，“不及乱”就行——不喝醉了乱七八糟、颠三倒四、有碍观瞻、有伤风化就行。我们由此，不妨体会到孔子其实是个挚爱生活的人。对于人间富贵这件大欲之事，他也明言：“富与贵是人之所欲也”。又说：“富而可求也，虽执鞭之士，吾亦为之。”对正当的（合理的）欲望，给予充分肯定。当然，我们理解孔子所谓“正当的欲望”就是“以其道得之”，即不违背仁爱精神与道义精神，具体而言就是不违背礼制，即在制度框架内满足物质生活方面的诉求。儒家主张：“义者，宜也”，合适，适宜，恰到好处，不偏不倚，即“合于中道”就是义，于是“义”德与“中”之为德亦复豁然相通。在儒家信仰体系当中，恰当处置好“义利关系”，首先表达的就是对基本的生存权利的肯定与保障。也就是说，儒家主张首先要系统地制度化地解决好人们的肉体性存在（生理意义上的生存）这个现实生命的物质基础问题。本文认为，儒家“义利观”并不是有些人所理解的“重义轻利”；恰恰相反，儒家认为，一个健全的社会，首先必有在道义引领下的对民众物质生活的恰当安顿，特别是当政掌权者要把解决人民群众、老百姓的物质生活作为一个重中之重，孔子明确主张要“因民之所利而利之”，又具体地提出“富之”“足食”“所重民：食、丧、祭”，都与百姓的日常生活息息相关；亚圣孟子则说：“易其田畴，薄其税敛，民可使富也”，并强调“有恒产则恒心”，主张“制民之产，必使仰足以事父母，俯足以畜妻子，乐岁终身饱，凶年免于死亡；然后驱而之善，故民之从之也轻”，所以要让百姓有“五亩之宅”“百为之田”，制度化地解决百姓正常生计维系这一“仁政”的基本问题；后圣荀子也说“足国之道：节用裕民，而善臧其余；节用以礼，裕民以政”“下贫则上贫，下富则上富……故明主必谨养其和，节其流，开其源，而时斟酌焉。潢然使天下必有余，而上不忧不足。如是，则上下俱富，交无所藏之。”，将百姓物质生活的保障，提升到“足国之道”的高度来认识和对待，这句话出现在《富国篇》，更加耐人寻味。荀子又说：“王者富民，霸者富士，仅存之国富大夫，亡国富筐箧，实府库。”这里荀子区分出治国理政的四种情形、四种思路，将“富民”与王道政治以及兴衰存亡紧密地勾连在一起、做一体化考量。可以看出，原始儒家高度重视民众的物质生活基础的保障，将之视为“为政”治国的基本（基础），并明确主张上升到稳定的制度设计（制度理性）和“足国之道”（国策）的层面来系统地考量、解决。当然，以此为前提和基础，儒家进一步强调居上位群体带头正确处置物质生命和精神生命的关系，追求二者和谐、圆融、均衡的摆布、安顿之道，这当然也是（并且更是）儒家的核心理念。于是，必须强调的是,在物质生活基础有基本的、恰当的、安顿的前提下,精神生命质量的提升是儒家所要讨论的主要课题或核心论题。在物质生命和精神生命的关系上,儒家更重视和强调精神生活一维,特别是人的道德、文化特质的培植和滋育。质之言,儒家是在物质利益关系之上设置(发现并彰显)一个更高的原则,即仁义、道义、礼法原则(仁、义、礼原则即“讲仁爱”“讲担当”“讲规矩”原则),主张必须“见利思义”“见得思义”,以是否符合于道义(仁、义、礼)为功利取舍的根本原则,不合于道义的功利、实用等,就要敬而远之,主动地坚决放弃。所以,儒家的人文信仰必有道义担当精神的高扬、张扬,简单归纳可表述为:义利并重、道义优先而以义驭利。《节卦》九五爻说:“九五,甘节,吉,往有尚”,上六爻又说:“上六,苦节;贞凶,悔亡”。黄寿祺、张善文对“甘节”的解释是“阳刚中正,下乘重阴,为《节》卦之主,能甘美地施行节制”,节制、节俭,关键是做到恰到好处,才能趋于“吉”。如果节制、节俭到了“苦节”之境,实属过分,结果是趋于“凶”。这里又出现并强调了“中正”,守持正固,坚守中道是逢凶化吉的捷径。如是才是儒家所主张的“从容中道”。中道即是人间正道。

在古今中外的哲人心目中,勤俭一直是绝不可少的超级美德。兹拾取例证如下:“修身治国也,要莫大于节欲。传曰:‘欲不可纵。’历观有家有国,其得之也,莫不阶于俭约;其失之也,莫不由于奢侈。俭者节欲,奢者放情。放情者危,节欲者安。”①这里将节俭与否与国之安危紧密关联起来,节欲不复仅仅是个人的私德,亦不仅仅是家庭(家族)的风气或传统,而是关涉国家气运的大节!放情奢侈,乃亡国之兆!“古之人曰:‘一夫不耕,或受之饥;一女不织,或受之寒。’生之有时,而用之无度,则物力必屈。古之治天下,至纤至悉也,故其蓄积足恃。”这里也将用度与治天下这件顶级大事勾连一体!朱柏庐的话为许多人所熟知:“一粥一饭当思来之不易,半丝半缕恒念物力维艰。”李商隐的诗句应属脍炙人口,亦且足以激发人们对美德的真诚向往:“历览前贤国与家,成由勤俭破由奢。”诸葛亮的这段话,也许一些人还可勉强记起:“夫君子之行,静以修身,俭以养德,非淡泊无以明志,非宁静无以致远。”伊朗诗人萨迪也说:“谁在平日节衣缩食,在穷困时就容易渡过难关;谁在富足时豪华奢侈,在穷困时就会死于饥寒。”法国大哲卢梭也说过类似的话:“奢侈的必然后果——风化的解体——反过来又引起了趣味的腐化。”奢侈与腐化是连体儿,有其一必得其二,而社会风气之堕落,则是衰败的开始。另一位法兰西哲人孟德斯鸠说:“奢侈总是跟随着淫乱,淫乱总是跟随着奢侈”,奢侈与淫乱也如影随形、形影不离,当为大戒!历史上那位砸缸专家司马光说的也颇直白:“侈则多欲。君子多欲则念慕富贵,枉道速祸。”奢侈之风盛,就误入歧途了,离灾祸

① 参见《群书治要·卷十四·汉书二》。

很近了，正所谓“殷鉴不远”！俗谚云：“从俭入奢易，从奢入俭难”！坠入奢靡罗网，何以逃脱？难度很大，但并不是全无出路。荀况的建议是：“强本而节用，则天不能贫。”一代名相魏徵有类似的劝诫：“居安思危，戒奢以俭”！需要从源头上治起，而作为人，一切之源，远非本心。本心清静，则外物不能染。

消费主义正在风行全球，处于现代化过程早期的中国过早地染了富贵病，对奢侈品的需求已经全球第一，拜金主义与穷奢极欲成为时尚标杆，一副未富先衰的倒霉相。捡拾起传统美德已经成为真正的必须。先贤的教诲，要时刻牢记在心，要培养广泛的美德，更要有制度的约束，强力抑制奢靡之风。

耿定向的“不容已”说

王 杰[①]

前 言

耿定向(1524—1596年)字在伦,号楚侗、谥号恭简、被学者称为天台先生,出生于湖北黄州府麻城县太平里的一个军户家庭。三十二岁,以三甲第一百零三名的成绩考中进士,被授予行人司行人的官职。此后先后担任云南道监察御史、大理司左司丞、刑部左侍郎、南京都察院右佥都御使等官职。在南京任职期间,曾建书院,意在崇正学,迪正道,士人多从之。焦竑(1640—1620年)、管志道(1536—1608年)等众多万历著名学者皆出其门下。由此可窥见耿定向在当时思想界的地位。

尽管如此,后人对耿定向的研究并不多[②]。并且,这些研究成果大都存在一个共同的问题:将耿定向视为王门泰州学派的学者,并据此展开对其思想的研究[③]。对此,笔者略有异议。首先,笔者赞同吴震先生的观点:无论从师承关系,还是从其思想特征来看,将耿定向视为泰州学者都不恰当,视为广义的阳明后学则可[④]。

其次,笔者认为:以先入观对待著者及其文本,是在制造某种研究局限,对洞察文本思想的本质并无裨益。就如观察一株花,当不知究竟是何花之时,如果仅根据外相就认定它是玫瑰,那么关于玫瑰的诸多认知就会自然与此花捆绑在一起,从而使这株也许不是玫瑰的花变成了玫瑰花。如此一来,就错失了对这棵花的全貌与本质的正确洞察。因而,笔者在本论,采取还原于文本本身的研究方法,关于文本著者的学派属性不予考虑,也不受其左右,仅根据文本本身来阐述其思想。并在此过程中,尽量做到解读者与被解读者的相融合一。

另外,笔者无意对文本著者的思想进行统观概论,仅打算从中心点来解读其思想。

---

① 作者系北京社科院哲学所助理研究员,哲学博士。

② 关于耿定向的研究成果详细,可参见陈时龙:《耿定向思想研究》,《明代研究史论丛》第七辑,中国社科院历史研究所明史研究室编,2007年,第178页。

③ 例如,比较有代表性的学者皆如此:[日]冈田武彦:《耿天台》,吴光等译:《王阳明与明末儒学》,重庆出版社2016年版;张学智:《耿定向的“不容已”之学》,《明代哲学史》,中国人民大学出版社2012年版。

④ 参见吴震:《耿定向与泰州学派》,《泰州学派研究》,中国人民大学出版社2009年版,第16—30页。

这样的做法,会自然辐射出著者的内心向度,以及由此表达而出的思想特质,从而促进对著者及文本的立体了解。又,如一些研究者业已指出的那样,“不容已”之说,可视为耿定向的思想核心。故笔者亦以此为中心点,展开对其思想的解读。同时,不可否认,对耿定向思想的解读,有益于加深我们对晚明士大夫的精神世界及存在方式的了解。

一、“不容已”说的提出及内涵

耿定向早年确实曾笃信过王阳明的良知之宗,以常知为学。后在嘉靖辛酉(1561年)秋,与其弟耿定理(1534—1584年)、胡庐山(1517—1585年)在汉江商定为学宗旨之际,闻其弟的“吾学以不容已为宗”之语讶然。此后又参证十余年,愈加笃信“不容已为尧舜周孔仁脉,虽圣人复起不能易矣”①。由此确立了以“不容已”说为为学的宗旨。

关于具体提出此说的时间,根据邓志峰先生的研究则是万历五年(1577年)或六年(1578年)前后②。万历五年,耿定向因母丧,丁忧居家。同年,宰相张居正父亡,打破丁忧三年的常规,选择了留任,由此引发了历史上的夺情事件。对此,耿定向在给张居正门生张阳和的信笺中,使用“不容已”说进行了评价:

> 令亲龙溪先生尝言破除毁誉,仆尝病之。就相君近日所任其学,放好印证此语。昔伊尹切于救民,故不恤其就桀之汙;周公急于王室,故不顾其灭亲之忍;孔子笃于求仁,故不恤其栖栖之佞。何者?其真机之不容已也。③

耿定向指出张居正之夺情,与周公之灭亲无别,是其真机“不容已”的表现。因无法考证此信简的具体写作时间,故无法断定耿定向是为了支持张居正夺情,而提出“不容已”说的。但是,在此将其视为耿定向之“不容已”说提出的参考背景来理解亦无妨。首先,耿定向与张居正是同乡关系。其次,张于耿有知遇之恩。耿定向在徐阶掌权之时,受到重用,连任五年南京提学。徐阶下台后,耿定向被下任宰相高拱贬至云南横州,后耿定向以病为借口归乡。直至万历元年(1573年),张居正位登宰相后,耿定向才被重新起用,并被提升为都察院右佥都御使。因此,从此层面讲,张居正是耿定向政治生命的救星。耿定向为回报张居正的知遇之恩,很有可能会提出“不容已”说来美化张居正的夺情。

如果具有以上可能性的话,就不能不说,耿定向之“不容已”说登场明末文化空间

---

① 耿定向:《耿定向集》卷八《纪言·汉浒订宗》,傅秋涛点校,华东师范大学出版社2015年版,第304—305页。

② 邓志峰:《王学与晚明的师道复兴》,北京社会科学文献出版社2004年版,第337页。

③ 耿定向:《耿定向集》卷六《书牍·与张阳和第二首》,傅秋涛点校,华东师范大学出版社2015年版,第236页。

具有某种丑闻色彩。那么,在以上情形中提出的"不容已"说到底是何意呢?对此,耿定向言:

> 不容已者,从"无声无臭"发根,高之不涉虚玄,从"庸言庸行"证果,卑之不落情念。禹稷之犹饥犹溺,伊尹之若挞若沟,它若视亲骸而泚颡,遇呼蹴食而不屑,见入井之孺子而怵惕,原不知何来,委不知何止,天命之性如此也。故曰:"惟天之命,于穆不已。"①

首先,"不容已"根源于无声无臭。何谓无声无臭?"无声无臭"者自性之根蒂而言曰命;自命之流行而言,原自不已者曰性②。又因在人曰命,在天曰性;故"无声无臭"者实为天命、天性,为宇宙大化本身。即"不容已"是天所命之性,是宇宙大化本身之动能在人生命中的显现。因而,"知性之真体,便知天体与我一而已矣。"此意是说,当与天融为一体之时,人的性之真体就会自然显露。

其次,"不容已"者虽为天性,却非超玄解脱之路,需要在日用常行中证得。因而,耿定向言:"于人伦日用务实尽其心者,是其性真之不容自已也。"③进一步指出敦伦尽分即是"不容已"。意味着此天性如果不发用流行于子孝、臣忠、妇贞之伦理秩序中,非真正的不容已,仅是玄虚的清谈。

又,"不容已"之天性,尽管发用流行于伦理秩序中,却超越了情念的束缚。见入井之孺子而怵惕,非被情缘所动,而是性之"不容已"者使然。反言之,此性如果落入情念,已非"不容已"。正因为是"不容已",才无有情念作用的余地。所以,耿定向在此主张的是扬"性"离"情",提倡尽性于伦理秩序中。

同时,"如豺虎之暴有父子,蜂蚁之细亦有君臣,鸿雁鸱鹗之有序有别,牛羊鱼鸟之乐群,是皆天机不容已者。舜明此机以尽性尽伦,万世为天下道,为法为则。"遍存于世间生灵中的伦理秩序本身即是天之性的显现,而舜勘破此机,将此视为通行天下的万世不可变更的伦理法则。这进一步说明,伦理秩序与人之性体无二无别,性体的发用流行即意味着伦理秩序的践行。违背伦理秩序,即是对天道的背叛,即是自断其根。不止如此,还是对尧舜周孔之仁脉的破坏与否定。因为,如耿定向所言:

> 大抵孔孟之不容已,原从"于穆不已"发根,无声无臭而自有形有象。所谓不

---

① 耿定向:《耿定向集》卷八《纪言·汉浒订宗》,傅秋涛点校,华东师范大学出版社 2015 年版,第 304—305 页。

② 参见耿定向:《耿定向集》卷十《译孟子·口之于味》,傅秋涛点校,华东师范大学出版社 2015 年版,第 418 页。

③ 耿定向:《耿定向集》卷十《译孟子·尽心章》,傅秋涛点校,华东师范大学出版社 2015 年版,第 416 页。

属有无,不属生灭者盖如此。迹尧舜孔孟学指,命之曰中曰仁,有以也。[①]

若吾孔孟之教,惟以此不容已之仁根为宗耳[②]。

归根结底,耿定向想说的是“不容已”即是孔孟所言之“仁”。“仁”即是“爱”,具体说是爱人。只是此“爱”为天地般的大爱,非系于一己之小我之情爱。因而,伦理秩序本身的存在即是天爱的实现,敦伦尽分仅是爱的整合,使之重归于整体。这无非意味着在儒家传统中,秩序代表的非冰冷的等级性存在,而是天地之爱的有序流动。这种流动既是温暖的,又是生生不已的。所以,耿定向的“不容已”说,虽亦可理解为“仁”说,但较之儒家传统之“仁”说,更具有了生命的灵动性。

二、特点及意义

从上述可知,耿定向的学术思想并未超出孔孟仁学的范畴。在介绍其为学方法的文章《慎术解》中亦可窥见:“舍孔子之术以为学,则虽均之为仁,有不容不堕于矢匠之术者矣。”[③]可见,耿定向推崇的是孔孟之学,尤其是孔子之学。只是,耿定向将孔孟之“仁”用“不容已”以表达,由此使仁性愈加体现出:“继天之不已者以为心,虽欲自已,不容自已矣”[④]的生生不已之天机。因此,耿定向之“不容已”说更为注重对生命本体的体认,即对天道本身的体认。此种体认突出了“不容已”非动非静,即动即静的体用不二之性。

在此虽言“不二”,却不表示为“一”。所谓“一”是相对于“二”存在。如果不“二”,那么也非“一”。故耿定向之“不容已”说体现的是生命整体的显发,不落一二、有无、动静,此中体用具含。同时,“不容已者,从‘无声无臭’发根”[⑤],表示“不容已”根源于天道之虚无性:

然即此不容已之仁根,原自虚无中来。顾此虚无何可言诠哉?侈言之者,由有这见在也,着见便自是两截矣。[⑥]

---

① 耿定向:《耿定向集》卷六《书牍·与子健第四书》,傅秋涛点校,华东师范大学出版社 2015 年版,第 265 页。

② 耿定向:《耿定向集》卷三《书牍·与焦若侯第九书》,傅秋涛点校,华东师范大学出版社 2015 年版,第 105 页。

③ 耿定向:《耿定向集》卷七《解·慎术解》,傅秋涛点校,华东师范大学出版社 2015 年版,第 200—201 页。

④ 耿定向:《耿定向集》卷四《书牍·与李卓吾第一书》,傅秋涛点校,华东师范大学出版社 2015 年版,第 162 页。

⑤ 耿定向:《耿定向集》卷八《纪言·汉浒订宗》,傅秋涛点校,华东师范大学出版社 2015 年版,第 304—305 页。

⑥ 耿定向:《耿定向集》卷三《书牍·与焦若侯第九书》,傅秋涛点校,华东师范大学出版社 2015 年版,第 106 页。

此谓"不容已"之本体杳然不可见,超越言语思维,不可把捉,唯有"从心体尽头处默识得,便知性之真体无思无为而已"①。无思无为意味着"不容已"之性体的虚无,使人睹不到其行迹,听不到其音声,亦非用音声、语言能可形容。如果落入言诠,即成死物。然而,它虽无思无为,却生生不息,运行不止。

不过,"不容已"之性虽本虚无,却又自有形象②。什么形象呢? 无非是言"不容已"是具体有形世间的伦理秩序与人之性体的整合显发。即具现于对这个世间人伦有序的"爱"上。因而,"不容已"性虽虚无,实不落虚实。如偏重于务实,就会被人间世界的凡情俗务所缠缚而无法超脱。无法超脱,就不能返本归源,"不容已"之性体就会被情念所遮蔽,无法再发用流行。同理,如偏重于虚无,则会对敦伦尽分失去热情,而耽溺于玄虚,厌离人间世界,丢掉儒家知识分子齐家、治国的本分。因此,耿定向才在上节引文中言"不容已"曰中。"中"则意味着不偏于虚实两边而奉行中道。这说明耿定向的"不容已"说同兼出世性与入世性,是二者的完美融合。

同时,其出世性的一面因属心性,所谓"如人饮水冷暖自知",外人无法轻易窥见。其入世性的一面因表现在具体的敦伦尽分中,外人则易知易见。所以,耿定向之"不容已"说很容易被人视为名教。不过,耿定向确实在明末思想界利用此说扮演了卫道者的角色。例如,他与李卓吾的论争,即是以此说为武器,对李卓吾逃禅避世、遗弃人伦、名为出家人却狎妓等诸多看似违背名教的言行,进行了批判。当然,耿定向的批判,亦是对李卓吾等人所引领的学术风气的不满:

> 近日学术贸乱,此余熏心危虑而不能一日释者。时时自哂,亦若杞人不量而忧天坠也。③
>
> 顾近承学者第觑此些子光景,便自侈最上乘法,高者耽虚归寂至于遗物离伦,卑者任性恣情至谓一切皆是,淫纵恣睢。以讼悔为轮回,以迁改为粘缀,以尽伦为情缘,至谓见景即动、即动即为者为见性,而以羞恶是非之本心为尘障,尽欲抹杀。伤风败化,戕人蠹物,蔑不至矣! 乃劣质下根,乐其便于情欲,一唱百和,从之如流水,而且谓藉口文成宗旨原是如此。吁,岂非斯道之一大厄哉! 愚为此日常仰屋而吁,夕至抚枕而涕者几矣。④

耿定向对当时一些士人任性恣情、伤风败俗的行为忧心忡忡,担心孔孟之教不行,

---

① 耿定向:《耿定向集》卷十《译孟子·尽心章》,傅秋涛点校,华东师范大学出版社2015年版,第416页。

② 参见耿定向:《耿定向集》卷六《书牍·与子健第四书》,傅秋涛点校,华东师范大学出版社2015年版,第265页。

③ 耿定向:《耿定向集》卷三《书牍·与焦若侯第三书》,傅秋涛点校,华东师范大学出版社2015年版,第100页。

④ 耿定向:《耿定向集》卷八《纪言·遇聂赘言》,傅秋涛点校,华东师范大学出版社2015年版,第320页。

固有的伦理秩序崩坏。所以,无论在与李卓吾论争中,还是与其他友人的书简中,都极力宣说其“不容已”说,试图力挽狂澜。不过,耿定向虽身居高位,又喜讲学,但当时社会的整体风气已非能凭其一己之力所能改变。因而,一些学者言据此判断:耿定向所提倡的“不容已”说在当时并未引起太多人的回应,也没有成功地挽回社会道德,从某个侧面来看亦只不过是空言。①

空言意味着如一粒石子扔入大海,既无回响又未激起任何涟漪。但是,如果从地域思想史的角度看,其言行对黄安地方传统秩序的再建起到了重要作用②。例如,其得意弟子焦竑评价道:

> 少居麻城之西偏,后力议建县,是为黄安。顷芸夫牧竖亦知乡学,弦诵彬彬,几与邹、鲁同风矣…殁之日,四方同志咸为位以哭。乡人追悼,弥久不忘。③

焦竑之言辞也许略有夸张之嫌,却道出了其所倡导之思想对乡风的染化。又,个体生命在宇宙中渺若微尘,能上奉天道、下化人伦,并力求以自己的方式利益世间民生,从而照亮一隅,就足以证明其存在的价值非有局限性的语言所能估量。所以,笔者认为,不能以事物的表象来断定耿定向的以“不容已”说为核心之思想是空言。而是要看其心在地域文化空间甚至明末文化空间发射出怎样的能量,并以此向度作出了怎样的具体行为,表达了怎样的存在。明了了这些,就可以知道其思想似空言而实非空言,它体现了一个士大夫、一个人的精神世界及应有的存在方式,这无论对其乡人,还是对与其交游之人,还有现代的我们,都有无法用语言限量的影响及启示作用。

结　语

归根结底,如耿定向自己所言:

> 夫孔孟之学,学求真耳。其教,教求真耳。舍此一真,何以继往,何以开来哉?近日学术淆乱正原,以妄乱真,坏教毒世,无以绍前启后,不容已于呶呶者,亦其真机自不容已也。④

---

① 参见陈时龙:《耿定向思想研究》,《明史研究论丛》第七辑,中国社科院历史研究所明史研究室编,2007年,第192页。

② 参见王杰:《地方传统秩序的重建——以耿定向的邓豁渠批判为中心》,杜丽燕主编:《中外人文精神研究》第五辑,大百科出版社2012年版。

③ 焦竑:《天台耿先生行状》,耿定向著,傅秋涛点校:《耿定向集》收,华东师范大学出版社2015年版,第906—907页。

④ 耿定向:《耿定向集》卷三《书牍·与周柳塘第十八书》,傅秋涛点校,华东师范大学出版社2015年版,第124页。

斥异学(即批判李卓吾等),卫孔孟之学,亦是其不容已者之体现。其“不容已”之真心不容得他不如此做,不如此做就会悲伤难已、心焦如焚。这实际意味着天道、天性即其本身的消亡。

因为,他的心根植于天,“本自弥六合,贯千古,合内外,浑物我”,故必于家国天下尽其心;故“必其参赞造化,俯仰古今,体验于言行,贯彻于民物,推之天下而准而化,达之万世而法而则,而后谓之尽”。① 所以,耿定向的一生不是因存在而存在,而是被存在而存在,即天之所命。这实际告诉我们:真正之人无物我,参赞造化,仁人爱物。同时,亦暗示已经忘记天地存在的我们:首先,作为一个人不应该忘记他的根、忘记他的本分,而忽于履行作为一个人应该履行的职责与义务。其次,作为一个应该活出他的被存在,而不只是因存在而享受存在,暴殄天物,不知道珍惜万物,爱物万有、感恩报恩;不知道照亮一隅,只知道自私自利。我想,这应该是其思想的真正意义与启示所在。

① 耿定向:《耿定向集》卷八《纪言·病中寤言》,傅秋涛点校,华东师范大学出版社 2015 年版,第 316 页。

从西学到回归
——论马一浮早期生活与思想中的价值转向

于晓宁①

近代中国面临的内忧外患,推动着清末民初的知识分子纷纷转向西学,甚至远渡重洋,去求取救国乃至自救的真理,这是一个普遍的历史文化现象,如蔡元培、鲁迅和胡适等莫不如此。马一浮在近代中国似乎是一个"异类":他对蔡元培"废经"的激烈反对,对现代学校教育的自觉疏离,对传统书院制度的孤绝坚守,对"六艺"为代表的国学的高度自信,都使他决绝而纯粹的文化保守主义者形象牢不可破。他如此"落伍",与时代如此格格不入,不禁令人困惑甚至心生反感。其实,很多人不知道的是,马一浮早年也曾非常热衷西学的研习,办杂志,翻译西方名著,甚至还去过美国、日本,这与大多数的先觉者们并无二致,只是他最终的思想走向发生了特殊的转变,就是他在经过西方文化的洗礼之后,又回归了"六艺"和中国传统的道学②,而且是彻底的皈依。这种转变是一种自觉自主的文化选择,与那些循规蹈矩、因循守旧的"冬烘先生"有着质的不同,那么,这其中有哪些时代和个人的因素促成了这种学问和生命形态的颠覆性变化?下面,我们将从分析其早年生活和思想入手,从四个方面探讨影响和决定马一浮早期思想的形成和发生这种迥异转化的原因。

一、个人的才情禀赋和家庭的影响

马一浮11岁时便能应声口颂《菊花》诗(三,p.759)③,诗曰:

我爱陶元亮,东篱采菊花。枝枝傲霜雪,瓣瓣生云霞。本是仙人种,移来高士

---

① 作者系高等教育出版社副编审,北京大学哲学博士。

② 我这里所谓的"道学"并不是宋明理学中所特指的"道学"(见陈来《宋明理学》),而是包括儒、释、道三教的义理信仰和修行体系,以统称中国文化的核心价值观念,并与中国的考据文字之学和西方文化观念体系相区别。

③ 本文所引《马一浮集》(浙江古籍出版社、浙江教育出版社1996年版)文字较多,为方便和简明,以下出自本套书只随文加括号标明册别和页码。如"三,p.759"表示出处为:《马一浮集》第三册,浙江古籍出版社、浙江教育出版社1996年版,第759页。

家。晨餐秋更洁,不必羡胡麻。①

可见他幼年就具备了高逸出尘的志趣和才情。母亲听后亦喜亦忧,认为他"将来不患无文,但诗乏烟火味,则少福泽耳"。而他后来的生活经历确如母亲所说,少年丧母,青年丧妻、丧父,此后孤独一人,漂泊一生,可谓一语成谶。

这种志趣一方面来自先天的气质,另一方面也深受家庭教育的影响。马一浮曾自述自己的家世:"先世自明初以来,被服儒素,世有行谊。……世曾王父始通籍于蕺山刘子之学,能自有明。……浮幼禀庭训,不愿乎外。"(二,p.448)他的父亲也是清末一位恪守儒家修身准则的儒士,曾亲自纂辑《格言纂》47卷,里面摘录了切己的古训151节,且对传统的修身言论集《呻吟语》特别重视。马一浮作于1901年的《〈格言纂〉跋》中记录了他父亲对他的教谕:"立身制行之道,约之以'不苟'二字,'不苟'即主敬也。事事不苟,然后能事事体察,以得其条理。主敬、穷理,一以贯之,非有二也。"他感叹:"乌乎,理学之书充塞宇宙,之数言者,实深契紫阳之旨,可谓约而尽矣。小子虽不肖,终身诵之,弗敢忘也。"(二,p.65)这时,他的父亲已去世,而他则刚刚自上海返回,那时他正受着西学的冲击,努力学习外语,翻译国外社会科学著作。从他的语气中,我们不能认为他仅仅是出于对父亲的怀念而发此感叹,而是他自小就受此家风熏染,一种出于自然的情感体验。

马一浮的母亲虽然去世较早,但对他也有深刻的影响。他曾回忆他小时候玩耍的时候摆弄钱,被母亲见到,就阻止他,并教育他:大丈夫立身处世,当修德为上,不应过早沾染这些俗气的东西。

在马一浮的家人中,他跟二姐最亲近。1900年二姐去世后,马一浮作诗《哭二姐八律》(三,p.759)忆念:

> 前生端是谪仙人,特挺天才信轶伦。读史每怀千古志,立身不系一丝尘。……鹤化果然转仙驭,分明旧事不堪思。庭闱酷疾困经年,疴痛相依倍惨然。语塞可怜通象译,医难无计祷神仙。金刀剜臂痕犹在,脯奠陈筵殡已迁。……病躯深恐老人惊,尽日扶床强自撑。勉说加餐慰亲望,恨教贱药误医生。……为解高堂先痛绝,几回肠断欲无声。

这是一首叙事诗。其中详述了二姐的性格特征和对父亲、自己的照顾。从诗中可以看

① 此诗并不难解,只是"胡麻"的寓意需要交代一下。胡麻即芝麻,是富含油脂、容易种植、收获颇丰的作物。正可与菊花的高洁不俗相对。作家流沙河说:"蜀人播种曰点。不说种胡麻而说点脂麻,间距五寸,点几粒就够了。勿须田间管理,点下就可袖手。秋后拔出茎株,晒场曝之。数日抖动一次,脂麻纷纷抖落。扫入撮箕,簸去渣土,收获一次。到第三次,秋已深了,茎株还有待裂荚果,等着收获。"见《胡麻好种无人种》,http://www.shjubao.cn/epublish/gb/paper90/9/class009000001/hwz175685.html。

出,她是一个传统道德教育成长下标准的贞孝而具牺牲精神的女子,有经典修养,喜欢读经史,品行高洁,喜欢鹤①。诗中尤其痛切地提到,父病无计可施的时候,二姐竟然剜臂救父。她其实是代弟弟做的这件事②,她本来就因照顾父亲而身体虚弱,结果不但没救成父亲,自己也因此早逝。提到这里不少论者不免要根据习惯对中国传统的家庭伦理道德大加挞伐,以今天科学的眼光来看,这当然不免愚昧,但论者没有考虑到那时人的知识水平,又过多地估计了其中强制和被动的方面,忽略了其中自发的亲情,这才是主要的方面。

1903 年,他在美国期间又作诗《二姐涅槃三周年纪念》怀念:“帝国庄严成梦影,英雄事业付蜩螗。……空有灵心参妙密,未凭纤手造共和。”其中自注:“姊好印度哲学,又抱政治改革之思想。”(三,p.762)他二姐居于乡下,受传统道德影响如此深厚,竟也受到时代风气的影响,期待“共和”等政治改革,可见,青少年时期的马一浮为何会到上海求学,后来又到美国工作游学。

马一浮在安葬父亲后,去上海之前,作《远行留语》(二,p.173)留给妻子,告诫她持家修身的准则凡五条:持大体,慎宾察,敦敬睦,谨服物,驭婢妪,勤学问。要求她“凡此诸要,皆上下、尊卑、长幼、内外、亲疏、贤否、得失之分界,卿之义务,略尽于是。务宜一日三复,奉为标准。能令事事契合,自然应付有余”。(二,p.175)由此可见,他受儒家传统家风影响之深。

但是在这里,我们已经可以看到,在他立身的原则和思想的取向之间,存在着矛盾和裂缝。

二、对于西方文化的学习和向往

受时代影响,马一浮很早就表现出对于西方文化的强烈兴趣和思想、价值上的认同。

马一浮虽自幼随父乡居,但现代化的浪潮仍然波及那里。他的二姐和他都对“共和”抱有理想,在他县试高中榜首后,不久便撇下新婚的妻子,不顾年迈多病的父亲的反对③,毅然到上海这个中国西化最早的城市,和好友谢无量一起筹办、编辑《二十世纪

① 诗中有作者自己的注释:“姐性好鹤,尝言死后当为白鹤。”
② 马镜泉的《马一浮传略》中有详细的描述,见毕养赛主编:《中国当代理学大师马一浮》,上海人民出版社 1992 年版,第 150—151 页。
③ 马镜泉的《马一浮传略》,见毕养赛主编:《中国当代理学大师马一浮》,上海人民出版社 1992 年版,第 150—151 页。

翻译世界》杂志，介绍西方文化，翻译了一些西方现代社会科学著作，涉及哲学、社会学、宗教学、政治学、法学、经济学、教育学等学科。此杂志为月刊，共出6册，后因马一浮赴美停刊。父亲去世后，他料理完丧事，就匆匆返回上海。之后他的妻子又遽然而逝，1903年，他应清驻美使馆聘，赴美国圣路易斯留学生监督公署担任中文文牍。其间，他几乎跑遍当地所有书店、图书馆。1904年5月，他离开美国，又赴日留学半年。马君武回忆谢无量时曾提到马一浮的这段经历：

认识无量在1902年，无量脱离南洋公学高等师范班，和马一浮办《翻译世界》杂志，在上海南京路一条小巷中。我由日本回到上海，即往访问。三人一见如故，谈天说地，意气甚豪，差不多天天见面。无量改名谢沈，一浮改名马浮，到现在还保留马一浮的别号。

《翻译世界》是一种月刊，专翻译世界名著，以一浮无量二人执笔为最多，可惜出不上10期就停止了！原因自然是财源竭蹶，销路不畅。一浮父亲曾在四川做知县，去世已久，家中仅给自足。无量父亲那时尚在安徽做知县，没有力量补贴一种杂志的亏空。

1906年，我还在日本西京，一浮由美国回到日本，就在西京停下！①

从这段文字粗略地记录了马一浮和谢无量自筹资金办杂志，自己动手翻译的过程，大致能看出他们那时的精神气概，和较早体现出的对西方文化的敏感和强烈兴趣。说马一浮是时代的先行者，一点儿也不为过。

他们翻译的西方哲学社会科学著作有《哲学史》《哲学泛论》《社会学》《社会主义》《宗教进化论》《政治学史》《政治泛论》《法律泛论》《最新经济学》《教育史》《海上大冒险谭》《地球之最要新闻》等。在美国，他曾发心译三书：《日耳曼之社会主义史》《露西亚之虚无主义史》《法国革命党史》(二 p.285)，分别涉及德、俄、法三个西方强国的社会思潮。发愿自立课程：研究文法修辞学、读哲学、译社会主义、文学。(二，p.288)

为阅读原著，他与谢无量一起在上海学习英、法、拉丁诸文。他的好友马君武努力学习科学和外语，他觉得“可怕之至”，并极为认同马君武的“吾人生今世，不通二三国文明语，非但不可以讲学，实则不可以为人”。(二，p.282)在日本时，他又与谢无量从乌隆谦三习日文、德文。

他读书的范围非常广泛，尤其在美国的时期，他的工作还是很轻松和应付裕如的，他想尽办法广泛搜罗中外古今的书籍阅读，有时同样的书还买好几本寄送谢无量等好

① 马君武：《谢无量》，见《马君武文选》，广西师范大学出版社2000年版，原载《逸史半月刊》第1卷第4期，1939年6月25日。按：马君武有两处记忆有误：一、1902年，马一浮父亲刚刚去世一年，并非“去世已久”；二、马一浮是1904年由美国入日本西京，那时马君武正在西京帝国大学学习。

友。在留存下来的《日记·一佛之北米居留记》中,记录了他当时努力搜罗和阅读的书名,西方的著作作者包括柏拉图、亚里士多德、村上专精、英吉士(今译恩格斯)、马格士(今译马克思)①、斯宾塞、康德、寿平好儿、弥尔、谢克斯比(今译莎士比亚)、弥尔顿、黑格尔、赫胥黎、边心(今译边沁)、达尔文、狄摩斯谛尼、但丁、布鲁泰克(今译普鲁塔克)等,领域则包括哲学、社会学、历史、文学、伦理学、心理学、修辞学、教育学、政治学和自然科学等,涉及进化论、社会主义、欧美历史等内容,其中都是我们今天所熟悉并自近代文艺复兴以来的西方思想资源。

除了上述西方著作外,他也在不间断地阅读中国的典籍,包括《石头记》《史记》《汉书》杜甫诗、李白诗、《楞严》《桃花扇》《牡丹亭》《后汉书》东三省铁道经营图等。

他并不只是埋头读书,也关注着国际和国内的重要事件,其中有意大利人在浙江开矿、日俄战争、孙中山檀香山革命演说、芝加哥富翁社会公益捐款、科学发明等。通过一些朋友,他源源不断地得到国内一些最新的消息,他经常阅读《文兴日报》《新民丛报》《太阳评论》(东京)、《浙江潮》《外交时报》等中外革新人士办的报纸。

从马一浮的居美日记中,我们还可以看到他对中西思想价值、国家社会的一些评价和比较,总的来说,在美国期间,他对现代西方是认可的、称赞的,而对中国的今昔则多持否定态度。

他自觉地运用这些现代西方原理来看待、评价中国的现状。他在坐船前往美国的途中,写了一首给友人的诗《过太平洋示沪中诸子之四》:

> 沧海飘零国恨多,悠悠汉土竟如何。世尊说法诸天泣,一凤孤鸣万鸟歌。法会旧同囚路德,国人争欲杀卢梭。投杯看剑伤心哭,谁为招魂吊汨罗。(三,p.761)

他把路德和卢梭看成和屈原一样是为国、为民却不被理解的人物,把启蒙思想家奉为特立独行的英雄。又见到中国学生会的演讲题目为"我学生当造成辅佐朝廷之资格",极为愤懑:"嗟乎!至于今日,苟尚有一点人血者,尚忍作此语耶?因又念此种崇拜暴主政体,天赋之贱种,直不足与语也。哀哉,我同胞乎!入自由国,受自由教育,而奴性之坚牢尚如是,吾族富有豕耶!"(二,p.276)将中西政体之差异界定为奴役与自由,又以美丑来看待中西国家、社会:"今欧美人,可谓能造美的国家矣。惟于美的社会,尚有欠点耳。吾支那之国家、社会,则非美的而恶的也。"(二,pp.298—299)他还崇尚科学,以基督教为迷信。他甚至对自己从小便耳濡目染的儒学大加批判,深表厌憎:"宋明以来,腐儒满国,此人(按指金圣叹)特聪明,有自由思想,而世人乃以轻薄诟之,可哀也。"

---

① 分别提到恩格斯的《理想的及科学的社会主义》(今译《社会主义从空想到科学的发展》)和马克思的《资本论》。

(二,p.305)将国民的奴性归之于儒教文化的影响:“中国经数千年来,被君权与儒教之轭,于是天赋高尚纯美勇猛之性,都消失无余,遂成奴隶种姓,岂不哀哉!”(二,p.317)

以上我们看到的又是一个受那个时代的影响,热切追求西方现代学术的青年学子。但他除了对国族存亡的关切外,还有自身的情感问题需要解决。而这些能服人之口的西方的哲学社会科学经典似乎不能够为他解决自身问题,不能服他之心,尤其无法解脱他精神上的痛苦与绝望,这种痛苦既来自家庭,也来自国家。

时代的风向与他的才情禀赋和家庭的影响之间在他那里形成了一种思想和情感上的矛盾,这种矛盾又因为他家事的悲哀和国运的惨淡而加剧了,何去何从,不由他不作抉择了。

三、对于家国命运的忧虑和绝望

青年的马一浮是一个忧国忧民的人。去美国工作和生活,是他直接接触西方现实社会和思想的好机会,这样的机会是那时每一个爱国有为的青年都努力争取的。他在诗和日记中不断流露出他对国家民族命运的忧虑。如《寄大姊》(1903年,三,p.761):

> 不信神州竟陆沉,天涯独立泪沾巾。屈原有姊能忧国,燕市何人敢入秦。一日悲歌辞故土,百年慷慨对斯民。此生未了兴亡责,尘海飘零鬓发新。

《寄少美伉俪》(1903年,三,p.761):

> 天地弹丸隔,星辰北斗高。时危万事惨,钱尽一身遥。玄发悲明镜,黄尘笑宝刀。此心未磨灭,夜夜梦江潮。

其中流露的情感是忧虑而悲壮的,而且国事没有给人以任何希望。美国两大学辩论是否应瓜分中国,国内对此却浑然不知,他深感忧虑(二,p.275)。

马一浮人生的命运是悲惨的,尤其是青少年时期,接连遭受丧失至亲之痛。他11岁丧母,18岁跟他最亲的二姐去世,19岁丧父,20岁丧妻。新婚不久的妻子汤氏去世后,他感到万念俱灰,在自己照片上题词:

> 此马浮为以往之马浮,实死马浮矣。马浮之未来,其状貌又当变而为厉鬼。然则厉鬼者,将来之马浮也。故厉鬼者,谓之生马浮亦可。已往者死矣,未来者未生。故厉鬼之马浮,可谓之生马浮,而此纸之马浮,则已死矣。

又曰:

> 如此面目乃不祥,烧之为灰质帝傍。虚空无尽上帝死,诸天微尘犹此纸。浮哉浮哉已已已!(二,pp.267—268)

题词中充满了痛苦绝望之情,马一浮以20岁的年纪,却已承受了接连丧失多位至亲的巨大悲痛，对于年轻的他来说，这是一个难以解脱的痛苦。

他虽然身处美国这个“自由”的、“美”的国度，并且朝夕与西方现代社会科学著作相伴，却并不能解除他情感上的痛苦与思想上的困惑烦恼。保留下来的马一浮居美期间的日记始自1903年12月3日。其中显示，他居美的后期疾病缠身，情绪低落，痛苦悲观。“日来多睡而少起，大病将作，发狂疾，而自托于游戏快乐，此岂能久乎？”（二，p.281）“凡诸感情连续不断，是生迷惑烦恼。嗟乎！吾将断之乎，种种现象浮于吾脑，不可驱也。吾将推而尽之乎，一切痛苦纷然束袭，何可穷也。”（二，p.296）经常陷于亡国之忧（二 pp.282、286）和将死之感（二，p.285），甚至莫名悲痛（二，p.304），以为自己会不久于人世（二，p.307）。只有读书[①]和朋友的来信（二 p.295）才短暂地给他带来些许快乐和精神解脱。正面和负面的情绪交相袭来，总的来说是忧虑痛苦之情在占据着他，试想，他身处异地，国破家亡，忧病交加，他在这个世界活着还有什么生趣？1904年二月二十五是他的生日，日记中云：

> 奇冷，室中无气炉，不可坐。就火于他人之室，真若乞儿矣。
>
> 今日为予生日，予之来此世，至今凡二十一年，过去之痛苦已多，未来之哀毒方亟。悲哉！无家之子，亡国之民，当有感情，何能遣此？（二，p.307）

在三月十四父亲去世三周年忌日那天的日记中云：

> 痛哉！吾父弃我于是遂三年哉！吾家庭之痛不可绝，夜回想四年前今日方侍吾父病，二年前今日则吾犹得哭于邱墓，乃今者，去国远，去吾父亦远，哀哀鲜民，惨惨亡国，能不痛哉！又悬想今日家中方举梵呗，设像供，而无一人在前，一触于心，辄如刀裂。（二，p.318）

三月十六是他在美日记的最后一篇，也是他离开美国的日子。我们没有找到他确切的“所以去美之故”（二，p.319），也许是在美的工作使命结束了，但他心绪上没有归宿感应当是主要的原因。[②] 在作于1904年的两首词《归国谣》和《临江仙》里，他表达了在异国的寂寥、对故国亡国的忧虑、思念和报效之情。（三，p.876）而在同年翻译的莎士比亚的一首十四行诗中，我们也可略窥他思想变化的端倪：

> 造物一何丽，余怀邈以修。纷居揽春华，长愿万代留。如何时不与，零落随素秋。感此热中肠，惨惨怀百忧。所遇安得齐，汝身为尔仇。灵和粲阳春，迈哉良易

---

① “下午得英译本马格士（按指马克思）《资本论》一册，此书求之半年矣，今始得之，大快，大快！胜服仙药十剂！予病若失矣。”（《日记·一佛之北米居留记》二月初二，二，p.307）“读《后汉书》列传以遣病。”（《日记·一佛之北米居留记》二月初四，二，p.308）“买得基梭《文明史》一部，甚喜。其他数种，须七日后始得。”（《日记·一佛之北米居留记》二月初八，二，p.309）

② 参见林桂榛：《万里来寻独立碑——马一浮北美游学述略》，参见吴光主编：《马一浮思想新探——纪念马一浮先生诞辰125周年暨国际学术研讨会论文集》，上海古籍出版社2010年版，第519页。

遒。花开还复落，欢尽还复愁。埋欢此寸心，寸心成九幽。今我爱惜费，明月归荒邱。

诗作表达了看破世间悲喜、希望超脱外在境遇的心情。译作下有按语云："原作词义与中国文字扞格不相容者，辄以己意稍变易之。"（二，p.1287）我们可以认为，他是借翻译来表达他自己的情感。另外一首诗《即事有感》云：

独然心火照群魔，无复闲情度爱河。底事拈华重又梦，未须忏悔笑卢梭。

百哀历遍万缘轻，自绕洹河阅众生。无量人天欢喜相，一般罗刹斗胡兵（又作"一般孽雨黯魔城"）。

我们从此诗可以读出他此时心态发生了三点变化：第一，不再想涉及男女之情，这为他终生未续娶埋下了伏笔。第二，过去的已经过去，毋须悔恨忆念，表明他决心走出负面的情绪，开始新的人生。第三，经历了很多的悲哀之后，觉得外缘都不重要，开始思考人生的价值和意义。

1904 年 5 月归国，途中又赴日本居留半年，11 月离日回国。

我们不禁要感到好奇和些许的遗憾，以马一浮这样的年轻，这样的天资，这样的对西学的兴趣，他在美游学若假以时日，他的人生和他对现代中国文化的影响将是多么地不同！可是他却从追求"西方进步文化"的潮流中抽身退了出来，回到了生他养他、令他魂牵梦萦的祖国和故乡。从上面所述及的资料来看，他并非不心仪西学，而且可以说达到了无书不读以致废寝忘食的程度，可是对于他不幸的身世和高逸的心性，这些似乎可以解释世间所有问题的学问，却不能让他解脱痛苦、困惑，给他以安身立命的精神家园。

四、转向并皈依国学

1. 学术方向的转变

离美初期，马一浮还在继续研究西学。在归国的途中，他转道日本，在那里居留了半年，去拜望他的好友谢无量和在日本西京大学学习化学的马君武。他从美国随身携带了马克思《资本论》的德文本和英译本①，英译本送谢无量，在那里他还与谢无量向日本人乌隆谦三学习日文、德文。1905 年，他与谢无量在镇江焦山海西庵共同研究西学，还从英文译《稽先生传》（今译《唐·吉诃德》）、俄国杜思退（今译托尔斯泰）的《正艺》

① 有人考证，他是最早将此书引入国内的。

(今译《艺术论》)等,又从日文翻译意大利人的《政治罪恶论》。

但转向已经开始。他翻译俄国杜思退《正艺》(托尔斯泰《艺术论》)时,其中包括如下的翻译原则(二,p.1273):

一、时贤译书,好施日人书中名词,如“个人”“社会”“理想”“观念”之属,不可胜举。虽袭用已广,然举之训诂多疏,著之典册不雅。译者不敏,弗敢苟同。寻绎原本文义,比傅吾国旧文,依理定称,期于明白。其间斟酌别择,颇谓不苟,信有未当,非欲过矫,识者辨之。(斯实关于译书通例,特于此书发其凡耳。——原注)

他在语文上不愿采用日本传入的较通用的译名,认为许多不合训诂,且不雅,原著的意思他要尽量用“吾国旧文”来表达,使陌生的东西易于明白,哪怕对于原义有所改变。现代西学翻译有两种,或曰两个阶段:一是以中国固有的概念语词来表达西方论著,如隋唐时期佛教经典翻译的“格义”,就是马一浮采用的做法;二是虽然翻译为中文,但重要的概念往往另造新名词,更为尊重原著的“原义”。我们这里无法讨论他们的是非优劣,但前者是在中国文化固有的语义系统下理解西学,而后者则有截断传统,另起新义的取向,实际上代表了对中西方文化的不同态度,有人用所谓“翻译中的现代性”来表示近代史上的这种文化现象。在这里可以看出,一方面他心目中的“译书通例”,必须以中国固有文化为本来理解外域文化,表现出对本土文化的自信;另一方面则表现出一种对世界文化普遍性的认识,即中国文化不是特殊的地域文化,而是普遍的世界性的文化。

1906年,他寄居在杭州广化寺,开始研究国学,广化寺临近浙江图书馆“文澜阁”,他在那里阅览了大部分的《四库全书》,做了大量笔记。他的传统学问修养渐渐成熟,学术转向逐渐完成。他不断批评西学在中国的泛滥和国人的盲目,不加取舍。在《闺词》(三,P768)中他批评学新学太多,其弊是“趋于利禄”,学者“躁进”,“所学皆以为羔雁”,而以静女喻贞士。在致王钟麒的信中,他批评时人法律制度以日本为准,事理以西方“名学”为准,认为此是“灭学之徵”。其实,西方所讲的这些法规,只是导人于乱,并非真有什么高妙之处,并不能超过《周礼》和《唐律》,不能超出管仲、董仲舒、贾谊、诸葛亮等所讲的范围。在这样的时代情势下,他知道自己很难有所作为,使世人转变,他说:“吾侪当世所名为腐儒,使不自量而为之敷经术,陈古训,违众迕时,轻有所短长,不亦怠哉。……哀群言之芜秽,无术以易之,则宁嘿然以没世耳。”(二,P425)他自居“腐儒”,清醒地知道时代的总体取向,以及传统道学及儒者在当世的处境,但他已坚定了不能“兼善天下”,宁可“独善其身”的志愿。

在1909年他作诗《寄无量》,其中表示:“遗世念独臧,无违天所畀。吾生尚行迷,何以廓时诐。”(三,p.771)不限于自己,他所期待于朋友的,也都是希望他们能够成为现代的儒者。在给谢无量的信里,对于谢氏之前的讲论他“疑其稍驳,颇非醇儒之务,窃望无量有以进于前也。无量圣贤之资,兼总百家,必归于儒。浮私所期仰,君山之于子云,未足为拟。伏惟任道不惑,以礼正俗,永牖斯民。使蜀士彬彬,比于邹鲁,此天下之幸耳。”(二,p.354)在1910年另一封给王钟麒的信里,他陈述了自己对儒学的认识:“……归而求之,将见圣贤可学而至。如浮焉者,安能有所增益于毓仁(此是王氏的字)乎?儒家之言,至二程而极其醇,至晦庵而极其密,此百世之师也。学道不师程、朱,是谓出不由户。”(二,p.423)

在此,不能简单地认为他是抱残守缺,是所谓的“时代落伍者”,这种坚定的志愿来自他在经历了中西文化取向矛盾冲突后的主体的价值自觉,以及自觉之后对中西方之学的重新定位。

主体价值自觉之后的马一浮并非传统意义上的道学先生,有着狭隘的道统观;相反,因为他身处时代的条件,使他见识广博,思想开放。他的道学思想首先是为己之学,是反躬自得,然后才是对各家义理的取舍,这其中,儒家当然是他主要的思想资源,尤其是程朱,而陆王等也在其中。佛教、道家也是统一“道”的体现。他说:

> 夫术之难齐,自古然矣。道之出于自然而不息者,不可以方,体无弗在也。言语所不载,文字所不形,思虑所不介,则其朕绝矣。水之行于地也,随所注而成川。道之散于百家也,因所见而为名。……吾儒之于二氏,其相非久矣。要贵度之吾心而确乎有以自得,似可以无辨。(二,p.415)

主张破除门户之见,认为儒、佛、道皆道之表现,关键是自己对于道是否有自得,而不在于它属于哪家。他不仅深研佛道二家,以佛教义理来解释《道德经》,还跟佛教的人士来往密切,他的朋友李叔同、彭逊之在他的影响下后来都入了佛门。

他志愿效法孔子,有着“贯缀前典,整齐百家”的宏愿,这其中也包括西学。他说:“若乃贯缀前典,整齐百家,搜访文物,思弘道艺。次献哲之旧闻,俟来者之足征,则中材非学,可勉而至也。”(二,p.348)

在他那里,做这个工作包含几个方面:首先,要求诸己,不急于让世人知道,尤不可枉道而徇人,这是首要的。他曾评论沈上道和刘子通的论学,认为“子通勇于化物而机感未至,足下贵于明道而执碍随生”。都是急于教人而缓于自修,是求之于外而失之于内,是有为而不能无为,“窃谓学以穷理尽性为归,务在反躬自得,然后前圣立教之旨可以默契,不必以喻人为急……”(二,p.454)。彭逊之以其《易注》不得刊印流传而怨尤,马氏举事与理宽其心胸,引用赵汸叙述其师黄楚望“宁使其学不传于后世,终不宜自枉以授诸人”,就此勉励彭氏:“固知道之明于己者,可得而勉,其传于人者,不可得而必也。浮区区愿足下但以明之者任之于己,而以传之者俟之于天,斯其可乎?”(二,p.

475）。劝诫他“务有之于己，不亟以喻人；务虚己以受众，无执一以疑万”（二，p.481）。这才是真正的儒学修习，是真正的实践的学问。

其次，整理中国本土学术之二宗：“欲为儒宗，著秦汉以来学术之流派；为文宗，纪羲画以降文艺之盛衰。将以汇纳众流，昭苏群惑。悬艺海之北辰，示儒术之总汇，振斯道于陵夷，继危言于将绝。体制草创，篇帙未具，并力缀辑，皓首为期。”（二，p.348）他认为黄宗羲所做的《宋元明学案》断自宋人，是门户之见。而文章之道则关系政治、社会的兴衰，关系甚大，称所作文宗已完成一半了，并已编目。

再次，整理西方学术，使国人了解西学的精华，成为儒宗、文宗的辅助。他认为当时研究西学的学者，不能得其精髓，不能得西方政治社会治理的关键，只学习一些技术和律条等肤浅之术，更有甚者，是为了升官发财。他所心仪的西学是“推本人生之诣，陈上治之要”者，并称已收录论著百余家，它们都可以与儒道会通：

> 玄思幽邈，出入道家，其平实者，亦与儒家为近。文章高者拟于周末诸子，下不失《吕览》《淮南》之列。凡此皆国人所弃不道，甥独好之，以为符于圣人之术。……欲综会诸家国别、代次，导源竟委，为《西方学林》，辅吾儒宗，以俟来者。又欲草《西方艺文志》，著其类略，……（二，p.350）

西方的学术能够与中国固有的儒家相辅相成，而西方文学也对中国古代优秀文学传统有一延续发展的关系。他认为“中土之文至元而尽矣，元以后文章，其在欧洲乎”。他“尝欲纂《欧洲文学小史》《诗人传》，皆未竟”（二，p.350）。他不认为中西学术不可沟通，愿意终身甘于寂寞来做这件事情。

他曾托名编辑《名媛文萃》24卷，选取自汉至唐可供效法的妇女著作，因为对妇女的教育关乎国运兴衰。他早年先后为亲自编辑或他人编辑的中西著作作序表彰其意义，包括《〈宋遗民诗〉序》《〈政诫〉序》《〈曲苑珠英〉序》《重印严氏〈全上古三代秦汉三国六朝文〉序》《题乾隆六十年南唐补刻本〈白鹿洞志〉》《钟继先〈录鬼簿〉跋》等。

2. 政治与道德评价标准的转向

他虽然走向回归传统的道学，但这并不意味着他拥护腐败卖国的满清王朝，也不表示他反对“革命”，只不过，他理解的革命并非是现代意识形态下阶级更替式的革命，而是反对暴政、救民于水火的自发的道德热情。1907年秋，马一浮闻秋瑾遇害，著五言长律《悲秋四十韵》悼惜，并作诗《鉴湖女侠行》记其事迹，后诗已佚，其存留下来的诗序文末有一段评论耐人寻味：“古者，国之女子以其贞殉所欢，犹群以为难，若夫死国事，盖未有也。瑾死，足变国俗。”（三，p.767）作者的钦佩景仰之情溢于言表，此不必说，但这一诗一序对秋瑾从外貌神态到精神心理的想象性的刻画描摹都是传统理想的贞女形象,认为这是中国女性传统美德"贞"发展的极致。这与后来所书写的近代史上所谓"资产阶级革命者"的形象定位相去甚远。同样的情况也出现在徐锡麟那里,在马一浮代其岳父、浙江省名绅汤寿潜起草的纪念徐锡麟的《烈士徐君墓表》里,他以汤武革命救民之义来评价这位烈士:"汤武以降,革易之事众矣,皆用戡乱救民为号。矫诬幸值,亦在所托而已,非必成功也。……必死以求自达而非有利天下之心。……抑可谓较然不欺其志矣。"(二,p.236)就是说不是为了外在的事功,而是内在的义之"不容已"而求伸。

他取孔子以及宋明儒的观点,认为国家的治乱就在于理与欲的消长:

> 政者,正也。去其不正而返之正。政非能自为正,自人为之耳。夫人失其正,亡政久矣。理欲之争,危矣哉。人性近理而常不胜其欲。理为圣符,欲为恶府,二者不相容,理欲消长之量,治忽升降之枢也。(二,p.3)

他批评意大利的政治学家(指马基亚维利)的功利主义政治观将道德和政治一分为二,执政者只要目标正确,可以不择手段。因此,虽然欧洲政治形式上看似很美,但其实质,都基于利害,"缘利以为治"。当时的欧洲各国只顾自己富强,而压迫、剥夺别国,这样永远不会有太平,而且会造成战乱。他认为,欧洲的社会主义、无政府主义思潮就是对此的反动。他翻译的法国人布诺德鲁易(Louis Plood)的《政治之罪》(Crime Politique)正是对这种极端功利主义的批判,而其中所引用的法国大革命时代的事件也正与当前中国的国情相似。

马一浮认为,人有赖于政治而生活,但又很少有善政,恶人当政,政治反而成为压迫人的帮凶,人与人争斗厮杀,人沦为野兽。这就是前面所说的理不胜欲,这虽然不能看得见,摸得着,但它却是祸乱的根源。他说:"若不可见其足以为乱,常若过其所以为治者焉。"(二,p.3)他曾对好友邵廉存言及对当时内忧外患的看法,认为此所共见,自有豪杰之士来改变这种局面,但人的道德状况则是"无形发于隐微之地者",一般人不能意识到这点,是为更大的忧患,则国人将"相率以渐而入于兽也","不待异族之噬而吾属尽矣"。(二,p.408)

3. 教育观念的转变

现代学校教育的普及是中国走向现代的一个重要方面。由于科举制度的崩溃,从小学、中学到大学,中国效法西方(尤其是邻国日本)迅速建立了基于现代科技文化的教育体制。但在这个过程中,也蕴含着全盘否定抛弃传统,处处以西方科学文化为主臬的倾向,这就容易堕入民族虚无主义,导致断绝传统文化的传衍。对此,马一浮有深切的观察和全面的批评。

在他1910年所作的《镇海樊氏便蒙两等小学堂记》中，马一浮追溯小学教育在中国的乡学渊源，阐明小学应是古代州党之学的传统的重续，而非只是学习邻国（此应指日本）。中国古代的乡学，重要的不仅是学习一些基本的知识技能，更重要的是"知长幼之节，然后渐于礼乐，以厉其行能，教化所繇兴"（二，p.193），是国家化民之法。其中蕴含着他对民族文化自觉的重建。

1912年中华民国成立，蔡元培任民国第一任教育总长。1月19日，教育部颁布了影响深远的《普通教育暂行办法》，其中有如下几条：

（一）从前各种学堂改称学校，监督、堂长改称校长。

（三）初等小学男女同校。

（五）小学废止读经。

（十一）旧时奖励出身，一律废止。①

蔡元培聘马一浮为秘书长，可是马一浮到任没多久就挂冠而去。马一浮后来谈及他辞职的原因，是他不赞成民国政府教育的废经政策，而这正是蔡元培的新政之一，他到任后已来不及阻止。后来他又提议设立通儒院，聘请通儒显学以保存、尊崇中国固有文化，而蔡元培又没有采纳，因此他觉得他们是志不同不相为谋。不久后，他到新加坡等地考察，对于当地学堂设经学课，他极表称赞。在《新嘉坡道南学堂记》中，他说：

> 予惟今国家初改政，典教育者方议绌儒术，废六艺，而兹堂之设，乃有取于洛学之传。所谓礼失而求诸野者，非与？……五常之德根于性，古之教者，在循而复之，非能有加焉。不务隆礼而以知徇物，则学以为禽犊。物诱于前，志滑于中，日以贼其秉彝。亿兆之心，交骛于利，天下纷纭，所由多争攘之祸也。（二，p.194）

在此，他明确表达了对民国政府及蔡元培等教育政策的批评。他认为，越是内忧外患加剧，越应当知本向学，而不是相反，绌儒废经，靡然向西。这与他对人性的理、欲二重性观念和教育的关系的看法密切相关。教育是为了恢复人性中的至善，其中最重要的内容就是学经、学礼②，这是现代的知识教育所无法完成的，后者助长了人欲的功利追求，使天下人越来越离开其至善的本性，争斗不息，自人而沦为禽。他以人禽之辨、义利之辨作为旧学（以儒学经典及其礼义为主要内容）与新学（以西方科学文化知识为主要内容）的本质差别，认为救国与救世最终所依赖的，不是功利之学、实用技术（这是西学教人的内容），而是道德礼义人心（这是孔学—洛学—闽学—道南学堂所教人的内

① 高平叔：《蔡元培年谱长编》，人民教育出版社1999年版，第400页。

② 按，这里的"礼"不仅包括仪节，更重要的是其中蕴含的"理"。

容)。这似乎夸大了儒学经典的作用,过多地贬低了现代学制的价值,但其中所蕴含的对现代知识教育体系的深刻批评也是值得我们思考的。

马一浮对于《普通教育暂行办法》中的第一条也表示反对。他作《论校长之名不可用》,认为校长之“长”是官员的称号,教员之“员”字是数目,都表示隶属关系,尤其是与政府的隶属关系,不是尊师重道的称号。他说:“夫曰‘任用’,则除署之别名也;曰‘俸给’,则禄食之比也;曰‘呈报’,则胥徒之籍也。……改任用之字为延聘,改俸给之字为束脩,然后别于人臣。废呈报之例,然后异于徒隶。以此求师,然后良师可得而致,不则望望然去之若将浼矣。”(二,pp.1167—1168)学校以讲习切磋学问为主,校长应称主讲,教员至少应称为教师,最好称讲师。学校应独立于政治,并受到应有的尊重。由此可知马一浮对于教育与政治之间关系的看法,反映了他对于教育与政治关系的敏感。他后来办复兴书院时向蒋介石、陈立夫等政府官员反复陈明的书院不受政府管辖的原则,这里应看作此原则的先声。

1916年12月,蔡元培受当时的总统黎元洪之命任北大校长,曾邀马一浮任教,他以“古闻来学,未闻往教”辞谢,有人可能据此以为他过于孤傲顽固,不通世务,其实还是因为他与蔡元培的教育理念不同所致。他后来曾专门去信向蔡元培说明他不去的原因,是自己为学与现代大学之学不同:“其所以不至者,盖为平日所学,颇与时贤异撰。……师儒之守,当务适时,不贵遗世之德、虚玄之辩。”(二,p.453)学校重知识灌输、技能训练,而不重道德修养,因此与他对教育的看法相左。他不愿意曲己徇人,宁愿居于陋巷,不求闻达,以待来者。

他的朋友叶左文跟他商量是否应让自己的孩子到国外留学,他表示,留学国外学习科学不是十分急切的事,尤其是对年轻人,那是求之于外的,最根本的还是要“研求义理,修之于家”(二,p.428)。将知识技能的教育置于末位,首重道德树立。

在这样的转向过程中,他的情感渐渐从对家国的忧虑和绝望中走了出来,这不仅是思想的转向就能完成的,更依赖于他自己深切的涵养致知的工夫。在作于1908年的《戊申八月从吾姊及姊婿游西湖诸亭墅作》中,我们可以一窥他的这种变化:“道重物自轻,理得斯事忘。……庶物咸殊托,君子慎依方。”(三,p.769)

通过对马一浮的早期生活和思想的系统梳理,可以看出,马一浮在现代中国思想史上并不是一位抱残守缺的思想家,他对传统中国文化价值特别是儒家思想价值的坚守,是在艰难困苦的个人生活和时代生活中的主动抉择,是接受了中西方文化冲击后在比较中产生的一种文化上的自信和有得于心的执着,这种抉择、坚守和执着在当今世界文明冲突与融合加剧的时代,给我们提供了一种观察和反思现代性的新视角,让我们重新审视并超越中学与西学、保守与进步以及传统与现代的二元关系。

元朝统治者的人才观及大都对文化人才的吸纳

傅秋爽①

一、蒙元统治者的人才观

一个地域文化的发展，必然受到所处时代统治集团政治制度和文化态度的巨大影响。对于国家首都历史性的发展而言，尤其如此。蒙元统治实行罪恶的民族压迫政策，将域内所辖国民分为四等：国人（即蒙古人）、色目、汉人、南人。蒙古人和色目人把持朝政和国家重要的权力中枢，占人口最多地域最广的中原以及江南人民深受民族压迫之苦。他们仕进的道路被堵塞，很少有人能够走进军政核心枢要。但是，这并不意味着他们在元代文化发展中的缺位。事实上，知识分子的良知和社会责任感，使得他们在任何时候都能自觉努力地发挥作用，对社会进步和民族生存有所贡献。而有识之士也是在任何时候，都能清醒地意识到人才对国家建设和发展不可替代的重要作用，不遗余力地培养人才，保护人才。金元更替和元灭南宋的战乱中，元好问就曾给耶律楚材写信，急切阐述人才对政权、对国家、对民众、对历史发展的重要作用，并列出保护名单，向他举荐了一大批重点人才。这些人大多成为了元初社会文化发展的基石，产生了重要影响。尽管改朝换代，他们中的杰出者，也依然尽其所能地承担并发挥着应尽的历史责任。毋庸讳言，他们发挥作用的大小，产生影响的强弱，很大程度上取决于最高统治者对这些人才价值的认识深浅和肯定多少。

统治阶层与普通人无异，他们的人才观也都不是与生俱来的，也是通过不断学习，在实践中总结经验教训而获得的，有一个汇集和汲取各方面意见不断修正完善认识的过程，起于朔漠的蒙元统治者这个认识过程尤为令人瞩目。《南村辍耕录》卷二中有一则“治天下匠”非常有名，常被引用：“中书令耶律文正王楚材，字晋卿，在金为燕京行省员外郎。国亡，归于我朝。从太祖征伐诸国，夏人常八斤者，以治弓见之于上，诧王曰：本朝尚武，而明公欲以文进，不已左乎？王曰：且治弓尚需弓匠，岂治天下不用治天下匠耶？上闻之，喜，自是用王益密。”成吉思汗从认为只有对军事有用的工匠是人才，到明

① 作者系北京市社会科学院文化所研究员。

白治理国家同样需要特殊人才的道理,甚至是一个从完全无知到基本有识的飞跃过程。

元朝百余年的历史发展,统治集团的文化态度并不稳定,文化政策也不完备和连贯。总体来说,往往与主政的最高统治者的“汉化”程度深浅相关。元朝前期的数位最高统治者中,忽必烈对文化发展的贡献、作用和影响最大。与其他诸位前任相比,他受到过更多的汉文化熏陶,并且因为在争夺汗位的过程中,以汉地的经济、军事力量为后盾,又广得汉人幕僚的助力,所以即位之后,不仅将统治重心放在汉地,而且改行“汉法”治国。所谓的“汉法”,指的是从前代中原王朝继承下来的制度配套完备的典章制度和统治政策。立国都于燕,改国号为“元”,设计建设大都城严格依照《周礼 · 考工记》,这些本身就表明了尊崇“汉法”的态度。台湾著名的元史专家萧启庆先生在他的《忽必烈潜邸旧侣考》中指出忽必烈“扬弃蒙古传统而建立继续汉唐帝业‘元朝’的主要原因”尽管有政治、经济、文化等很复杂的原因,“但最重要的,最初启迪他了解这些原因,后来协助他发挥这些有利因素,在思想上影响他,在行动上协助他的则是他在潜邸时代的一些接触的辅佐的贡献”①。忽必烈的人才政策,是最为根本的文化政策;这些人才成就忽必烈帝王霸业的同时,也确立了元朝的文化基调。他们中的大多数,也成为元大都文化最重要的部分。在整个元代的发展过程中,元世祖忽必烈是最为重要的一代帝王。这个时期政治稳定,科技进步,文化也得到长足发展。

忽必烈自身并没有系统、完整、严密的文化发展方针和政策,他对文化发展的贡献,在于营造了文化发展的环境,提供了文化发展的条件。而这一切都是通过他对人才的广泛吸纳、充分尊重、放手使用来实现的。在认识人才、发现人才、搜求人才、网罗人才、培养人才、使用人才、保护人才、尊重人才等各个方面,忽必烈应该属于历史上少有的明君,表现出罕见的壮阔与开明。

首先,在人才判断标准上,忽必烈等蒙元统治者较之华夏传统文化熏陶中的统治者更为开放与实际。儒家思想下正统的人才观从汉代董仲舒“罢黜百家,独尊儒术”开始,到元代已经统摄中国千年之久。什么是人才、人才的标准、人才的培养、人才的使用、作为治国理政中最重要的内容,已经因惯性成为定制。中国传统的人才观,在价值判断上,似乎对于“通才”一般较为重视,给予很高的社会地位。所谓的通才,也就是官本位思维之下的能够在仕途上有所施展和表现的人。这样类型的人因为多是通过科举考试产生,所以基本上都是精通文史,深浸儒学经典的饱学之士。对其他非科举教程所产生的专业人才反而不那么重视。蒙元起于朔漠,由于军事力量的强盛,在短时间内迅速崛起,拥有了极为广袤的土地、众多的人口和丰厚的财富。为了对迅速膨胀的社会财

① 参见朱耀廷主编:《元世祖研究》,燕山出版社 2006 年版。

富进行有效的统治、管理、经营，蒙元统治者急切需要广泛延揽各种专门人才。而本民族专才的极度匮乏，决定了他们对于人才有一种急切的渴求，他们以政治、军事、经济、文化发展的社会实际需要为基本标准，在观念上更为开放与实际，形式表现上更为单纯直切。并不对人才进行全面的、形而上的考察，更不惟科举论。在元代百年中，很多时期科举废弛。他们直截了当，你会什么，能干什么，就派你去干什么。无论做官还是为吏，经商或者营造，最高统治者对具体的人有远近亲疏的差异，但是对某类人才却并不做高低贵贱的层次甄别。这种较为"混沌"的人才观，使得传统上受到忽视的各种专门人才受到了重视，特长和作用得以发挥。

与此同时，相比较而言，在华夏传统文化历史中备受尊崇的儒士，却因为蒙元最高统治者重视不够，受到冷落，科举废弛，仕途无门，他们发出了生不逢时的感慨，元杂剧四大家之一的马致远特作杂剧《荐福碑》，对最高统治者的用人制度进行抨击。《荐福碑》的故事出自宋代传说。宋人《冷斋夜话》《续墨客挥犀》等书均有叙述。马致远依据传说加以敷衍创作此剧，描绘了元代官场的黑暗和读书人的投靠无门怀才不遇。"这壁拦住贤路，那壁又挡住仕途。如今这越聪明越受聪明苦，越痴呆越享了痴呆福，越糊突越有了糊突富。则这有银的陶令不休官，无钱的子张学干禄。"元代实行民族阶层统治，蒙古人和色目人把持着统治机构的重要部门岗位，汉人和南人想要步入仕途，只能从小吏做起，晋升无望；元朝科考废弛，士人正常的晋身之路也堵死了。权贵阶层已经形成了牢固的权力垄断，层阶间的正常流动已经阻塞。这在大都政治中心有更突出的反映。此曲反映了元代社会政治制度的弊端，反映了元代知识分子备受压抑、仕进无途的现实。

二、元朝的人才政策

第一，对人才的认定，不拘成见。

蒙元统治者关于人才认定的标准是全新的。他们对医、卜、工匠等各类专业技术人员都很重视，将其与宗教人士同等对待，在战争中加以保护。在蒙元统治者的概念中，儒士与之相同，甚至远不如这些实用人才更有价值。《高智耀传》："宪宗（蒙哥汗）即位，智耀入见……帝问：儒家何如医、卜？对曰：儒以纲常治天下，岂方技所得比？帝曰：善，前此未有以是告朕者。"①事实上，蒙元对技能型实用人才始终极为重视，给予较高的地位。甚至成吉思汗最早将耶律楚材奉为上宾，也并非把他视为治国理政的国家栋

① 《元史》卷一二五，中华书局1976年版，第3072—3073页。

梁,而是因为他上知天文,下知地理,精于阴阳、卜算、历法、医术等。只是因为十年西域朝夕相处中,逐渐了解认识到了他在其他方面尤其是治国理政以及在文化发展方面的雄才大略,才开始采纳他在政治、经济、文化建设方面的意见和建议。忽必烈建元之后,重视“方技”人才的观念也没有根本改变。他曾经总结说:“朕求贤三十年,惟得窦汉卿(默)及李俊民二人。”①窦默精通医术,李俊民以术数见长,可见在忽必烈心目中方技之士的地位有多高了。在此情势之下,以前专以儒术求为进身之阶的士子们也不得不另辟蹊径,“百家九流之人,亦杂出于其间……士之所以求进者,亦不专以儒术。”②元代凭借卜筮术数、工艺营造等历代视为雕虫小技的技术性特长而官至高位者不乏其人。《元史》卷二百零三卷《方技传》序总结说:“元有中土……以术数言事辄验,及以医著效,被光宠者甚众”。可见这是一个非常普遍的现象。蒙元政权建立和扩张过程中,攻城略地,杀戮人民,但是对有各种身怀技艺的工匠却始终是下令赦免,而且把他们作为战利品保护起来,集中迁移到安全的地方,为我所用,同样是出于实用的考虑。另外,传统上中原文化重农轻商,耻于言利,一贯对从商者采取鄙夷轻视态度,商人的社会地位始终也较低。元朝对国家的税收管理和经济开发极为重视,这方面的人才受到特别的重视,从事商业经营的富商大贾在元代也享有较高的地位。色目人中颇多擅长经商理财的专门人才,而且与蒙古贵族渊源较深,关系密切,所以有元一代始终受到特别的信任倚重。早在至元二年(1265)元廷制定了国家管理人才使用的基本国策:“以蒙古人冲各路达鲁花赤,汉人充总管,回回人充同知,永为定制”③当然,从另外一个角度看,这成为蒙古政权实行民族压迫政策的一个例证。

这种对科学、技术、商业等各方面专门人才的普遍重视,极大提高了元朝社会全面发展的水平。元朝是中国历史上天文历法、数学、地理学、医药学、农学、手工业技艺、军事技术、印刷造纸等全面发展和广泛推广的时代。

第二,人才使用,尽其所长。

在人才认定和价值判断以及使用过程中,元统治者的基本方针是不求全责备,以使物尽其用,人尽其能,充分发挥各方面人才的特别优长。考察元代的人才,根据其用途大体分为几类:治国理政之人,如耶律楚材;科技人才,如刘秉忠、郭守敬等;经济人才,如回回商团;宗教人才,如丘处机、万松老人等;他们都为元朝的政治、经济、军事、文化贡献甚大。

在世界历史上,包括中国历史上,宗教从来都是一股不可忽视的政治势力。正,则

① 《元史》卷一五八《窦默传》,中华书局1976年版,第2488页。
② 参见(元)朱德润:《存复斋集》卷四,《送强仲贤之京师·序》,文渊阁四库全书本。
③ 《元史》卷六《世祖纪三》,中华书局1976年版,第106页。

安宁人心，平复矛盾；反，则蛊惑人心，煽动反叛。元朝非常清醒宗教势力的作用和能力，始终注重发挥各种宗教的正能量。他们对各派宗教领袖礼敬有加，建立了非常密切的关系，使各个宗教势力皆能为社会和谐稳定发挥作用。宗教对于社会生活的影响，遍及各个阶层，多个层面。包括文学、艺术，元代大都的很多节日礼俗和社会风习都与宗教有关。

元朝以佛教为国教，但对其他宗教，例如道教、伊斯兰教、基督教也一律接纳，这在中国历代统一王朝的历史上是绝无仅有的。这些宗教都对元朝产生过广泛的影响。各种教派，在大都最为集中。早期对蒙古政治和大都发生较大影响的是道教全真道龙门派创始人之一丘处机和佛教大师行秀。丘处机（1148—1227）字通密，号长春子，登州栖霞（今属山东）人。前者金大定二十八年（1188 年）在中都传教，已卯，元太祖成吉思汉召见，次年，他以 73 岁高龄率弟子十八人从山东出发，经燕京、蒙古草原、天山，跋涉数万里，至大雪山见太祖，以“节欲止杀”“内固精神，外修阴德”“恤民保众，使天下安”向成吉思汗进言，被封为“神仙”。1224 年自西域返回燕京，持玺书放奴为良救生于屠戮达二三万人，世号“长春真人”。行秀（公元 1166—1246 年）号万松老人，河内（今河南沁阳）人。深通儒家经典，金章宗明昌四年（1193 年），入宫说法。承安二年（1197年），迁燕京报恩寺。蒙古窝阔台二年（1230 年），奉诏住持万寿寺。对元初政治和国家重大决策产生过较大影响的耶律楚材即为行秀的弟子，曾就之学佛三年。元统治者对其崇礼有加，元太宗二年（1230），富阔台大汗赐其佛牙一枚，并尊其为“万松老人”，后更被蒙古汗廷奉为国师。

蒙元统治者很懂得术业有专攻这样一个道理，在人才使用过程中，尽力发挥其所长。《南村辍耕录》卷二十四“精塑佛像”条：“刘元，字秉元，苏之宝坻人，官至昭文馆大学士、正奉大夫、秘书监卿。元尝为黄冠，师事青州杞道录。传其艺非一。而独长于塑。至元一年，世祖建大护国仁王寺，严设梵天佛像，特求奇工为之。有以元荐者，及被召。又从阿尼哥国公学西天梵相，神思妙合，遂为绝艺。凡两都名刹，有塑土范金，抟换为佛，一出元之手，天下无与比。所谓抟换者，漫帛土偶上而髹之，已而去其土，髹帛俨然像也。昔人尝为之，至元尤妙。抟丸又曰脱活，京师语如此。”从这段记载可知，刘元兼具多方面的才能，但是于雕塑最擅长，所以就尽用其长。给他机会，给他条件，使他尽情发挥自己的专长才能，终于成就了一代杰出佛像雕塑艺术家的伟绩。

文化方面，蒙元统治者基本上是“搜求无度”与“无为而治”并存相生的态度。所谓的搜求无度，就是什么样的人才都不肯放过，都不肯舍弃，并在他们能够理解的范围内都给予重用。所谓“无为而治”就是不从主观出发，事无巨细，到处指挥。而是肯于放手，让人才在专门的领域充分发挥其聪明才智和积极性、主动性以及最大的创造能力。

第三,对人才的网罗,不拘一格。

蒙古统治者以掳掠起家,“拿来主义”和“为我所用”似乎一直是他们的治世箴言。元朝统治者于文化产品的聚敛同样不遗余力。仅以图书出版为例,至元十二年(1275年),在灭宋征战中,忽必烈就下令大军将帅和派驻官员,沿途不仅要搜集经籍、图书、书画等,全部北运。彻底灭宋之后,又专门派遣使者到江南各郡,搜集南宋遗留的官书版,将其运抵大都。之后据版付印,便成了元版书。这种“拿来主义”,表现在物质和文化各个方面,也表现在对各种人才的广泛招揽搜罗上。蒙古国铁蹄之下,城毁人亡,掠夺财富,变民为奴。但是对各种有一技之长者却网开一面,对劫掠而来的医生、星相家、各种工匠、书画艺术家、宗教人士,一律进行分类管理,并予以免除徭役赋税的一些优待,使之各尽其能,为我所用。

元朝许多开创性的事业,都是利用前朝旧臣来开辟的,在使用人才方面,开创了“楚才晋用”的成功范例。王鹗,原出仕金朝,官至翰林学士应奉。“至元朝,定宗闻其贤,而召之至,乃授资德大夫,翰林学士。元朝有翰林国史院,公为开府也。”①忽必烈对他“甚敬重,每见,以‘状元’呼之。”②

元朝是一个科学无国界的时代。元廷对于人才的任用,既不拘因循陈规又不拘一格,还表现在对全世界的有用人才搜罗旗下,尽为我用的气魄和胆量。在人才的使用上,忽必烈也极为开放,这表现在英雄不问出处。他基本上不在意人才的国籍、民族、身份、信仰、文化背景等,凡可用者皆为我用。蒙元军队征服西域后,大量的西域人随军东来,他们中有些人有较高的科技文化水平,且善于理财和行政管理,当时中原燕京行省的事务,蒙元统治往往委托西域人具体主持。廉希宪是汉化程度很高的西域人,不仅熟悉畏兀儿字,且精通汉文,对儒学浸染甚深,有“廉孟子”之称。宪宗四年(1254年)忽必烈命他担任地方安抚使,在关中改革,推行汉法,招揽人才,发展教育。也黑迭儿是大食人,著名的建筑家,大都的城市和宫殿建设,他担任官方主持人。

元代发展的历史证明,蒙元帝王霸业兴旺和王朝统治运转顺利时,都是统治政策较为正确的人才荟萃之际。从蒙古国时代,对金朝旧臣耶律楚材等人的任用就可略见一斑。耶律楚材一系列政治、经济、军事主张被采纳,在大元帝国成就霸业的过程尤其是燕京汉地治理方面发挥了关键性的作用,耶律楚材也成为元帝国的开国元勋。蒙元帝国一统天下的建立,消除了东西方交往、南北交流的所有阻碍,各国各民族各地域的科技、文化随着人才的流入,得以顺畅进入中国,大都作为首都受益最多。尤其是西域的

① (元)熊梦祥《析津志辑佚》,北京古籍出版社1983年版,第145页

② 《元史》卷一六零《王鹗传》,中华书局1976年版。《四库全书》第一二〇一册,集部一四〇别集类,上海古籍出版社1987年版,第199页。

天文历法、地理学、医学都在这个时期与中国进行了充分的交流。通过科技、艺术等各个方面人才的吸纳、引进和使用,元朝广泛汲取、借鉴、利用全世界科技文化的前沿成果,使得元朝的科技、文化发展跃上新的台阶。例如,在大都的选址、设计、建设方面,元蒙统治者就大胆启用了刘秉忠、郭守敬、王恂、李治、亦黑迭儿等来自不同地区的各民族杰出科技人才和能工巧匠,才使得大都成为世界城市规划史和建设史上的奇迹。

三、善用人才

当人才在某一方面取得杰出成就做出突出贡献的时候,元廷对他们奖励,包括政治地位的提高、官职的提升与物质的奖励都会如期而至。刘秉忠,广学博览,精通儒释道三家,史称其“凿开三室,混为一家”。此外,他还精通天文、历法、水利、算学等。出仕前,隐居讲学,在河北紫金山(今邢台西南65公里处)创建的紫金山书院。培育出大批历史上堪称俊杰的用世之才,张文谦、王恂、张易、郭守敬皆出其门,他们在元初历史舞台上无论是政治、科技、工程等方面都发挥了极为重要的作用。以刘秉忠为首的紫金山集团的成员成为元初名臣进入官僚体系,张文谦曾任枢密副使,官至左丞相;张易官至枢密副使,知秘书监;王恂曾为太子赞善,官至太史令;郭守敬曾任都水监、太史院同知。其中以刘秉忠本人的官职最高,刘秉忠本人因为学识渊博,见识高远,具有卓然的政治远见,在忽必烈激烈的帝位争夺过程中立下了汗马功劳,所以深受忽必烈信任,“参帷幄之密谋,定社稷之大计”,对他言听计从。忽必烈登基之后,刘秉忠在治国大略上多有奉献。如,议定百官爵禄,减轻税赋徭役,劝农桑兴学校等,都是采纳听从刘秉忠等人的建议和意见而制定的。官拜光禄大夫、太保、参领中书省事,汉人文武官员中位居三公的仅刘秉忠一人。例元代许多科学家、画家、文学家都像刘秉忠一样,因对元廷的巨大贡献而获得重用享有高官厚禄。

在吸引人才、使用人才中最为重要的是什么?中国人的理解就是尊与重。许以高官,给予厚禄,这些固然很必要。但最重要和最根本的是对人才的尊重。尊重,表现为千金市骨,懂得人才的价值;尊重,表现为三顾茅庐,向人才释放诚意与恒心;尊重,表现为包容与耐心,允许人才“三年不鸣”;但更大的尊重,是对人才价值观的认同,听取、接纳、采用他的建议和意见;是对人才的充分信任,放手使用,发挥所长。

《南村辍耕录》卷二十六“五龙车”条还记载了一则忽必烈尊重人才的故事:

叶公李为宋太学生时,上书极言贾似道权奸误国,几为所害。及世祖平江南,即召见,官之,至中书右丞。凡有军国大事,必问曰:“曾与蛮子秀才商量否?”盖指李也。一日,议事大廷,乃不在列。问其故,则病足。遂以所御五龙车召之至,命坐而决焉。尝于其孙以道处，见当时所画应召图，五龙车中，坐一山野质朴之老，其遭遇有如此者。使无贾似道以发其正大之论，直一书生耳。而望功名显天下，亦难矣。①

对这个耿介之士，这个前宋亡国之邦的太学生，忽必烈不仅予以高官，委以重任，还能在生活工作细节上施予充满人情温暖的关怀；既能尊重其意见和建议，又能从善如流，不仅使之畅所欲言，更能充分采纳其主张。忽必烈这样的作为，其心胸和效果影响应该当不在千古传诵的千金市骨之下。元帝这些尊师重道和尊重人才的故事总是为文人们所津津乐道。《南村辍耕录》"隆师重道"条记载的这个故事，其实也可视为对人才的尊重：

文定王（沙剌班），今上之师也。为学士时，尝在上左右。一日，体少倦，遂于便殿之侧偃卧，因而就寐。上因以籍坐方褥，国语所谓朵儿别真者，亲扶其首而枕之。后尝患疖额上，上于金钵中取佛手膏躬与贴之。上之隆师重道，可谓至矣尽矣。王字敬臣，号山斋，畏吾人。②

除了社会地位提升，还有物质奖励，甚至惠及身后。《南村辍耕录》卷二"高学士"条云："国朝儒者，自戊戌选试后，所在不务存恤。往往混为编氓。至于奉一札十行之书。崇学校，奖秀艺，正户籍，免徭役，皆翰林学士高公智耀奏陈也。"高学士的这些奏陈受到重视，在施政过程中有所体现。为了更好地使用人才，元廷在待遇上给予切实的优惠。建立和采取了一些保护人才的制度和措施。例如实行儒户登记政策，在税收和差役方面给予减免。忽必烈多次下诏减免儒、医、文学之士某年税赋。例如至元十三年（1276）就宣布"免大都医户至元十三年丝银。"

《南村辍耕录》卷一有"官不致仕"条，说明了元廷对有特殊贡献者有特殊奖励，他们可以打破年满七十必须退休的制度，享受终身荣誉。而这个制度恰是从对大元水利及大都建设作出过杰出贡献的郭守敬开始的："大德七年，诏内外官年及七十，并听致仕。时郭守敬，字若思，顺德邢台人，知太史院事。以旧臣，且熟朝廷所施为，独不许其请。至今翰林太史司天官不致仕者，咸自公始。"③这种倚重和信任，这些从物质到精神的激励和奖励措施，极大激发了人们为新朝尽心服务的积极性和创造性，使得当时的大都巨匠辈出，各方面成绩硕果累累，创造了一个科、教、文、卫全面辉煌进步的时代。

---

① （元）陶宗仪：《南村輟耕錄》卷二十六，中华书局1959年版，第324页。

② （元）陶宗仪：《南村辍耕录》，中华书局1959年版，第20页。

③ （元）陶宗仪：《南村輟耕錄》卷一，中华书局1959年版，第18页。

西洋精华

“诗人”柯罗:情感与真实

杨 震[①]

据西涅克(Paul Signac)转述:最初在沙龙展出柯罗那些舞女肢体一般摇曳的树时,有人批评说:我在散步时从没见过这样的树。[②] 是的,在柯罗之前,世上没有这种舞蹈的树,但是柯罗之后,人们就处处看见了这种树。他的仰慕者儒勒·克拉列蒂(Jules Claretie)重游其故园韦勒达芙勒(Ville d'avray),暮色降临时在池塘散步,看到夜雾笼罩下的白桦树林,惊呼:这就是柯罗![③] ——好的艺术是一种发现,窥见人所看不到的另一种真实,心灵与世界合二为一的真实。

Corot:*Evening,Distant Tower*

① 作者系北京市社会科学院文化研究所副研究员。

② 参见保尔·西涅克:《从德拉克洛瓦到新印象派》,闵叔骞译,人民美术出版社1986年版,第76页。

③ 参见盖多凯维契:《柯罗·艺术家·人》,张荣生译,人民美术出版社1983年版,第126页。

许多观者一见到画册上《蒙特芳丹的回忆》(Souvenir of Mortefoutaine),就被柯罗击中:这难道不就是很多人心中埋藏多年的图画!一个在遍布湖泊、沼泽,水雾氤氲的树林地带生活过的人,会发现这幅"不真实"的画是如何地"逼真"。在微薄雾气笼罩下,空间透视不明显,纵深感削弱;没有确定的光源,光感如室内,又如梦境;树木的色调也因潮湿而变浓,色彩对比不鲜明,色阶丰富,变化细腻;因林木密集,为了向光、亲水,池塘边的树木长得弯曲、婀娜。春夏之交,妈妈带着孩子,在树林里散步,采摘浆果、木耳、蘑菇。风吹起来,树林跳起了舞,叶片纷纷飘洒,细碎的绿荡漾在空气中。多么缤纷!银灰色的梦。"一个声音轻轻喊出:柯罗!"(戈蒂耶 Theophile Gautier)①

Corot:*Souvenir of Mortefoutaine*

在书信和谈话中,柯罗的关键词是:"感情""印象""真实"。脱离具体的经验和感受,超出最初的印象,以为世界在感觉、印象之外别有更为稳定的色调、形状、质地,认为云有固定的白,草有固定的绿,人体有固定的比例——是古典主义的追求,也是传统对"真实"的理解。柯罗对"真实"有更为深刻的领会,一反传统信条,恰恰在"印象"中求"真实"。他超脱了早年的古典主义教育,沿着克劳德·洛兰(Claude Lorrain)的路走下

① 参见雅伏尔斯卡娅:《法国巴比松画派》,平野译,四川人民出版社 1984 年版,第 62 页。

去,探索室外光,把时间引入空间,把运动变化引入静物,在具体的时间和环境下作画,把大自然带给自己的最初感动,融入作品。因此,人们把他当作印象主义的宗师,是不足为怪的。且不说他的弟子里面直接就有印象派成员(毕沙罗等)。但是,柯罗就是柯罗,就像后人说的,无法把他归类。他尊重印象,但不标榜印象,融入自己的想象;他对景写生,但不追求即兴,作品都是在画室里最后完成;他表现情感,但不抽象,把情感注入真实的景物;他写实,但不屈从于杜撰出来的“客观性”,写心灵之眼看到的“实”。

50岁以后,以“回忆”命名的画作,在柯罗的作品中占很大比例。凡艺术创作,除了对景写生,其实都是回忆。但柯罗真实地把“回忆”本身写出来了,用自己的画笔显现出“回忆”的色彩、形状和质感。他的朋友说他作画在颜料中加入银色粉末,或者以银灰为底色,因此他的画面普遍有一种银灰的质感。更多的技术问题我们难以在这里探讨。但可以肯定,这种银灰的色调(梦幻的光感,潮湿感),以及惯用接近色、深色调(细腻、幽深)而非后来印象派强调的对比色、棱镜色(prismatic colours),是造成“回忆”感的重要原因。也是造成评论界普遍认为柯罗的画富有“诗意”的原因之一。

都说柯罗的画充满诗意,他是一个“使用画笔的特奥克里托斯”,但鲜有人说出所以然。《柯罗·艺术家·人》的俄文编译者盖多凯维契在“前言”中揭示了谜底:柯罗的画是现实与想象的融合。而这按歌德的说法,恰恰是诗的典型特征。通过色彩、造型、构图的创造性安排,在现实景物中注入自己的情感,使得画面富有抒情性和表现力;不脱离物象来抒情,也不画无情的物象;画面上初看是物象,细看却洋溢着情思;物象与情思融为一体,正是诗的核心特征,也是柯罗绘画的秘密。(因此,过于写实和过于抽象的绘画,都很难“有诗意”。)有一次,他对着一块树林环绕的麦田写生;画完,柯罗画布上原本应该是麦田的地方变成了一个池塘,别人问为什么,柯罗说:“这么热,画了一整天,我需要凉快一下。”[①]他晚年的时候,有一幅回忆韦勒达芙勒情景的画好几年都没完成,后来,他觉得画面的气氛更合乎他对意大利的回忆,就顺势改成了《意大利的回忆》。[②] 这就是诗人柯罗,尊重自己最新鲜而丰满的感受,相信只有感动自己的,才能感动别人;寻求“情感的客观对应物”(T.S.艾略特语);徘徊在心与物之间,让最贴切而真实的感动显现;于是他的画面安详且生动,具体且缥缈,稳定且飞翔。

柯罗的画中,旋转的黄昏天空,舞动得近乎迷醉的树枝,让人忽然想起梵高

---

① 盖多凯维契:《柯罗·艺术家·人》,张荣生译,人民美术出版社1983年版,第119页。

② 参见盖多凯维契:《柯罗·艺术家·人》,张荣生译,人民美术出版社1983年版,第139页。

Corot:*Souvenir of Italy*

(Vincent van Gogh):那漩涡状的星空,火炬般燃烧的柏树。把情感注入天空和树木,让它们替自己旋转、舞蹈、燃烧——在这一点上,二者何其相似!梵高受米叶(J.F.Millet)影响极大,米叶比柯罗年轻,同为在巴比松村画画的同时代画家,柯罗对梵高可能多少有点影响。不过,虽然《阵风》《梦想者》流露出艺术家的激情,但柯罗毕竟不像梵高那么疯狂,也没有把物象扭曲到难辨的地步。他表现出对情感更大的控制力,把它深埋进树木的韧皮部和木质部,融化在氤氲的水汽里,反射在温润祥和的晨昏微光中。他的抒情更具有一种令人信服的真实性、客观性。不像某些印象主义后继者们,他信赖时间之外的恒定之物,虽然创作颇丰,他也会数月、数年地画一幅作品,他的抒情性风景更像是窖藏多年的醇酒,去掉了锋芒,却富有回味。令人久久徘徊,感慨不已。

柯罗极为动人的,还有他 74 岁所画的《韦勒达芙勒》(*Ville d' avray*)中的一幅。前景是河边树林,画面显要位置有一株几乎落光了叶子的桦树,舒展柔软的枝条,静止,却又翩翩起舞。树下有一个农妇在拾落叶。透过树林缝隙,能看到紧挨着的河,河对岸隐约的房屋和树林。这幅画给人印象最深的,是画面上充满空气的叶片。柯罗画树叶,往往迅速点出,并不仔细刻画,甚至也不粘连在树枝上,而是直接点在周围的空气中。这使得柯罗的画面具有人们所说的"大气感"。让人恍惚,不知树叶是长在树上随风翻动,还是已经脱落,在空中飘扬。这不由得让人想起中国的水墨画:画竹子,叶片往往也

Corot:*the Dreamer*

并不接触枝条,只是神韵上连缀、协调,充分利用想象力,造成一种似断实连、“笔不到意到”的效果;也使得原本静止的画面,通过调动想象,而具有一种运动感。柯罗这幅画,大胆地改变了风景的“物性”,却更吻合人的观感,因此获得了一种生动的意境,把观者卷进去,置身于夏秋之交的下午,故乡的河边树林,绿意尚浓,偶尔一阵微凉的风,干爽,清旷,掀起树叶稀疏飘舞,晃动林间轻柔的光照,通透,冷清……

时人嘲笑安格尔的特立独行,说他是“迷失在巴黎的中国人”。如果看了柯罗那幅《水边的早晨》(1873 年,77 岁),了解中国艺术的人们也会惊呼他是一个“徘徊在枫丹白露森林的中国人”。柯罗骨子里的写意精神,在这幅画中达到极致,若把它放到表现主义的展厅,丝毫不成问题。这幅画完全抛弃了透视,甚至也不通过色差来区分远近,一切都那么接近,朦胧,树林和草地饱含露水和雾气,湿漉,绵软,人物和房屋都模糊难辨。这就是清晨水边的早晨!画家抓住了最典型的印象,摆脱了一切不必要的细节,大胆地选择,用极简练的色彩和笔触,把“清晨感”画出来了。谁曾在水乡的清早醒来,走在露水丛生的山路上,谁就会感到这是一幅逼真的画。

柯罗作为风景画家与洛兰、普桑鼎立于世,他的人物画,是死后整理其作品,才被人重视起来,渐渐取得与风景画同样的地位。他的人物画难于超越的成就,在于传神。

柯罗曾告诫学生:要重视人物画,如果能诚实地画好裸体,就能诚实地画好自然。

Corot: *Ville D' avray*

Corot: *Morning by the Water*

这个逻辑也是可逆的:如果有能力为貌似无情的自然传神,应当也可以准确地把握并传达人物的神情。他的风景画像人一样能抒情、表意,他的人物画则像风景一样具有深邃广阔的想象空间。

柯罗笔下的人物,多为少女。柯罗是个读书的画家,尤喜读诗,大概与此相关:他画的少女,大都正在读书,读信,或者手持乐器,或者面对画板若有所思……她们与文学、艺术合二为一,是美神,也是缪斯,不知她们是独身者柯罗心中对爱情的理想,还是柯罗自己的化身。

Corot: Girl Reading, Ca.1855/1860

柯罗的画笔,替许多不会画画的男子画下了情窦初开时心中的理想:面貌清秀,低敛的长睫毛显出矜持;体态轻盈,穿着端庄;双手捧书在膝前,神情专注,和平;单纯却又充实,朴素却又高贵。这幅《阅读中的女孩》画了五年(1855—1860年),几乎是他的临终之作。就像他对大自然一样,柯罗的少女之爱,爱的也不仅是一个形体,而是其灵魂。这是诗人对一首好诗的呼唤,一个艺术家对最高艺术的想象。难怪有传说:皮格马利翁不喜欢凡间女子,用象牙雕刻出自己理想的女子,在他的热爱和专注之下,她终于获得生命,和他生活在一起。这是一个多么美妙而深刻的寓言:艺术家可以凭藉自己在迷狂中看见的理想世界,诉诸创作,开启一个崭新的现实。柯罗笔下的少女未必存在,但他呈现给世人的理想,会对天下女子构成一种神秘的诱惑与教育,潜移默化地塑造她们的人格,也许最后,她们就真的从画布上站起来,成为了人的现实。

关于柯罗,永远也说不完。他的每幅画都值得细细品味。没有足够的词可以用来形容他,“柯罗”本身已经成了一个形容词,“柯罗的树”,“柯罗的黄昏”,“柯罗的少女”,“柯罗的梦”……但可以肯定:柯罗的伟大之处在于他并不依赖任何解释。他实现了艺术的至高境界:让作品本身说话。不借助任何的流派、宣言、概念,他的作品就像自然本身一样,直接就能动人。他是创造者,也是教育家,他指给我们看人与自然的美,塑造我们的心灵之眼,他创造了一个世界,但这个世界远超出他的画布,成为每个与他结缘者的真实。

揭示人文主义:实践智慧、天赋和后人类政治

蒂莫西·D.哈特菲尔德(TIMOTHY D.HARFIELD)
慕　星(中国艺术研究院艺术学系 博士研究生)翻译

本文旨在探究“后人文主义”的内涵。用这个术语本身作为阐述几种主要误读的关键,并指示几种有可能澄清和阐释的方法,本人想指出理解后人文主义及其界限的关键在于它与人文主义的关系,或者更准确地说,在于它与有限的、不完整的人文主义概念之间的关系。本人认为“后人文主义”这个术语由于缺乏对人文主义传统的整体关注而具有误导性,并且这种缺乏关注还维护了拒绝主义模式,这种模式阻碍了后人文主义思想家们发现人文主义传统中思想家们的兴趣和方法与他们自己有着惊人的相似性,并且这些思想家们的思考可能对后人文主义的阐明和事业发展方向大有裨益。

接下来,我首先将讨论“后人文主义”这个词,以及它自身所隐含的对立面。在这里,我的讨论将以集中在米歇尔·福柯,在提及后人文主义崛起时人们常常援引他关于最近出现且即将灭亡的人类的讨论,但他关于人文主义的真实讨论却看似实际上大量破坏了他一直习惯维护的人文主义。为了证明这个术语不但无用,而且有害,阻碍了人们对人文主义传统的认真探寻,我将通过对当代后人文主义文献的简要回顾对该词进行归纳并总结其关键问题。在此基础上,我将着眼于意大利早期人文主义传统,以此论述其与当代的后人文主义之间的共鸣,举例说明“创造(ingenium)”或“发明”作为一个新颖的、特别有用的概念资源丰富了人文主义传统。这里我将重点讨论埃内斯托·格拉希(Ernesto Grassi)的阐释,他将维护文艺复兴人文主义反对马丁·海德格尔反人文主义的偏见作为事业。审视后人文主义和意大利早期人文主义之间的共同点,是为了捍卫人文主义传统,同时阐明后人文主义的前景。如果能够证明人文主义的某些形式与后人文主义是兼容的,那么后人文主义的问题根源则并非来自人文主义自身,而是别的什么,后人文主义者有责任追根溯源,诊其所疾,以便融会贯通,砥砺革新。

什么是后人文主义?尽管近来认同后人文主义观点的思想家数量有所增加,但“后人文主义”一词还远未明确。根据沃尔夫(Wolfe)的说法,后人文主义产生了数量繁多的“不同甚至自相矛盾的定义”(2010:xi),这意味着它处于一种前范式(pre-paradigmatic)阶段,但它也为使其基本主题、问题和技术规范化建立了足够空间。然而,与

沃尔夫相反,我认为这种歧义建构了"后人文主义"一术语本身,以这样的方式使其定义达成一致几乎是不可能的。其原因是,这个术语即刻需要一个否定定义,即任何是后人文主义的,它首先不是人文主义。然而,不管这种否定的假设,人文主义本身并不是一个稳定的参照,并且这一概念的任何不稳定,都必然加剧它的否定。

"后人文主义"一词的作用在于将其追随者定位为反对"人文主义"。正如我们从福柯那里学到的,他的观察发现"在十八世纪末之前人类不存在"(Foucault 1970:308)并且"人们可以肯定地认为,人将被抹去,就像海边沙滩上画出的一张脸"(Foucault 1970:387),这些奠定了后人文主义基石,然而"后人文主义本身太柔弱,太多样化,太不一致,不能作为思考的轴心"(Foucault 1984:52)。事实上,对于所有福柯自己的后或反人文主义,"人文主义"是一个在他的著作或演讲中鲜被提及的概念,而且当它被使用的时候,几乎完全是以复数形式完成的。

在《词与物》(*The Order of Things*)中,福柯仅五次提及"人文主义"。然而,从这几个稍纵即逝的评论中,可以从他的描述中挖掘出三个重要特征。首先,福柯没有将人文主义作为一个超历史的概念,而是坚持使用人文主义的复数形式(humanisms)。其次,当他以单数形式提及人文主义时,他总是将其视为一种特殊的历史案例。例如,他将文艺复兴"人文主义"(1970:318)和我们的人文主义区分开来。最后,福柯谨慎地将他所批判的现代人的形象与人文主义区分开来:"在现代经验中,在知识中建构人的可能性以及仅仅在认知(episteme)领域中出现的这个新形象暗示着一种从内部思考的必要性;在官僚主义的历史中,无论是以伦理学、政治学、人文主义的方式承担起西方命运职责,还是仅仅只是履行意识,都无关紧要。"(1970:327)这段话的重要意义在于:它暗示人文主义实际上并不是一个决定知识特征的一个重要因素,尤其是现代知识特征。相反,人文主义本身是一个中性概念,其特有的知识内容是由其他因素决定的。在现代知识领域,是人决定了人文主义的形式,而不是人文主义决定人。因此,将福柯在《词与物》一书最后具有煽动性的言论视为反人文主义是错误的。

正如我们思想的考古学所轻易显示的,人是近期的发明。或许正接近其终点。如果那些组合如同他们的出现一样那样消失,如果此刻我们只能感知他的某些事件的可能性—不知道其未来的或者它所承诺的形式—将导致那些组合崩溃,正如在18世纪末古典主义思想的基础所经历的那样。那么人们可以肯定地认为,人将被抹去,就像海边沙滩上画出的一张脸。(1970:387)

把福柯关于最近出现与即将灭亡的人的讨论与任何反人文主义的倾向混为一谈是错误的。福柯关注现代认知领域中的人文主义,但仅仅只在它反映一种特殊的(和负面的)人的形象时。因此,事实上福柯根本不需要关注人文主义。这就是为什么《词与物》中甚少谈到人文主义,以及人文主义为什么从未被定义更不用说明确地反对了。

1984年,福柯做了一个有关康德的"什么是启蒙运动?"的讲演,其间他作出了他关于人文主义最明确的一番评论。这里,福柯清楚地将人文主义与启蒙运动区分开来。与启蒙运动相比,它产生于复杂历史环境中,与欧洲社会发展的特定时刻有关,福柯说,人文主义"是完全不同的。与其说它是一个主题,不如说,它是一系列主题在欧洲社会随时间屡次重现;这些主题,总是与价值判断相关联,在其保存的内容上和价值上显然都具有极大差异"。(Foucault 1984:52)这是福柯提出的最接近人文主义的定义,总的来说,其最终仅是一个无法达成一个清晰的人文主义概念的陈述。换言之,人文主义的重要意义不在于其概念本身,而在于人文主义从人的个体性观念(它表示一种特殊的认知)中获得其特征,并为这种观念提供支持。

于是,一方面,与那些将福柯视为反人文主义者相反,①福柯为我们提供了他与人文主义的兼容性的明确声明。对福柯来说,人文主义像变色龙一样,随流行的形而上学而改变颜色。因此,不应该拒绝人文主义本身。另一方面,人文主义概念的不稳定性使其不宜成为反思的轴心。这种说法解释了福柯作品中相对缺乏人文主义讨论的原因,但它也在大大削弱了将福柯解读为一个反人文主义者的企图。如果人文主义是一个如此广泛且前后矛盾的概念,以至于它作为一种分析范畴毫无用处,那么以人文主义作为主要参考的反人文主义又何尝不是呢?

为了让后人文主义能够被理解,那么就必须误读人文主义传统,将其还原为一个混淆人文主义与哲学人类学的具体现代案例的特征。由于人文主义是一场运动,其传统远超现代认知的人类中心化,而最终怀疑的是"人"这个概念作为一个能动的自动的行为者,所谓后人文主义也许被说成是一种愤世嫉俗或者后人类学(尽管每个术语都会带来各自的困惑与担忧)更合适。

可能有人会说,这只是一个语义问题,无论"后人文主义"被说成什么,其概念上和伦理上的关注都保持不变。然而,从某种程度上说,这个标签更加普遍地误解了人文传统,我想表明这是几个更深层次概念问题的表征。首先,且最显而易见的,需要纠正的是,后人文主义整体上倾向于认为,人文主义不仅仅是漏掉了几个,而是忽视了所有对于早期意大利文艺复兴出现具有重要作用的核心思想家。其次,如果后人文主义者彻底反对人文主义传统,则是排斥从历史中寻找大量思想资源的可能性,而这些资源有可

---

① 将福柯视为反人文主义者的一个关键文本是南希·弗雷泽(Nancy Fraser,1994)的"米歇尔·福柯:一个'年轻保守派'?",其中她回应哈贝马斯认为福柯是绝对现代性的批判者的解读。弗雷泽认为哈贝马斯错把部分当成了整体,福柯实际上更广泛地关注"福柯称之为'人文主义'的实践和话语体系"(1994:180)。

能帮助他们解决后人文主义定义中的描述和伦理问题。从学术效率的角度说,这种对历史的排斥可能使我们不得不做无用功,更会导致对所有材料的排斥,而这些材料可能对于了解当下的讨论以及制定研究议程格外有用。最后,也是更重要的,我担心这种对人文主义的彻底否定有可能会使许多后人文主义者寻求解决的问题持续下去。这种对传统的彻底否定,反映出一个事实,那就是后人文主义坚固地根植于启蒙理性。

正如沃尔夫(Wolfe)所述,后人文主义并不代表对启蒙运动的彻底否定,而是追随福柯,继续恪守"对我们自己永恒批判"的承诺(Wolfe 2010:xvi;Foucault 1984:52)。然而,我们也可以从其对过去的怀疑和拒绝态度中看到后人文主义对启蒙运动的继承。正如霍克海默和阿多诺的所观察的那样,弗朗西斯·培根将知识看作有用信息的积累,这个想法将人类确立为自然的主宰,这对于定义启蒙运动至关重要,"轻视那些用信仰代替知识且不愿遭到质疑的传统拥护者。"(Horkheimer & Adorno 2002:1)确实,可以从以下段落,培根对于书本的价值的著名论断中看出他对传统的蔑视:

> 另一个错误……过去的一些观点或者派别在经过变化和检验之后,最好的那部分依然占上风且压制了其余的观点,这是一种幻想;因此,犹如一个人即将开始一项新的探索,他不过就是发现某个过去的被否定的东西,而否定带来了遗忘:就好像群众,或者说为了群众利益的绝顶聪明的人,并不准备给出片段而是本质而深刻的东西;因为事实是,时间就像条河流,它给我们带来轻的和膨胀了的东西,但是那些重而坚固的东西都沉没下去了。(Bacon 1869,39)
>
> 与那些认为可以从传统中获得某些东西的人相反,培根认为,过去所有最好的知识大部分都必定会丧失,所以,即便是无用功,我们也还是得做。从鼎新革故的角度看一个人与知识的关系的问题在于:它阻碍了人们从过去中调查发现价值的可能性如果人们只是寻找它。然而,不仅如此,它还导致了一种知识方法产生,即经验—演绎优于伦理,理性优于实践智慧。正如詹巴蒂斯塔·维科(Giambattista Vico)的敏锐观察。
>
> [培根]大法官发现了科学的新天地,他可以说是这个全新领域的先驱,而不是我们这个世界的探索者。他的如此巨大需求超出人类努力的极限,以至于他似乎指出了我们是如何无法实现一个完全完整的科学体系,而不是我们该如何弥补我们的文化差距(Vico 1990,4)。

维科注意到,无论经验—演绎的知识生产方式产生了什么有效信息,培根哲学的理性对我们在社会上可能遇到的问题毫无意义。换言之,由于不能对伦理领域的情况进行评估,也无法承认任何形式的实践知识的合法性,启蒙理性不得不严格依照伦理关系自身工具性的逻辑来决定它。与此相反,维科认为,通过回归实践智慧,我们消解了启蒙理性内在的征服欲:“因此,不可能通过抽象的权利这种僵化的标准来评价人类的事物;我们必须用具有适应性的莱斯比克法则(Lesbic rule)来测量它们,这不会让身体与自己统一,而是根据他们的轮廓调整自己”(Vico 1990:4)。在那里科学家试图通过应用某种标准方法论来获得普遍有效的知识,维科的圣哲通过在随时随地做出伦理决策的调整,并在他们尽可能多地投入资源的基础上,来践习实践智慧。

这并不意味着放弃科学方法的明显好处,但这也并不意味着完全否定过去并将之视为原始和无用。就伦理问题而论,需要一种在古老智慧和当代知识之间进行调解的活动,以便解决此时此地的问题。那么,后人文主义的风险是,尽管它对当代伦理问题显示出兴趣,这个名字本身所暗示的否定主义是为了限制它的历史感,拒绝那些对践习实践智慧十分重要的资源,并且以这样的方式缩小其视野实际上是为了迫使后人文主义恪守永恒批判的承诺。

* * *

围绕“后人文主义”这一术语的问题,我将着眼于后人文主义是如何明确定义的,目的是确定后人文主义和人文主义传统实际上有多大程度的不一致。在对其主要关注点和方法进行总结之前,应重申的是,后人文主义充斥着大量的相互冲突的定义。综上所述,对这一学术景观的调查发现了这一术语的两种主要用法。

首先,有一些人对近年来的生物技术进步(包括义肢、基因改造以及处方药)正如何挑战着我们对人类和人类活动极限的想当然的信念感兴趣。这一脉的后人文主义如尼克·博斯特罗姆(Nick Bostrom)①这样的超人文主义者,他用乌托邦式的措辞为克服生物局限性做辩护,作为启蒙运动对理性、自由行为以及人类的可完善性的信念的延伸。

另一方面,像弗兰西斯·福山(2003)这样的思想家指出了以这种方式成为后人文主义的反乌托邦后果,他观察到我们从根本上改变人类本性的能力破坏了一系列对于支持自由民主至关重要的设想。我不想离题,关于这一脉后人文主义我想说的重点是它的主要兴趣是描述性的,鉴别出后人文主义是延伸还是转入人类本性。在这一点上,无论乌托邦还是反乌托邦的观点都无意从根本上挑战人类本性。相反,被视为理所当然的是,这种强大的存在方式的观念可能是人类的,无论更好或更坏,他们感兴趣的是,技术如何以这种方式改变这种存在的模式,以现在的标准来看它可能不再被看作是人类。

---

① 博斯特罗姆在《进化与技术》杂志上发表了《超人文主义思想史》(2005)一文,对超人文主义和超人文主义著作进行了极佳的介绍和回顾。

后人文主义的第二个支系(这里令我感兴趣的是)是反人类的,不是反对人类的某个特定概念,而是反对那些把"人类"严肃地作为一种稳定且有用的分析种类的观点。沃尔夫(Wolfe)把自己从超人文主义传统(或者他称之为"坏的后人文主义")中区分出来,他说"我所谓的后人文主义根本就不是后人文主义—在'后'的意义上我们的具身性(embodiment)就已经被超越—只是后人文主义者,它反对非具身性(disembodiment)以及从人文主义自身所继承的独立自主所抱有的幻想"(Wolfe 2010,xv)。由于这一观点明确表明了与人文主义的对立,我所感兴趣并研究的正是这种后人文主义,为了揭示出其所激烈批判的关于传统的若干设想的不准确性。我开头部分的评论正是针对这种后人文主义,并且在下文中提及的也是这种后人文主义。

后人文主义有相异却相关的两个方面:一方面,是围绕人类中心主义问题的一系列伦理关注,包括我们对物种成员和残疾的设想,但其中也暗含性别、种族和国籍问题。另一方面,是一系列认识论的关注,质疑我们对知识的设想以显示概念的易变性,就像"人类"这个概念一样,很容易被具体化。

作为一种伦理事业,后人文主义见证了它视为教条主义的人文主义的破坏性后果,因而积极参与解决艾蒂安·巴里巴尔(Étienne Balibar)所称的"人类学的普遍性"问题。根据巴里巴尔的观点,人类学的普遍性是教条主义的,持有人性与动物性对抗的信念,不仅将人置于对抗自然的位置上,这样做证明了掌握所有形式的技术的正当性,而且凭借等级思维通过种族歧视和其他偏见实践将人类置于对抗自身的位置上(Balibar 1990:82—83)。在思考与动物相反的人类本质时,巴里巴尔(Balibar)认为我们将自己暴露于某些野蛮的个体和群体的风险中,而同时又肯定了"人类高人一等"的力量。尽管这部分的人类学的普遍性在人类意味着什么这个问题的稳定性上不言而喻,然而从历史上说他们不稳定且不固定,以不同的方式切断与"动物"概念相关的人类自身的经验,但却总是以这样的方式要求普遍性。这意味着,尽管特定等级结构的准确构成可能会随时间变化,但对于人类的概念来说等级制只是地方性的。哪里有等级制,哪里就有统治。因此,后人文主义的一个基本原则是,如果人类不能坚持其所确证的统治模式,那么就没有人类这个种类。

我们将人类视为一种与动物不同并且优于动物的种类,在这个意义上,我们显示了一种同样延伸到人际关系的等级思维模式。后人文主义者的目标在于通过质疑人文主义所设想的人类和非人类之间的基本二元关系来挑战这种思维。凯伦·巴拉德(Karen Barad)解释道:

> 通过"后人文主义者"我想表明一个重要观念,即非人类在自然文化实践中发挥的重要作用,包括日常社会实践和没有人类参与的实践。但除此之外,我所使用

的"后人文主义"反对将"人类"和"非人类"之间的差别视为理所当然,并对这种基本稳定的和固有的类别进行分析。(Barad 2007:32)

努力模糊人类与非人类之间的界限是后人文主义者的一个共同主题,其事实在于我们经历所导致的具身性(embodiment)、脆弱性、暴露性和互相依赖性。一种方法是将人类视为自我再生系统。继瓦雷拉(Varela)和玛图拉纳(Maturana)(1974)之后,沃尔夫认为人类是自我再生的,因为作为生命系统,我们收缩我们的质料的同一性,不是由于稳定的边界,而是在生产和繁殖的过程中通过我们积极参与(甚至在细胞层面上)和暴露于我们的环境,并以这样的方式,为了我们的质料利用和持续分有我们的环境。换言之,这种质料边界在空间上决定了一个生命系统的同一性,这只是在他们承认质料在围绕自身持续流动的意义上这样做。此外,在一个给定系统中生产和繁殖的必要过程只能在它们与其自身之外的网络和系统参与的意义上发生。最后,重要的是要注意到将生命系统与其环境分离的拓扑学意义上的细胞膜不需要保持恒定不变。达成统一不在于扩展边界的维度,而在于边界的存在。观察卢曼(Luhmann)将这种自我生产内容扩展到心理学和社会系统的途径,沃尔夫阐述了他的"从封闭中开放"原则(Wolfe 2010:15),认为我们不可避免地与我们的自然和社会环境联系在一起,边界完全不是代表着分离点,实际上是接触点揭露了我们外在的依赖关系。

换句更有说服力的话说,堂娜·哈拉维(Donna Haraway)写道"有机体是基因生态系统,是公会、共同体,以及部分消化的晚餐,是凡人的界限的构造。甚至街道上的玩具狗和肥胖的老太太都是这样界限的构造。从'生态学'研究它们就能表明"(2008:31)。后人文主义者声称,对我们具身性和质料性的关注,揭示了自主行动和等级世界观的理念的不准确性。我们是系统的系统,相互依赖的网络与其他相互依赖的网络互相作用,在跨越流动界线的永久关系通过将我们暴露于我们的环境中保存我们。认真对待这个解释的伦理结果不再可能有舒适的生活。生态思维(与等级思维相对)突出了我们的责任,通过将我们的注意力引入一个事实,即我们的关系要求我们忍受一种既不可避免又不合理的决策。哈拉维用消化不良来比喻这种情况:

> 为了吃饱则不能不杀戮,为了吃饱就不能不和其他人类一起生活,不能假装无辜、超然或者最终的和平。(2008:295)

一方面,后人文主义者积极参与伦理事业,挑战人类学的普遍性以及由此产生的掌控和统治的关系。然而,另一方面,后人文主义者也认为这个伦理项目是不完整的,而且也未参与到一个挑战我们对理性思维的结构、限制和合法性设想的认识论事业,因此注定失败。从这个角度看,从事动物研究、残疾研究以及类似领域研究的思想家都参与了重要的事业。在某种程度上,他们的思维方式与他们所反对的统治模式是相同的,然而,除了表面之外的任何变化都不大可能。

对于许多后人文主义者来说,我们只能通过重新认识情感和想象作为合法的思维方式来克服对等级化的偏好。首先,由于他们对暴露性和脆弱性的强调,以及他们对破坏严格的经验—演绎知识方法的冷酷工具的兴趣,后人文主义者对将感情重建为思想的合法方面充满了浓厚的兴趣。当我们放弃将所有真理主张都涉及理性的义务时(尽管理性本身无法确定其自身的第一原则),我们都对我们的同胞展开了同理心和强烈的同情心。正如德里达所观察到的那样,对于与"动物权利"讨论相关的所有概念问题,这一运动指向了超越仅仅在概念层面的某种经验。

为了回应不可抗拒但又不被认可的释放以及有组织地否认这种折磨,人们发出声音——少数人、弱者、边缘人的声音,他们的话语几乎没有保证,他们的话语权以及合法的话语制定,作为抗议的权利宣言,为了上诉……仍然以动物权利这样一种有问题的形式呈现,以唤醒我们关于普遍生活的责任和义务,正是出于这样一种基本的同情,我们认真对待它,即使是最基本的也要改变……关于动物的哲学问题。(德里达 2002:395)

事实上,这种同情心,这种先于理性又常常被理性遮掩的感觉,已经被最近的动物研究证实了。正如弗兰斯·德·瓦尔(Frans de Waal,2009)最近观察到的,对人类和动物行为的研究越来越多地证明了霍布斯是错误的。无论是我们人类还是非人类动物都不具有根本上的竞争性和理性利己主义,而是分有一种普遍的合作本能,这种本能前意识地运行以同理心的形式体现。镜像神经元的发现(2009:79),以及对诸如前关注(2009:95)、情绪感染(2009:67)和体验认知(2009:60)等类似现象,这些现象作为我们具体经验的延伸,以及作为我们与非人类动物分有的现象,作为同伴,引起了人们的关注并让我们情感生活的重要性重获信任感。这些观察的结果是我们不仅仅在思考事物,而且还在感受事物,而这些感觉,我们自己感伤的部分,是我们思考我们自己与我们的人际关系的重要基础。

随着这种情感上重获的信任也努力重建更具富于想象的知识模式的合法性。科拉·戴蒙德(Cora Diamond)认为,想象力是知识生产的一个关键部分,它是同情的可能性的一个条件,因为在想象力的帮助下我们到达了自己和他人之间的同情之地。因此,想象力使我们对他人的痛苦感同身受:"他人的道德期望在某种程度上要求我不同于动物;我们发挥想象力地解读动物,就好像当我们想象素食主义的时候仿佛遇上了奶牛的眼睛。那并没有什么不妥;但是试图保持那种反应并破坏它的基础是错误的"(1991:333)。戴蒙德在这里所说的意思是,想象力往往是克服人类与动物之间鸿沟的必要条件,以达到一种与动物感同身受的同情心。我们遇见了奶牛的眼睛,想象它们拥有人类特性。然后我们将屠宰和吃人的不适感,同样应用于奶牛身上并感到厌恶。在戴蒙德看来，只要我们将其严格地视为一种工具，一种旨在扰乱我们通常利用其他生命方式的修辞策略，就没什么不妥。事实上，甚至努斯鲍姆（Nussbaum）也指向文学话语的重要性，当她观察到如何"想象动物的生命并使它们以一种初级的方式真实地向我们呈现，作为潜在的正义主体"（2007:355）。作为一种修辞策略，想象力是其中重要一项，因为它使我们摆脱了与动物的想当然的关系并迫使我们重新思考平等对待动物。然而，正如戴蒙德所坚持的那样，虽然这是一个重要的开始，但我们不能在这里结束，以免我们维持人类和非人类动物之间的分界线。把动物当作人类来思考并不是真正的同情，因为它往往取决于动物实际并不存在的属性。第一次情感反应之后，这可能是由想象力产生的，我们所需要的是跟随它到"它的基础"，这种基础在于我们与其他生物一样终将死亡。

然而，鉴于我对早期人文主义传统的兴趣，有可能最相关的是对修辞学重新燃起的兴趣，它包含了后人文主义思想的情感和想象两个方面。在斯坦格（Stengers）看来，断裂是科学史的关键阶梯，不仅仅来自神话，还来自诡辩："因此，理性话语自初起，便指出它的'他者'，这些派系一方面躲避验证，另一方面，开拓自由—对于那些已经逃离神话的人—证明一种观点（或相反）"（2010:2）。斯坦格严重依赖于德里达的名篇《论药（*pharmakon*）》（1981年），他认为无论个别智者派持何种立场，自柏拉图以来，智者的形象代表着这样一种人，他依赖某种使他具有可塑性的观点，他的陈述会根据上下文而变化。作为一种形象，智者十分焦虑，因为在没有担保的情况下，他的演讲中没有任何可以确保他主张真假的内容。就像药一样，一种药既无毒也不能治病，但是也可能是在知识不完备的情况下依据它所处方的具体情况，智者的演讲既非真理也非谬误，但也依据其所表达的上下文。正是在智者的形象中，排中律是不成立的。

作为柏拉图（2010:29）的"现代"继承人我们开始期待某种知识，至少是某种知识的可能性，建立在一种客观可验证的经验现实的直接关系上。这样的期待已经明确地以科学所教授的方式得到了证实，脱离了科学实践"所实践的"（2010:35）。在柏拉图的传统中，现代科学将自身与其他的，更为诡辩的知识生产方式相分离获益，也从自身实践出发，这些实践本身也具有一定说服力。在某种程度上，科学知识的合法性是通过否认环境因素和修辞手法来实现的，而这些都对它的第一原则负责，科学"并不意味着与战争的宗教导火索有明显的区别，指出救赎之道，谴责罪恶和盲目崇拜"（2010:25）。斯坦格接着说，"尽管科学证明声称会区别客观证据和主观说服力，但他们总是暗示着少许说服力。那么，我们可以得出结论，药拒绝被排除在外，它栖居于堡垒的心脏，这个堡垒本该保护我们免遭不稳定性"（2010:30）。

那么，后人文主义获取知识的方法与知识生产方式没有多大变化，但是他们诚实对待科学观点形成所涉及的情感和想象因素。换句话说,所有知识都是推测性的,所有事实都声称它们是不同程度的真理依赖于它们诉诸的具体情况。因此,最诚实的认识论的立场,也就是后人文主义的立场,是"非相对主义智者"(2010:31—32)。非相对主义的智者积极并创造性地生产命题,这些命题在特定的情况情势下客观运作,并涉及一系列问题。拉图尔(Latour)将这些命题称为"事实拜物教",是为了在特定的环境中运行而产生的,因此在某种程度上是真实的,但他们也缺乏超越性(因为他们仍然与他们的作者和所处的环境密不可分)和提供保障的能力(因为他们没有资格成为工作解决方案之外的任何东西)。对这些命题提出的问题不是"他们是真的吗?"(一个本体论问题),而是"它们在此时此地有用吗?"换句话说,非相对主义智者肯定相对真理,这意味着他们"并不满足于仅仅承认真理的相对性"但是却不断参与到要求代表着真理的发明行为中,而同时承认那些要求总是地方性的和相对的(2010:11)。回顾维柯关于伦理知识的劝诫,后人文主义受到实践智慧问题的支配。

科学知识的产品是易变的。他们不仅仅把生态学当作自己的对象,而是发生在生态实践中,它揭示了深刻的相互依赖感,这违背了关于客观知识的柏拉图式理想的神话假设,而等级化即对这种知识的获取特权意味着:

> 那么,生态学家所研究的生态环境与那些力求以"生态价值"为名义进行斗争的生态环境之间没有实质性的区别,正如每当寄生关系转化成共生关系时产生的,或者当一种过于有效的破坏其宿主的寄生虫被消灭时,生态学讨论核心的价值观、评价和意义也没有实质性的区别。事实上,地球上几乎没有一个生态环境可以让人类对不同的自然"产物"所赋予的价值促成非人类生物之间的关系。

总而言之,后人文主义是由两种关注推动的,这两种关注是不可分割的:一种是伦理的,另一种是认识论的。在伦理方面,后人文主义者积极地挑战与人类学的普遍性相关的问题,以及当人类与非人类区别开来时产生的统治模式,并根据道德上相关的标准进行等级安排,其中最重要的是传统意义上人类的理性能力。然而,当理性相关的认识论主张被询问时,当我们参与科学知识生产的实际过程时,后人文主义者认为我们发现自己被剥夺了获得真理特权的自信。诚实对待建构所谓客观知识所使用的修辞策略,关于我们描述的偶然性,以及作为我们所研究的生态学中的同一物种的我们的脆弱性,使得以某种方式挑战人类学的普遍性成为可能,否则是不可能的。

* * *

后人文主义之所以如此命名,是因为它将人文主义视为其所涉及的伦理和认识论问题的根本原因。后人文主义者反对将"人文主义主体"这一特定概念视为"彻底自由并通过自我决定和直接进入它的自我意识而构成"(Barad 2007:45)。在这一点上,后人文主义者批评人文主义传统没有认真思考知识生产的实际过程，而是坚持认为“人文主义所用的哲学和认识论框架试图实现[它的以人类为中心的承诺]再现那种规范的主体性—人类的一个特定概念—它首先歧视非人类动物和残疾人（Wolfe 2010，xvii）”。然而，正如我已经指出的那样，后人文主义者“人文主义”的观念实际上已经非常简化，整体上显露出缺乏对人文主义传统的理解，并且以一种可能掩盖其他相关问题根源的方式使人文主义成为替罪羊。然后，在本文的剩余部分，我想提供一个早期意大利人文主义的叙述，一种与后人文主义观点高度共鸣的人文主义。在这一点上，我同意福柯的观点，即人文主义过于多元化不能作为反思的轴心。尽管如此，人文主义传统仍有价值。一方面，它代表了相关概念资源的来源，因此践习实践智慧是必要的。另一方面，仔细研究人文主义传统使我们能够更好地辨认出人类学普遍性（其中后人文主义至关重要）的其他可能来源。

对人文主义的共识，一种似乎在后人文主义思想背景下的有效理解，概括如下：

人文主义：（积极地）要求人性的核心观念或普遍基本特征，据此人类可以被定义和理解……人文主义把历史当作人类思想和行动的产物，并因此宣称“意识”“行动”“选择”“责任”“道德价值”等范畴对其理解是不可或缺的。（Soper 1986：11—12）

然而，这听起来也许很矛盾，但这些定义中所暗示的人类中心主义并不是人文主义传统的本质特征。正如克里斯特勒（Kristeller）告诉我们的那样，人文主义（Humanismus）一词—最初是由奈瑟默（F.J.Neithammer）在1808年杜撰的，用以强调希腊语和拉丁语中等教育的需要，以平衡增加的实用科学训练的需求—最终来源于文艺复兴术语人文研究（*studia humanitatis*）（Kristeller 1979a：22）。到15世纪早期，人文研究代表了一系列明确定义的学科，每个学科都涉及道德和公民生活，并被按照定义将逻辑学、自然哲学、数学、天文学、医学、法律、神学还有形而上学所排除（1979a：23）。由语法、修辞学、历史、诗学和道德哲学组成。

文艺复兴人文主义并不是一种哲学倾向或系统，而是一种强调和发展一种重要但有限的研究领域的文化和教育规划。这个领域的中心是一组既不涉及古典学，也不涉及哲学，但可能被大致描述为文学的学科。（1979a：22）

那么，意大利文艺复兴的人文主义并没有以一种特定的规划或一致的立场来对待人类的本质。然而，出现在这一时期的人文主义如同一种教育运动将研究领域纳入从前不存在的课程中，但这十分重要，因为实际上他们代表了人类关心的领域，那些致力于阐明世界严格的自然法则的学科无法表达的道德和公民生活领域。在这一点上，观察到人文主义者的兴趣既不是明确的也不是基本形而上学的很有意义。他们对基于本质定义的系统建构毫无兴趣，反对僵化的亚里士多德式逻辑学和形而上学，支持强调更主观以及与情绪、交流和历史相关的拉丁文学和修辞传统。根据克里斯特勒(Kristeller)的观点,文艺复兴的人文主义不是一种哲学上的努力,更不是形而上学,甚至将形而上学从其学科领域中排除。15 世纪早期的人文主义者关注语言的政治功能。这是一个重要的观察,因为它直接与后人文主义的设想相矛盾,即人文主义是与关于“人”的本质性的和行动的观念相分离的,这一设想是海德格尔努力提示的。

根据 20 世纪的现象学家马丁·海德格尔的观点,西方传统思想史一直被柏拉图的作为实体的存在观念所困扰。问题是,这样的概念用以在存在者之间梳理清晰的边界,并以这样的方式迫使他们等级化排列。这样看来,思考的任务变成模仿,一个通过逻辑推理发现客观秩序的过程。然而,这个叙述未能认识到的是,存在并不是一种先在于我们而有待发现的事物,而是作为有意义的活动的结果而存在。正如海德格尔在《存在与时间》(1962 年)中所解释的那样,从边界物质的意义上说,人类不是具有本质特征和特点的实体。相反,他们的特点是关注。他们是被抛入一个他者的世界中,由于此刻解决问题的活动(这个活动根据人们过去的经验和计划的未来)让这个世界变得可以理解。正是由于这个原因,海德格尔更喜欢 Dasein(字面意思是“此在”)这个词,而不是“人类(the human)”。

根据海德格尔对此在的描述,他会批评人文主义是可以理解的,因为人文主义是一种积极地延续一个强大的人类本质主义概念的传统。事实上,在《存在与时间》出版 20 年后他出版的《人文主义信笺》上,海德格尔断言“每种人文主义要么是将某种形而上学作为基础,要么就把它自身变成一种基础”(Heidegger 2008:225)。然而,正如我们从人文主义的历史中观察到的那样,形而上学不是人文主义的本质特征,事实上,人文主义最初是作为形而上学的回应出现的,在更多关注个人、社会、政治问题的文学和修辞的指引下,15 世纪早期的意大利人文主义者提出了与海德格尔本人相同的问题。

在人文主义与后现代主义之间建立联系的关键人物是埃内斯托·格拉希(Ernesto Grassi)①。他出生于米兰,沉浸在意大利文艺复兴的传统中,格拉希也是马丁·海德格尔的学生和朋友。尽管格拉希对海德格尔深表敬意,但他们仍对人文主义的本质和价值进行了持续的争论。一方面,海德格尔认为“拉丁哲学仍在传统的关于存在的形而上学的框架内”(Grassi 1988:XIII)。然而,另一方面,尽管格拉希是第一个发表海德格

① 格拉希对文艺复兴人文主义的解读是边缘性的,没有被公认的权威们广泛接受。然而,就本文而言,格拉希观点是否流行无关紧要。在格拉希看来,我们大多数人都有一位热衷于对哲学史进行公正评判的思想家,因为如果没有这一点他就无意捍卫人文主义抵抗长期存在的偏见。可是,我们也看到一位专注于保持哲学史相关性的思想家:“我们也必须从人文主义今天的哲学意义及其重要性的角度来看待它。否则,人文主义研究对我们没有任何意义”(1983:9)。不管我们是否同意格拉希对人文主义传统的解释这都很重要,因为它阐明了参与传统带来的丰硕成果,这是我们常常忽视的方面。

尔《人文主义信笺》(1988:XIX)的,但是他坚定地认为,海德格尔不仅没有理解文艺复兴传统的独特性,也没有理解它的哲学相关性。在这一点上,格拉希指责海德尔格成为长期以来对人文主义偏见的牺牲品,这种偏见将其与一种幼稚的神人同形论混为一谈,并以某种方式阻止他研究它的当代相关性(Grassi 1983:17)。由于格拉希"从今天的哲学意义及其重要性作为起点"(1983:9)看待人文主义①,以及他对反人文主义问题的明确回应,使人文主义思想和后人文主义思想之间有了明显的联系,格拉希在此成为一个重要的资源。

根据格拉希的观点,"菲奇诺(Ficino)在15世纪末对柏拉图的翻译,以及它所引发的思辨形而上学的柏拉图主义和新柏拉图主义导致了人文主义哲学方法的断裂"(1983:9)。换句话说,与西方形而上学相关的问题,包括人类中心主义的问题,这并不是人文主义所导致的,而是柏拉图的再发现。正如克里斯特勒所观察到的那样,早期人文主义者对希腊语了解有限,再加上有限的拉丁语柏拉图文本,以及挖掘拉丁经典的极大兴趣,意味着直到15世纪才忽视柏拉图主义。尽管15世纪上半叶开始出现了几种不同的柏拉图译本,但直到15世纪末马尔基奥里·菲奇诺(Marcilio Ficino)将柏拉图和普罗提诺(Plotinus)完全翻译成拉丁语,柏拉图主义才得到复兴。人们强烈倾向于将菲奇诺开创的新柏拉图主义传统视为一种单一人文主义传统的延伸。然而,在格拉希看来,"人文主义"指的是哲学史上一个短暂的时刻,在此期间柏拉图暂时被遗忘,"这场以意大利思想为特点的哲学运动从14世纪下半叶持续到15世纪后三十年"(1983:9)。换句话说,支配西方哲学传统的有害的形而上学不是真正的人文主义,而是披着人文主义外衣的柏拉图主义。事实上,关于动物问题,值得注意的是,首先出现的主题是人类对动物的支配,这不是人文主义带来的,而是形而上学思想所引入的。这不是为了人类公民和道德生活利益的兴趣,而是柏拉图形而上学引入所带来的等级化,这标志着区别于自然的人类身份出现,凌驾于其上并与之对立。正是由于菲奇诺的柏拉图主义,我们首先将人视为自然的主人,其目标是支配所有元素和动物(Kristeller 1979b:173)。

从伦理角度来看,格拉希意义上的人文主义与后人文主义在挑战人类中心主义的物种关系上的兴趣是一致的。这不是因为他们有共同的关注点,而是因为它是人文主义所缺乏的关注点。在柏拉图形而上学的广泛接受之前,人文主义者认为除了与自然不可分割的关系外,没有必要考虑人类的身份。在这一点上,人文主义有助于确认后人类主义者的直觉,即伦理学与认识论不可分割;人类中心主义问题不是原因,而是一种

① 本文采用了格拉希本人使用的一种惯例,将格拉希人文主义的概念大写,避免混淆,以区分其他概念。

特定的思维方式的症候。接着,人文主义者占据了斯坦格的智者的地位。如果我们设法克服反人文主义者的偏见,那么文艺复兴人文主义者不仅支持斯坦格关于柏拉图主义对西方科学影响的观点,以及她对恢复诡辩的倡导,同时也为我们提供了非柏拉图(即后人文主义模式)思维方式可能的具体例子。

在格拉希看来,真正的人文主义思维方式从根本上是修辞的,由隐喻驱动,并有三个主要特征:情感,想象和天赋。

根据格拉希的说法,人文主义思想的核心是对理性①言论局限性的认识。实质上,这个问题是首要原则之一。一方面,理性思维方式通过证明的演绎过程进行,以达到超越和有保障、无条件且明确无误的知识。然而,这种思维方式的问题在于:它无法证明它所依赖并作为基础的首要原则。那么,我们如何达到首要原则呢?格拉希说,答案是首要原则的确立涉及信仰,由于信仰必然存在于知识体系的基础上,也贯穿始终。在亚里士多德看来,这些原则—所有或一些—必须比其推导出的拿出更多信念。他通过实证达到某种知识必须……了解并相信这些原则达到一种比从他们得来的更高程度(Anal Post 72a37;Qtd.in Grassi 2001:26)。那么,每个理性知识系统的可行性将受修辞言论影响,这种言论通过诉诸 *logos* 和 *pathos*,理性与情感来激活信仰。

修辞技巧,作为说服的艺术,它形成信仰,构成情感框架,产生了张力,在这种张力中所处理的话语和问题及其所讨论的行动都获得了他们充满激情的意义。它创造了一种张力,通过这种张力,观众逐字地被"吸入"作者设计的框架中……作为一个充满激情而非完全理性的存在,人类需要情感话语。(Grassi 2001:26)

知识体系是一个有意义的对象的世界,他们富有意义因为他们对我们很重要,这些对象对我们很重要因为他们直接或间接地引起某种感情。因此,这是一个伤感的词,把世界变为存在。为了支持这一点,格拉希经常提及乔瓦尼·庞塔诺(Giovanni Pontano,1426—1503 年),他写道:"诗歌语言以赞美的方式揭示一个世界,它能够从所有其他感觉中引起一种悲悯。"根据庞塔诺的观点,正是赞美,或是惊奇,首先把世界变为存在。一方面,这是有疑问的,因为诗意语言开创了一个不同于它的世界,但也是因为独特的情感内容而是个体化的。然而,另一方面,诗意言语也被显示成"事物本身固有的"(Qtd.in Grassi 1983:56)。正如格拉希所解释的那样,对于庞塔诺而言,诗化言语绝不是主观或任意的,而意为特定时间和地点的关系与可能性。诗化语言通过单独突显时

---

① 我在这里所指的是理性言论,格拉希称为理论言论。我选择这样做是为了保持作者之间的一致性。然而,应该指出的是,格拉希对"理论言论"这一术语使用有特殊含义,明确参考了亚里士多德理论概念,这一概念在《尼各马可伦理学》中涉及一系列认为知识是必要且永恒的理智德性。与理论德性相反,实践德性—实践智慧和技艺知识—总是承认其偶然性,因为它们涉及人类活动。

间和地点产生惊奇,在面对其特殊性时产生焦虑,并迫使个人进入必须重新创造他们的新世界的位置,以一种此时此地有意义的方式。根据格拉希的观点,人文主义思维方式的第二个特征就是想象力。

指示性或暗示性语言提供了证据成立的框架……这种语言立刻成为一种“表演”—因此“比喻”或“想象力”,这在最初的感觉“理论”[*theorein*-即去看]。它是比喻性的,也就是它展示出某种具有感觉的东西,这意味着对于形象而言,对于其所显示的,语言会转化为一种意义;通过这种方式意识到这种展示“带至眼前”的语言—意义。这种语言是且必须在其中构成一种想象性语言。(2001:20)

对第一原则功能所必需的修辞思想必须诉诸情感,因为这仅是诗化语言的感伤方面赋予开创一个世界的重要力量。然而,这种情感内容本身并不充足,而是需要媒介。由于理性仅能传递和阐释已经建立的信念,第一原则只能借助想象力,以隐喻的形式建立。与 Pontano 一致,情感品质使理性过程成为可能,乔瓦尼·皮科·德拉·米兰多拉(Giovanni Pico della Mirandola)(1463—1494 年)说:“他们不动,不信,但他们迫使,搅动,他们在你身上强加一股力量,那些法律语言,粗浅的词汇,但鲜活、有生气、发光、尖锐,渗透进灵魂深处,通过一种奇妙的力量改变人”(Qtd.in Grassi 2001:60)。这里我们看到了修辞语言中情感的第二个特征。一方面,它通过突出时间和地点的特殊性来唤起奇迹。另一方面,它以适用特定时间和地点的实际结构的内容分别打动我们。内容通过想象力达到,这有助于调解具体的、特殊的、给定的此时此地,知识分子需要图像来完成其工作。想象力是一种力量,代表着一种稍纵即逝的感官刺激:“对于满足感官的东西,任何事物都是物质的,因为它可以通过其中某种感官区分,传播自身的形象和相似性,是非物质和精神本质的模仿”(Qtd.in Grassi 2001:61)。这样做的结果是,人文主义者没有一种观念认为知识的任务是达到事物本身的超然认识。相反,我们的知识是想象力的产物,它能从我们的经验中分辨相似性和模式,以便对我们此时此地活动紧迫问题作出明智的反应。应该注意的是,这两种修辞能力的任何一种都不能体现出人类与动物是不同的。这种情感对于人类和动物都很常见,这是自柏拉图和亚里士多德以来所公认的,但是皮科也提出了一个强有力的主张,认为“没有活着的人朝向未知”(Qtd.in Grassi 2001:61)。换言之,在原本不相干的感觉经验中辨别模式和相似性是在环境中本能的行为和交流能力的必要条件。

在这一点上,格拉希人文主义的解释与后人文主义思维方式有很强的相似性。人文主义和后人文主义都怀疑超验知识的主张,并指出情感和想象力对建立第一原则的重要性。然而,格拉希关于人文主义思想的第三个特征,如果缺席后人文主义对话,那么可能会对当下的讨论作出积极贡献:天赋或发明观念。

想象力作为修辞思维的基本特征生产事物,与想象力不同,天赋则是在事物之间形成关系的能力。正如詹巴蒂斯塔·维柯(Giambattista Vico)观察到的那样,“认识的特殊能力取决于天赋,在它的帮助下,人类收集那些没有天赋,相互之间好像没有任何关系的事物”(Qtd.in Grassi 2001:45)。如同想象力,天赋是一种创造能力,就像情感一样是个体性的。然而,不同于情感发生在当下,想象力收集过去,天赋朝向未来,将对象聚集在一起,将他们置于一种新颖的安排中并形成一种回应。与培根的科学方法所倡导的那种理性相比,通过事物的使用来发现事物意义的能力,天赋强调“适应性”,“敏锐性”和“瞬间性”的特征。这种理性使认识者凌驾于自然,并与其对立,是一种支配与掌握的关系,与之相反,天赋强调了在一个具体情境中认知者作为其中回应性这个部分的重要性。

从语言的角度来看,格拉希认为,我们可以从莱昂纳多·布鲁尼(Leonardo Bruni,1370—1444年)中看到一种将语言从僵化的理性中解放出来的渴望,这种渴望不仅是转移对事物本质的关注,也转移对人类主体支配地位的关注:“词语的意义既不是源自人类的主体性,也不是来自生命的相对性,而是源于人在不同的情景中所必须面对各自的变化诉求”(1988:23)。因此,在格拉希的阅读中,天赋不是人类的回应能力,而是回应本身,是一种对情境的确认和在活动范围内作出回应的义务。它不会与空间或时间分开,但必须敏捷、多用途、快如闪电(1988:23)。

天赋也不同于理性,因为它不是一种人类独特的能力。正如格拉希指出的,该术语的词源揭示了与自然的密切关系。[①] 此外,格拉希观察到,“在拉丁文传统中,‘天赋’一词用于一般动物的行为和人类活动”(1988:68)。胡安·韦弗斯(Juan Vives,1492—1540年)的著作进一步强调了这一点,他认为,天赋既是自然也是回应其要求的力量。正如格拉希的总结:

> 根据韦弗斯的说法,人类创造了他的世界,但只有在他对“必要”所引发的问题作出回应的时候。人类不是孤独的主角,也不是专职的历史缔造者;他是面对“要—求”经验的“回—应”。韦弗斯不是为我们提供人类学,而是一种呈现形而上学问题的新方式。(1988:70)

在人文主义所有的概念中,天赋是最强大的,不仅因为它在修辞思维方式中所占据的中心位置,而且还因为它能够证明非人类中心主义的人文主义可能性。作为一种力量,它甚至是经验—演绎思维的基础,但它是所有生命共有的,是对此时此刻特殊需求

① 正如格拉希所解释的,天赋源自拉丁语 gignere,意思是生成或带来。自然来自于 nasci,意思是出生或出生(1988:68)。

的回应，它与等级倾向和人类中心主义势不两立，这两者是柏拉图形而上学兴起的结果。它也与斯坦格所坚持的相对真理的断言有着强烈共鸣，因为它既主张具体情况的易变性，又维护回应的真实性，作为一种适应形势以使世界成为现实的有意义的活动。意识实现的历史方面不会永远奏效，没有绝对“真理”因为他们总是在特定的情景特定的空间和时间中出现，也就是他们似乎好像是真的，仅仅在“此时此刻”人类面临需要和问题时才是真的。（2001：10）

将天赋作为理性的替代，或者至少作为其基础，正如后人文主义者所主张的那样，有助于强调我们的相互关联性、暴露性和脆弱性。格拉希对人文主义的描述通过验证斯坦格关于柏拉图主义兴起带来了现代科学的观点，为后人文主义事业提供了支持，也为我们指明了真正的“智者”的方向，从这些智者那里汲取思想、灵感以及资源，可以帮助我们践习实践智慧。

何以救赎?
——《鼠疫》中的医生和神父

王双洪[1]

十几年前的那场瘟疫如今回想起来仍记忆犹新,整个世界就像一条水流湍急的长河在突如其来的严寒天气中被冻住,冰冷、坚硬地令人窒息。电视里每天播报着各个省市的死亡人数和感染人数,人们不知道何时能结束,也不知道自己是否会死去。当年那个极端的困境,难免会让人想到法国作家加缪写的《鼠疫》:

> 里厄倾听着城中震天的欢呼声,心中却沉思着:威胁着欢乐的东西始终存在,因为这些兴高采烈的人群所看不到的东西,他却一目了然。他知道,人们能够在书中看到这些话:鼠疫杆菌永远不死不灭,它能沉睡在家具和衣服中历时几十年,它能在房间、地窖、皮箱、手帕和废纸堆中耐心地潜伏守候,也许有朝一日,人们又遭厄运或是再来上一次教训,瘟神会再度发动它的鼠群,驱使它们选中某一座幸福的城市作为它们的葬身之地。[2]

这是《鼠疫》结尾的段落。小说中故事发生的地点是阿尔及利亚沿海的奥兰城,时间是20世纪40年代,英德双方第二次世界大战时曾在附近打得一塌糊涂。奥兰城中的老鼠在光天化日之下倒毙街头,整座城市因为鼠疫成为一座封闭的孤岛,医生、神父、记者、孩子……各色人等在这极端的生存状态中,恐惧、焦虑、痛苦、麻木、挣扎、抗争。而这与醉心于物质享乐、精神空虚的现代社会也不无相似之处。文中的"里厄"是一名医生,既是《鼠疫》的主人公又是第一人称的叙述者。加缪正是透过医生的视角来审视人类生存的这个极端状态。从这个意义上说,里厄是《鼠疫》中距离加缪内心世界最近的人。有研究者认为,加缪笔下的鼠疫是在影射德国纳粹统治下的法国,但作者本人致信

---

① 作者系北京市社会科学院哲学所副研究员。

② 加缪:《加缪文集》,郭宏安等译,译林出版社1999年版,第477页。下文凡是关于《鼠疫》的引文,只标页码,不再另行注明。在西方文学传统中,瘟疫也是一个贯穿古今的话题,它是人类极端生存状态的象征:从荷马的《伊利亚特》、索福克勒斯的《俄狄浦斯王》、修昔底德的《战争志》、卢克莱修的《物性论》、维吉尔的《农事诗》、奥维德的《变形记》、普罗柯比的《战争史》、卜伽丘的《十日谈》一直到托马斯·曼的《威尼斯之死》,都有对瘟疫的描写。

罗兰·巴特时希望人们从多个角度来理解《鼠疫》。① 也就是说,这部作品不仅仅是一个政治讽喻,其背后还暗含着加缪对于某些根本性问题的思考。医生里厄与神父帕纳卢之间的紧张关系正是问题之一。

医生作为一个行当由来已久,无论在西方还是东方。古希腊时就出现希波克拉底这样的名医。同样,神父这一职业的古老程度丝毫不亚于医生,一直可追溯至犹太人的《旧约》时期。如果说瘟疫象征了人类的恶,那毋庸置疑,医生照顾身体,象征了以理性直面人类之恶并与之斗争的人,而神父则试图用宗教的力量医治灵魂。那么,在加缪笔下,神父对瘟疫又持何种态度呢?

一、"你们是罪有应得"

"你们罪有应得",这是帕纳卢神父在瘟疫爆发后第一次布道时说的第一句话。神父是"一位博学和活跃的耶稣会教士,在市内威望很高,即使在那些对宗教抱着淡漠态度的人们中间也是如此(第246页)。"在一个大雨倾盆的星期天,帕纳卢神父为信众做瘟疫爆发后的第一次布道:

> 我的弟兄们,你们在受苦,我的弟兄们,你们是罪有应得!……天主降灾,使狂妄自大和盲目无知的人不得不屈服于他的脚下,有史以来一直如此,这点你们要细想一番……如果说今天鼠疫降到你们头上,那是因为你们考虑问题的时刻到了。好人不用怕它,坏人则应该发抖……人们以为只要能忏悔,什么罪过都可以犯……天主已失去信心,失去他的灵光,我们只落得长期陷在鼠疫的黑暗中……鼠疫不怕你们跑掉,就像世间的因果报应一样万无一失……鼠疫使我们更有远见,能察觉到隐藏在痛苦深处的这道美妙的永生之光。这道光照亮通向解脱的昏暗之路,显示出万无一失、变恶为善的上天意志,通过这条充满死亡、恐慌、号叫的道路把我们引向真正的宁静和生命的本源。(第310页)

帕纳卢神父把这场瘟疫看作是上帝的惩罚,因为人类犯下了诸多罪行,正如《旧约》中的索多玛城(《创世纪》18.20—19.29)。显然,他也不是唯一这么想的人。酒商科塔尔过去信奉自由主义,口头禅是"大鱼吃小鱼"。瘟疫爆发后,科塔尔的性情大变,开始在公共场合看一些奥兰思想正统的报纸,给服务员小费很大方,甚至还给关系一直不太好的姐姐寄去100元钱。他过去做过一些内疚的事情,担心因此受到上帝的惩罚。灾难有时并不完全是坏事,它或许可以让有些恶人转念向善。帕纳卢神父希望借此机

① 参见张容:《形而上的反抗:加缪思想研究》,社会科学文献出版社1998年版,第132页。

会教导民众对上帝更虔敬，做好人，“勿以恶小而为之”。

这段布道预设了这样几个前提：上帝存在且有正义感；人类犯下了罪行；罪与罚是一种因果报应。基于这些前提，神父认为，鼠疫是上帝给予人类的教训，是对人类的集体惩罚，人类全心全意爱上帝，上帝则会将恶变成善，鼠疫也是上帝的安排，恰恰说明上帝关心并爱着人类。对于神父的看法，医生里厄并不认同：鼠疫就是鼠疫，它和上帝没有关系。

二、一个对世界感到厌倦的人

布道结束后，里厄和朋友塔鲁闲聊，明确表示自己很难接受集体惩罚的说法。里厄一针见血地指出，天主教徒虽然这么说，但从不真的这么想。鼠疫同其他的疾病一样，根本不是什么上帝的惩罚，只不过造成的苦难更大而已。当塔鲁问他是否相信上帝时，里厄犹豫了一下：

> 不相信，但是这说明什么呢？我是处在黑夜里，试图在黑暗中看得清楚些。好久以来我就已不再觉得这有什么与众不同了……帕纳卢是个研究学问的人，他对别人的死亡见得不多，所以他是代表一种真理在讲话。但任何一个地位低微的乡村教士，只要他为他管辖的教区里的教徒施行圣事，听见过垂死者的呼吸声，那他就会和我有相同的想法。他首先会去照顾受苦的人，然后才会想证明苦难是一件好事。

对于神，里厄对塔鲁吐露自己的心声。如果上帝是万能的，医生就没有存在的必要。但没人相信会有万能的上帝，即便帕纳卢神父也不相信，人不能把自己“死心塌地”地托付给上帝。里厄坚信自己在与实实在在的事物做斗争，自己在走一条没有神的真理之路。生老病死是自然规律，没人例外。里厄承认自己无法战胜自然规律，却对死亡抱有厌恶的情绪，因为医生经常看到别人死去时的依依不舍。他拼尽全力去和死亡做斗争，在疲劳和挣扎中去寻求医生这一古老行业的意义。但胜利总是暂时的，人总会死去，里厄无奈地承认鼠疫对他来说就是“一连串没完没了的失败”。

里厄既是故事的主角又是记叙者。作为一个客观的目击者、亲历者，里厄尽量不带感情色彩地记录他的所见所闻，“竭力避免叙述那些他自己没有亲眼看见的事情”。加缪也让里厄拥有正直的良心，让他站在瘟疫的受害者一边。这个外表有点像西西里农民的人，看起来朴实、坚定和倔强，但骨子里却是“一个对世界感到厌倦的人”。

死亡，里厄每天看到的都是死亡，这让他想起历史上的君士坦丁堡大鼠疫。根据东罗马史学家普罗柯比的记载，城里一天就死了 10000 人，相当于 5 个大型电影院里的观众，这样的场景想起来就让里厄难以忍受。当看门人因感染鼠疫停止呼吸时，他的老婆哭着问："医生，难道没有希望了吗？"里厄的回答只有三个字："他死了。"里厄不愿多说一个字来安慰她，冷漠得可怕。这是里厄的一种自我保护。为了能继续工作，里厄把感情埋在心底，让自己变得铁石心肠。他知道，生死是眼前实实在在的苦痛，不是抽象的概念，自己必须认真对待。疲劳和绝望有时也会让里厄感到脆弱：

> 他知道，这是一条看不到尽头的道路，一条把全人类送上死亡的道路。唉！这倒是真的，人不能离群索居，他也和这些不幸的人一样感到空虚，也同样应该得到别人的怜悯，因为每当他离开这些不幸的人时，这种怜悯的心情就会在他的心里油然而生。

医生每天面对的都是疾病和死亡，天长日久人很容易对苦痛变得麻木，因为日复一日锥心的刺痛最终会让人疯掉。有些医生会真地让内心麻木，让自己像一台机器一样工作，尽可能不让每天的死亡去触碰自己柔软的内心。里厄还没有彻底麻木，他只是想通过这种方式来保护自己，好能在与死亡的斗争中坚持下去。对于精神深处那些抽象无解的问题，里厄选择将之藏在心底，人不能生活在抽象观念中，尤其是涉及生死时，绝不能掉以轻心。他把全部精力放在自己的日常工作中，用拼命救人来抑制自己的痛苦，"要紧的是把工作做好"。如果是这样，里厄又为什么对世界感到厌倦呢？

冷漠不是里厄一个人的专利，它是奥兰城的集体特征。这是一群被流放到自己家中的人，"体验了一切囚徒和流放者的悲惨遭遇，生存于无益的回忆之中"。流放是加缪作品一贯的主题，"暗示出在现代人所共同拥有的心灵处境中，人体生存与所在环境之间已经产生了无可挽回的断层，个体对外部世界的不安显得如此普遍。"①在这个流放的世界中，美好日渐远去，春天的花蕾在鼠疫和炎热中香消玉殒，街道是令人沮丧的灰白色，夏天的快乐变成沉寂、空虚。"烈日和鼠疫扑灭了一切色彩，赶走了一切快乐。""鼠疫从大家身上带走了爱情，甚至友谊，因为爱情总得有一些未来的含义，但这时对大家来说，除了当下时刻，其余一无所有。"从这个意义上说，困在奥兰城中的人们此时已成为现代人的象征，挣扎困惑，荒诞无助。面对这样的世界，内心异常敏感的里厄感到厌倦。

三、无辜的孩子

预审推事奥东的儿子感染了鼠疫，全家都被隔离，孩子被送到一家由教室临时改造

① 王洪琛：《加缪的思想世界》，广西师范大学出版社 2011 年版，第 94 页。

成的医院。加缪用了四五页的篇幅来描写孩子死亡前的痛苦与挣扎，这对每一个在场者和不在场的读者，都是一种内心的折磨。孩子在床单里翻来覆去地抽搐，脸痛苦得完全变了形，紧紧地咬着牙。他突然发疯一样地摇着脑袋，眼泪从红肿的眼皮中涌出，顺着铅灰色的面部流淌。最后，孩子的嘴巴张开，"发出一声拖长的、音调几乎不因呼吸而发生变化的呼喊"，像是刺耳的抗议。面对这样的场景，对死亡业已麻木的里厄和对上帝坚信不疑的帕纳卢都失去了自制力。

孩子的无辜和死亡的痛苦把上帝是否存在是否正义逼入死角。里厄终于控制不住自己的情绪，态度非常粗暴地对帕纳卢神父说："啊！这个孩子至少是纯洁无罪的，这一点，您知道得很清楚。"按照神父在第一次布道时的阐释，瘟疫是上帝因人的罪行降下的惩罚。里厄在这里明确对神父的观点表示反对，他还是个孩子，未经世事，不可能有成人那样的罪行。一个无辜的孩子受到如此残酷的折磨，这要么证明上帝没有什么正义感，是个暴虐的僭主，要么证明上帝根本就不存在。医生里厄其实想说的是，你这个神父不要再用因果报应这套理论来加剧普通人的痛苦，他们的生命本来就很艰辛。按照基督教的教义，人一出生就有原罪，但在加缪看来，让一个孩子为其从未参与过的罪行承担责任，这极不公平。①

神父理解里厄的感受，却补充说："不过，或许我们应该去爱我们不能理解的东西。"人的理性是有限度的，这种限度使人无法理解世间发生的某些事情。这恰恰说明，理性有一个缺口需要信仰来填补。宗教不仅是麻醉人的精神鸦片，它还是对人类苦难的一种抚慰。神父想说的是，我们应像十字架上的那个人一样去爱这个世界，去爱受苦的人们。帕纳卢为上帝的辩护让里厄更加激动："不，神父，我对爱有另一种观念。我至死也不会去爱这个使孩子们惨遭折磨的上帝的创造物。"如果说世间万事都是上帝所创造，瘟疫自然也不例外。里厄无法接受这样的创造，他不可能去爱如此恐怖可怕的恶魔。里厄的潜台词是，如果这是上帝创造的，他也不可能去爱上帝。"这一坚定、不可动摇的态度不再只限于反鼠疫、反战争、反压迫的范围，而是把矛头直接指向宗教。"②帕纳卢尝试着从上帝的立场说服里厄，但他心里很清楚这一点很难做到，因为这件事对神父的触动要比里厄的情绪失控更为可怕。

四、神父之死

帕纳卢神父在第二次布道时说话的语调更为柔和，使用的人称代词不再是"你们"

---

① 参见傅佩荣：《卡缪的真面目》，先知出版社 1973 年版，第 80—81 页。

② 张容：《形而上的反抗：加缪思想研究》，社会科学文献出版社 1998 年版，第 140 页。

而是“我们”。那天的风很大,来的人比第一次布道少得多,风从门口灌进来在信徒中回旋。他仍坚信第一次布道所说的话正确无误,唯一的问题可能是少了些同情心。“最残酷的考验对基督徒来说仍是一种恩惠”,鼠疫也是如此。帕纳卢告诉人们不要试图去解释鼠疫过程中发生的事情,相反,要从中汲取一些有益的教训。在里厄看来,帕纳卢等于说这没什么好解释的。表面的善恶容易区分,但人心深处的恶很难解释清楚。恶分必要的恶和不必要的恶,一个孩子的死可以说是不必要的恶。上帝让“我们”成了鼠疫中走投无路的囚徒,“在死亡的阴影下寻求赐予我们的恩惠”。帕纳卢神父没有说孩子会得到天堂“永恒的福乐”。“永恒的福乐能补偿人类一时所受的痛苦吗?”他对此并无把握,宁愿背负这一沉重的十字架,承受灵魂的拷问。

帕纳卢坚定地说,只要上帝需要这种痛苦,基督教就要义无反顾地全部接受上帝的恩惠。“孩子们的痛苦是我们的一块苦涩面包,没有它,我们的灵魂就会因缺乏精神食粮而饿死。”神父接着阐述他对于爱的理解,似乎在回应上次与里厄的谈话:

> 我的兄弟们,对天主的爱是一种艰苦的爱。要具有这种爱,就要具有一种彻底的忘我精神和无视个人安危的气魄。也只有这种爱才能从精神上抹掉孩子的痛苦和死亡。在任何情况下,只有具有爱才能使死亡成为必不可少,因为人们不可能懂得死亡,只能去求得死亡。这就是我想跟你们一起汲取的深刻教训。

为了应对这个孩子构成的挑战,帕纳卢不惜放弃上帝高大全的形象,这很难让正统教会接受。自从亲眼看到这个无辜的孩子死后,帕纳卢神父变得紧张不安,他不断在想一个让其内心无比挣扎的问题:“一个神父是否应请医生看病?”里厄也认为,帕纳卢的论文过于大胆,教会可能不会批准他出版。神父请医生看病这一论题背后隐含着一个两难选择。根据上帝惩恶扬善的原则,神父得病其实等于说神父犯下某种罪行受到了惩罚,如果去看医生岂不是在逃避惩罚,如果不去看医生又是在主动放弃生命,这再次违背上帝的训诫。“我的兄弟们,抉择的时刻来临,要么全信,要么全不信。”这句话让里厄突然意识到帕纳卢神父的思想变得很危险,一个孩子的死动摇了神父对于上帝的虔敬。

布道后不久,帕纳卢就病倒了。房东太太数次建议他请医生来看一下,神父都非常粗暴地加以拒绝,说自己是疲乏,不是鼠疫,而且这与他的信念不符。几天后,帕纳卢以冷漠的声调告诉老太太,不要请医生,但要请人把他送到医院照章办事。见到里厄时,神父说了他人生中最后一句话:“教士没有朋友,他们把一切都托付给了天主。”

五、无基督者

1948年,加缪在拉图尔·莫布尔多明修道院做了题为《无宗教信仰者与基督徒》的报告，把自己称为“无宗教信仰者”。[①] 医生里厄明确表示自己不信神，因为眼前的苦难如此深重，他只能在黑暗中苦苦地挣扎。加缪自己何尝不是这样？他在阿尔及利亚的蒙多维出生后不久，父亲便在第一次世界大战中阵亡。从此母亲靠做佣人带着襁褓中的加缪艰难度日，备尝艰辛。16 岁时患上肺结核后，加缪一生与疾病相伴，因之放弃了自己热爱的足球、大学教职。再后来，他遭遇婚姻失败，接着因与宗教人物交往密切被法国共产党阿尔及尔分部开除，1951 年又因发表论文《反抗者》受到左派知识分子围攻并与萨特进行了长达一年的论战[②]，两人最终彻底决裂。经受过诸多磨难后，“一个对世界感到厌倦的人”某种意义上也正是加缪对自己的总结。

有学者认为，加缪的全部作品都在关注宗教问题，但他不是敌基督者而是“无基督者”。[③] 尽管自封为“无宗教信仰者”，加缪坦承“我从来不认为基督教义的真理是以虚幻的原则去看问题，而是从我未能接受这一教义的现实出发去看问题”。他在《鼠疫》中有意在医生与神父之间尝试做一种调和，正如里厄对帕纳卢所说：“现在我们在一起工作是为了某一个事业，而这个事业能使我们超越渎神或敬神的问题而团结起来。”面对汹汹而来的鼠疫，医生里厄和帕纳卢神父都深深体会到人的有限和无助。在这个困境中，所有人都孤立无援，最高尚的人都无法提出根本的办法，只能限制灾难的范围。[④] 面对现代性的专制极权，加缪力图使哲学与宗教联起手来抗争，从而使孤立无援的孩子们得到救赎。用加缪自己的话说：“苏格拉底还将是孤立的么，在他身上和在你们的教义中难道没有任何东西能推动你们与我们汇合到一起么？”[⑤]苏格拉底两千多年前因不敬神在雅典城邦被民主投票判处死刑，加缪出于什么样的目的提醒基督徒注意这一点呢？他这么做等于点破了哲学与宗教的关系问题，这也正是《鼠疫》中医生与神父关系的深层指向。

但是，哲学和宗教真的能像加缪希望的那样和解吗？神父得病到底需不需要看医生呢？这依然是一个没有答案的问题。

---

① 加缪：《加缪全集》散文卷二，柳鸣九、沈志明编，杨荣甲、王殿忠、李玉民译，河北教育出版社 2002 年版，第 99 页。

② 参见托德：《加缪传》，黄晞耘、何立、龚觅译，商务印书馆 2010 年版，第 550—587 页。

③ Thomas Hanna, Ablert Camus and the Christian Faith, *The Journal of Religion*, Vol. 36, Oct. 1956, p. 225.

④ 参见叶甫尼娜：《评法国现代派小说》，白嗣宏译，上海译文出版社 1985 年版，第 69 页。

⑤ 加缪：《加缪全集》散文卷二，第 102 页。

从梅洛-庞蒂现象学的时间与空间理论浅析中国文人的诗画人生

李婉莉[①]

本文以梅洛-庞蒂对时间与空间的现象学分析为切入点,来探讨中国诗歌与山水画中的时间与空间,从而以此为契机,领略中国传统文人徜徉流连于时间与空间中的诗画般的审美人生。

一、诗歌里逗留徘徊的时间

俗常的时间观总喜欢将时间比作流水,过去、现在、未来,如流水般依次而来。这样的时间似乎与我们毫不相干,即便没有我们的存在,时间也依然如我们身边的河流一样,默然无声又冷酷无情地流逝。我们知道,俗常的时间观常常为哲学家所批判,尤其是现象学家,如胡塞尔、海德格尔、梅洛-庞蒂等,对时间都做过深刻的剖析。现象学始终致力于对本真时间的探求,在梅洛-庞蒂这里依然如此。所不同的是,从他的身体现象学出发,梅洛-庞蒂的时间观更加注重时间与主体之间的关系,在他看来,时间和主体之间不是外在的关系,我们更应该将其想象成内在的关系。可以说,梅洛-庞蒂揭示出时间与主体之间更加密切的关系,而由于这里的主体是肉身化在世的主体,因而,进一步揭示出时间与肉身化的主体之间的关系。正是因为主体首先是以身体而在世界中存在的,所以,时间的显露就和身体密切相关。因而时间不是抽象的,而是随着我的身体而诞生的,随着我的生活而展开的。

真正的本真的时间是什么呢? 梅洛-庞蒂认为,真正的时间……诞生于我与事物的关系之中[②]。真正的时间不是作为我们知识的对象,而是作为我们存在的维度而存在的[③]。对于梅洛-庞蒂来说,分析时间不是要去遵循着事先建立的主体概念的推论走

---

① 作者现就职于北京市社会科学院哲学所,从事法国哲学研究。

② 参见 Maurice Merleau-Ponty, *Phenomenology of Perception*, trans. Colin Smith, Routledge Classics, 2002, p.478。

③ 参见 Maurice Merleau-Ponty, *Phenomenology of Perception*, trans. Colin Smith, Routledge Classics, 2002, p.483。

下去,而是通过时间,获得了到达主体的具体结构的门径、入口。如果我们成功地理解了主体,那么我们就不会是在其纯粹的形式中理解的,而是,通过在主体诸多维度的交叉中寻找到的①。我们不能在纯粹的概念中、在纯粹的形式中理解主体,而是要在主体的诸多维度的交叉缠绕中去理解主体。时间恰恰为我们提供了通达主体的入口、途径。这是因为,“时间的综合是一种转变—综合(transition-synthesis),是生命显露的行动,除了生活着它的生活之外,没有其他的途径引起它”②。时间诞生在生命显露的过程中,诞生在我的生活过程中,没有我的生活过程,就没有时间的显露。

所以,时间不是外在于我们的客体化的存在,时间是时刻伴随着我们,不离须臾的。用梅洛-庞蒂的话来讲,主体性就是时间性。我们必须将时间理解为主体,将主体理解为时间③。我的身体拥有时间,它为现在带来过去和未来,身体不是一个东西,它创造时间而不是服从于时间④。

主体性就是时间性。这是因为,在现在中和在感知中,我的存在和我的意识是一致的,因为“在感知”(to be conscious)不是别的,就是“存在于(处身于)……”(to-be-at, être à)⑤。“在感知”就是“处身于……”,就是肉身化的知觉处身于世界之中。这里的知觉不同于胡塞尔意义上的纯粹意识,而是肉身化的知觉,它拥有一个同时具有暧昧性和超越性的身体,“我们在世界中当下在场的这种真实的经验,揭示出我们的现象的身体(phenomenal body)本质上是一个正在感知的身体(a knowing body)”⑥。所以说,人只要在感知,就意味着他是处身在世界中的、处身在周遭环境中的,人必然与其当下所处的世界具有密切的关系。

正因“在感知”就是“处身于……”所以,在梅洛-庞蒂那里,主体就不是纯粹意识,不是超时间存在的“我思”,而是处境化的身体性主体。“知觉的主体是处境化的主体,是处于空间和时间之中的主体,这是因为,在知觉场的时间性的厚度中,以及在从过去经验而来的‘习惯’中,经验预期了它的正在显露的未来,保留了已经完成的过去”⑦。

---

① 参见 Maurice Merleau-Ponty, *Phenomenology of Perception*, trans. Colin Smith, Routledge Classics, 2002, p. 477。

② Maurice Merleau-Ponty, *Phenomenology of Perception*, trans. Colin Smith, Routledge Classics, 2002, p.491。

③ 参见 Maurice Merleau-Ponty, *Phenomenology of Perception*, trans. Colin Smith, Routledge Classics, 2002, p.490。

④ 参见 Ted Toadvine & Lester Embree (edit), *Merleau-Ponty's Reading of Husserl*, Kluwer Academic Publishers, 2002, p.151。

⑤ 参见 Maurice Merleau-Ponty, *Phenomenology of Perception*, trans. Colin Smith, Routledge Classics, 2002, p.493。

⑥ Monika M. Langer, *Merleau-Ponty's Phenomenology of Perception: A Guide and Commentary*, Macmillan Press, 1989, p.131.

⑦ Scott L. Marratto, *The Intercorporeal Self——Merleau-Ponty on Subjectivity*, State University of New York Press, 2012, p.113.

因此,在梅洛-庞蒂看来,主体性就是时间性,主体始终是寓于时间和空间之中的主体。我们的知觉经验内在地是时间性的,肉身化的知觉以其原初的意向性,暧昧地在世界中存在,正是在这暧昧的肉身化知觉这里,在身体—主体这里,时间得以显露,我们与世界之间的活生生的联系得以恢复。

这一点在中国的诗歌中尤其体现出来。

傅汉思先生在《梅花与宫闱佳丽》中曾举几首诗歌为例,分析中国诗歌中独特的时间观。在他看来,不同于西方的诗歌,中国诗里面没有时态之分,所以,过去和现在于诗歌中既分离又交织,中国诗人可以自由地将时间模糊化。在中国的诗歌中,时间不是从过去到现在乃至未来线性演进的,而是过去、现在和未来相互交织,徘徊逗留,盘桓回绕。时间是在诗人与周遭的情境中,在诗人与花开花落、鸟鸣竹喧的关系中诞生的。只有在这样的时间观中,才可以说诗人真正地处身于时间之中,真正地徘徊逗留、缱绻流连于时间和宇宙中。

《高原》

王　维

桃红复含宿雨,
柳绿更带春烟。
花落家童未扫,
莺啼山客犹眠。

傅汉思先生在这里分析道:黑夜和白天,雨和晴,枝头的花和落花,地上的花和被扫去的花,睡眠中的客人和睡醒的客人。诗性的时刻在过去和未来之间维持了一种微妙的平衡,紧紧抓住了当时存在但不能永恒的事物,并且预示着无可避免却尚未到来的结果。正是这种平衡造就了此情境的魅力,同时也是整首诗的魅力所在①。

另一首诗,

《山居秋暝》

王　维

空山新雨后,
天气晚来秋。
明月松间照,
清泉石上流。
竹喧归浣女,

① 参见傅汉思:《梅花与宫闱佳丽》,王蓓译,生活·读书·新知三联书店2010年版,第20页。

莲动下渔舟。

随意春芳歇，

王孙自可留。

傅汉思先生认为，尽管诗中的时间似乎静止不动，并未向前推进，但其中囊括了雨和晴、从日到夜的转变以及季节的变化（秋和春）。时间的正常演进以及自然界无法避免的变化过程与人类力量能够控制的自愿停留这个出人意料的结尾形成了对比①。因此，这是时间在徘徊逗留。在这首诗歌里，时间是徘徊逗留的。

再以孟浩然的《万山潭作》为例：

垂钓坐磐石，

水清心亦闲。

鱼行潭树下，

猿挂岛藤间。

游女昔解佩，

传闻于此山。

求之不可得，

沿月棹歌还。

傅汉思先生认为，在这首诗中，现在和过去界限分明，却又相互交融。过去与现在同时既分离又交织，这正是中国诗歌所创造的奇迹之一。……中国诗人总是能够自由地将时间模糊化（这在诗歌中是个无法估量的优势），但他们也有办法来具体化一个绝对或相对的时间点②。

宗白华先生也在陶渊明的《饮酒》诗中探讨中国诗歌中的这种时间意识。

结庐在人境，而无车马喧。

问君何能尔？心远地自偏。

采菊东篱下，悠然见南山。

山气日夕佳，飞鸟相与还。

此中有真意，欲辨已忘言。

在这首诗中，空间、时间合成他的宇宙而安顿着他的生活。他的生活是从容的，是有节奏的。对于他，空间与时间是不能分割的。春、夏、秋、冬配合着东、南、西、北……时间的节奏（一岁十二月二十四节）率领着空间方位（东、南、西、北等）以构成我们的宇宙。

---

① 参见傅汉思：《梅花与宫闱佳丽》，王蓓译，生活·读书·新知三联书店2010年版，第21—22页。

② 参见傅汉思：《梅花与宫闱佳丽》，王蓓译，生活·读书·新知三联书店2010年版，第239—240页。

所以，我们的空间感觉随着我们的时间感觉而节奏化了、音乐化了……一个充满音乐情趣的宇宙（时空合一体）是中国画家、诗人的艺术境界①。

正如梅洛-庞蒂所说，时间的综合是一种转变—综合（transition-synthesis），是生命显露的行动。我们从来不被密封于任何一个单个的时间维度中，而是作为所有时间维度的活生生的综合而存在②。所以，以现象学或者梅洛-庞蒂的时间观来看我们的存在，我们会发现，我们作为肉身化的知觉，总是已经处身于一个周遭之中，真正的时间，是被在世界中存在的肉身化的知觉原初地生活着的时间。

主体是作为肉身化的知觉而处身于世界之中的，正因如此，时间才得以诞生，得以存在。这样的时间不是客体化的时间，不是线性演进的时间，而是我们在世界中、在四季流转时空变迁中随时随地体验着的时间，是可以随意流连缱绻的时间，是诗意般徘徊逗留的时间。所以，只有在我们与世界之间的这种联系中，才能领悟时间的真谛。在中国的诗歌中，我们发现，诗人正是以身体—主体前反思地处身于世，处身于时间中、处身于宇宙之中，来领悟生命和宇宙洪荒的。

二、山水画里绸缪盘桓的空间

宗炳在《画山水序》里说，“且夫昆仑山之大，瞳子之小，迫目以寸，则其形莫睹，迥以数里，则可围于寸眸。诚由去之稍阔，则其见弥小。今张绢素以远暎，则昆、阆之形，可围于方寸之内。竖划三寸，当千仞之高；横墨数尺，体百里之迥。是以观画图者，徒患类之不巧，不以制小而累其似，此自然之势。如是，则嵩、华之秀，玄牝之灵，皆可得之于一图矣”③。

昆仑山虽大，但从数里外观之，则可以囊括于方寸画面里。可见近大远小，近清楚远模糊这些焦点透视的道理，早在六朝时期就已经被中国画家们发现。这里所说的“远暎”，恰如西方绘画中的焦点透视，也是依照近大远小，将远景的高山峻岭围于方寸之间。但是，尽管发现了焦点透视，不同于西方绘画的是，在中国山水画里，从来都不是只有一个焦点，从来都不会仅仅固定在一个视角上。而是如同宗炳在《画山水序》中着重谈的，“身所盘桓，目所绸缪。以形写形，以色貌色也”。在山水画里，视角是随着画家身所盘桓、目所绸缪而展开的。

---

① 参见宗白华：《美学散步》，上海人民出版社 1981 年版，第 106 页。

② 参见 Monika M. Langer, *Merleau-Ponty's Phenomenology of Perception: A Guide and Commentary*, Macmillan Press, 1989, p.126。

③ 徐步：《中国山水画论研究》，中国社会科学出版社 2016 年版，第 21 页。

也就是说,中国的画家从发现近大远小的焦点透视之初,就抛弃了这个方法,而是徘徊缱绻于山水间,从各种视角来作画。因而,呈现在画面中的,就不是单一的透视视角所看到的山水,而是画家在山水间盘桓行走,将不同视角下的山水统摄在一幅画面中。“相对于西方透视而言,宗炳‘远暎’法自由度更大,不但可以不受具体时空限制,还可以在心理时空上加大想象空间,从而在现实感受中创造出理想境界”。①

这样画出的图卷,虽然不合几何透视的法则,却真正地揭示了存在的诞生,展现了存在的奇迹。如同俞剑华先生所说,中国画所画之景物属于发生而非属于现象,西洋画所画之景物为现象而非发生。②

正因如此,中国山水画从来不看重被西方奉为科学的几何透视法。甚至有的画家偶尔采用这样的方法,如北宋时期李成采用透视法作画,也被批评为“仰画飞檐”,法不足取。“李成画山上亭馆及楼塔之类,皆仰画飞檐,其说以为自下望上,如人平地望屋,檐间见其榱桷,此论非也。”③

如果人站在屋檐下或房前看房屋,自然会看到屋檐向上翻起的样子;站在山脚看山上的楼阁,也必然会看到屋檐翻起的样子。这是人在世界中生活的正常视角,也是符合几何透视法则的视角。但是,在中国的山水画家看来,却恰恰是在山水画中不能采用的视角。山水画里的视角不是囿于一点的焦点透视,而是应该“以大观小”。如同沈括在《梦溪笔谈》中所说,“大都山水之法,盖以大观小,如人观假山耳。若同真山之法,以下望上,只合见一重山,岂可重重悉见,兼不应见其溪谷间事。又如屋舍,亦不应见其中庭及后巷中事。若人在东立,则山西便合是远境;人在西立,则山东却合是远境。似此如何成画?李君盖不知以大观小之法,其间折高、折远,自有妙理,岂在掀屋角也”④。

沈括的“以大观小”,是将人置身于山水中,行走于山水间,饱游饫看,而不是固定一个视角。所以,中国山水画忽略几何透视,恰在于要在山水间、在不断移步换景的流动视角中,发现山水的真谛,展现山水的清音。如同郭熙在《林泉高致》所言,“山,近看如此,远数里看又如此,远十数里看又如此,每远每异,所谓‘山形步步移’也;山,正面如此,侧面又如此,背面又如此,每看每异,所谓‘山形面面看’也;如此是一山而兼数十百山之形状,可得不悉乎!”⑤。画家涉身于世,“身即山川而取之”,才能做到“山形步步移”,“山形面面看”。

① 徐步:《中国山水画论研究》,中国社会科学出版社 2016 年版,第 31 页。
② 参见俞剑华编:《中国历代画论大观》(第二编 宋代画论一、二),江苏凤凰美术出版社 2016 年版,第 205 页。
③ 俞剑华编:《中国历代画论大观》(第二编 宋代画论一、二),江苏凤凰美术出版社 2016 年版,第 204 页。
④ 俞剑华编:《中国历代画论大观》(第二编 宋代画论一、二),江苏凤凰美术出版社 2016 年版,第 204 页。
⑤ 郭熙:《林泉高致》,中州古籍出版社 2013 年版,第 90 页。

《林泉高致·山水训》中还曾提到山有三远，“自山下而仰山巅，谓之高远。自山前而窥山后，谓之深远。自近山而望远山，谓之平远。高远之色清明，深远之色重晦，平远之色有明有晦。高远之势突兀，深远之意重叠，平远之意冲融而缥缥缈缈”①。如宗白华先生所说，中国“三远”之法，对于同此一片山景，“仰山巅，窥山后，望远山”，我们的视线是流动的，转折的。由高转深，由深转近，再横向于平远，成了一个节奏化的行动……对于高远、深远、平远，用俯仰往还的视线，抚摩之，眷恋之，一视同仁，处处流连。这与西洋透视法从一个固定角度把握“一远”，大相径庭。而这也正是宗炳所说的“身所盘桓，目所绸缪”的境界②。

我们不妨将李成的《晴峦萧寺图》和黄公望《天池石壁图》做一个比较。需要说明的是，笔者所识浅陋，因而这里只涉及视角问题的探讨。在《晴峦萧寺图》中，居中一面巨峰高耸，如同范宽的《溪山行旅图》一样震慑人心。画面下方是一片宫殿楼阁，画面中间的山石之上，也是松树掩映的数间楼阁，这些楼阁的屋檐上翻，檐角上翘，显然是画家在山下，向山上仰望而得。可以看出，山上和山下的楼阁是在同一个视角下画成的。这样整幅画面囿于一个视角的山水画作，在历代的山水画中非常罕见。绝大多数山水画都是身所盘桓、目所绸缪的多重视角。我们再来看黄公望《天池石壁图》。此图描绘的是苏州以西虞山名胜天池石壁的风光。构图繁复，繁密而不塞，视角随着景色而盘桓流转，缱绻绸缪，充分展现了天池石壁层峦叠嶂、千岩竞秀、烟云流润、气势雄浑的景象。在画面下方左右两侧，均有茅屋数间，掩映于杂木长松之间（见局部图一），而在画面右上部，飞泉直下，汇为天池，池边石壁陡立，两壁之间仍有数间水榭楼阁（见局部图二）。无论是山下的茅屋，还是山上的楼阁，每一处的视角都是画家以大观小画成的。我们不是从山脚仰望山顶，而是在山中行旅，流连于山脚，又盘桓于山上。如果遵循焦点透视的法则，那么山上的水榭楼阁则必然要屋檐掀起，如人在仰望一般。可是我们看到的，是无论山下和山上的屋舍，都是屋檐低下，如人远远平视。可见在这幅画面中，画家的视角是处处流动的，随着景色的流转而“山形步步移”，“山形面面看”。

中国山水画里的视觉特征是与梅洛-庞蒂的视觉和空间理论不谋而合的。

在梅洛-庞蒂看来，几何透视法则并不是绘画需要遵守的必然法则。透视法不是关于知觉功能的法则，它揭示了文化的秩序，它是人发明的、用来把被知觉的世界投射到他面前的诸方式之一，而不是这一世界的移印（décalque）。假如我们将透视法的法则与自发的视觉世界相对照，我们马上可以看到：这些法则是一种随意的解释，尽管或

① 郭熙：《林泉高致》，中州古籍出版社 2013 年版，第 105 页。
② 参见宗白华：《美学散步》，上海人民出版社 1981 年版，第 107 页。

许是比其他解释更为可能的解释。这不是因为被知觉世界不符合透视法则并且引入了别的法则,而毋宁是因为它不要求任何特殊的法则,它是一种不同于这些法则的秩序①。所以说,几何透视不是观看感性世界的唯一方式,正像古典画像不是观看人的唯一方式②。

北宋　李成　《晴峦萧寺图》

为什么几何透视不是绘画必须遵守的法则呢? 因为,在梅洛-庞蒂看来,在这种几何透视法技巧下,世界现在凝结为一种有序的透视:在这里远景甘愿只是作为远景,按照要求的那样成为不可及的、模糊的;近处的对象丧失了它们的某种侵略性,按照场面的共同法则整理它们的内部线条,它们已经准备好在有必要时变成远景,而且最终说来,没有任何东西抓住目光,没有任何东西在当下特别突出。整个画面都属于过去,都处在完成或永恒的样式之中:一切都呈现出妥当和谨慎的样子;事物不对我提出质疑,我也不受到它们的损害③。按照几何透视法则完成的绘画,整个画面都属于已经完成的过去,在这里,没有正在发生,没有诞生,没有生命在其间流转盘桓的过程。这样的视觉并不是真正意义上的视觉。梅洛-庞蒂认为,在真正的视觉那里有某种疯狂,它一方面让我通过它走向世界本身,然而同时又使这个世界的各个部分非常明显的如果没有我的

① 参见梅洛-庞蒂:《世界的散文》,杨大春译,商务印书馆 2005 年版,第 55—56 页。
② 参见梅洛-庞蒂:《世界的散文》,杨大春译,商务印书馆 2005 年版,第 58 页。
③ 参见梅洛-庞蒂:《世界的散文》,杨大春译,商务印书馆 2005 年版,第 57 页。

元 黄公望《天池石壁图》

话就不能共存:自在的桌子与离它一米远的床毫不相干——世界是对世界的视而不会是其他东西。存在在其整个广度之内都被一个不是存在而为非存在的存在的视觉所限定①。真正的视觉是和我密不可分的,绘画所展现的,并不是各个事物自在存在,各自相安,毫无干系,而是每一事物都与我密切相关,都因我、因我的视觉而存在。以几何透视法则描绘的画面,事物是处于唯一地点和时间中的绝对个体,是处于凝固的时间与空间中的自在存在,而这显然与我们真正的视觉相违背。

因为,在梅洛-庞蒂看来,真正的视觉不是笛卡尔意义上的看的思想(pensée de voir),而是活动中的视觉(vision en acte),后者才是实际的视觉(vision de fait),这一实际的视觉包含了一个"那儿有"(ilya,there is)。②

如前所述,知觉的主体是处境化的主体,是处于空间和时间之中的主体,视觉作为知觉的一种,它的发生也必然是处身于世的肉身化知觉在情境中发生的。因此,真正的视觉必然是一种活动中的视觉,它是随着身体、眼睛在世界中的活动而形成的,它从自我辐射开来,是一个自然延续和成熟的过程。

正因为视觉不同于以往的看,而是包含了一个"那儿有"(ilya,there is)的奇迹。因此,以这样的视觉来作画,画面所表达的空间就不再是一个自在的空间,一个囿于固定视角的几何透视的空间,而是身体寓居于

① 参见梅洛-庞蒂:《可见的与不可见的》,罗国祥译,商务印书馆2008年版,第97页。
② 参见梅洛-庞蒂:《眼与心》,杨大春译,商务印书馆2007年版,第63—64页。

元　黄公望　《天池石壁图》(局部图一)

元　黄公望　《天池石壁图》(局部图二)

其中,并且以视觉开启存在的诞生的空间。正是因为我的在场、因为我的身体和视看,空间才有了深度、方向(orientation)、极性(polarité)、包围(enveloppement)、侵越等内涵。空间的这些属性无不和我的身体、视觉的存在紧密相连。

处身于这样的空间中,我与世界才真正达到了俯仰自得、和谐共处的境界。世界也才在这样的空间中向我们真正显露出真意。这样的空间不是凝固于一点的几何透视所能展现的,而是需要人真正地涉身于世,流连往复,“身所盘桓,目所绸缪”,以这样的缱绻徘徊俯仰往复的方式才可以达到。如同宗白华先生所说,中国诗人、画家的这种空间意识是音乐性的,它不是用几何、三角测算出来的,而是由音乐舞蹈体验来的……中国画家所画的自然就是这种音乐境界。他的空间意识和空间表现就是“无往不复的天地之际”。不是由几何、三角所构成的西洋的透视学的空间,而是阴阳明暗高下起伏所构成的节奏化了的空间①。

① 参见宗白华:《美学散步》,上海人民出版社 1981 年版,第 99 页。

综上所述,现象学被看成是一种追求原初经验的哲学,与这种追求相呼应,在对待时间的问题上,他们都批判流俗的时间观,主张一种原初被经验的时间。海德格尔在《时间与存在》一文中将其称为"本己时间",其意思是,按其原初的占有中是如何显现的样子来理解的时间①。梅洛-庞蒂更进一步,在我们与世界的联系中,来理解时间和空间。可以说,中国诗歌和山水画里展现出来的时间与空间,与现象学的时空观念可谓不谋而合。正是在中国诗歌徘徊逗留的时间中,在山水画绸缪盘桓的空间中,中国传统文人过着一种诗画般的审美人生。

① 参见克劳斯·黑尔德:《时间现象学的基本概念》,靳西平等译,上海译文出版社2009年版,第48页。

生态文明与时空观

程倩春①

如果说,“我们已经迈进了自然界巨变的门槛:我们生活在自然将要终结的时刻。”②这绝不是危言耸听。这是因为,“当代形式的高环境风险社会的成本已经广泛地延伸到各个阶级的身上,并因此把环境问题变成了大众问题。”③不仅如此,当今社会,环境问题已经是人类社会发展所面临的重大威胁之一。通过对环境问题的深入分析,不难发现,产生环境—生态问题的原因是多方面的。它既同人与自然关系的认识有关,又与人们的生产生活方式以及社会政治态度相连,更同人们对时间空间的理解分不开。“一个世纪以来,人们之所以对我们生活于其中的自然环境欠下了无法清偿的债务,在很大程度上是由我们对于时间与空间这两个概念的误解。”④那么,时空观念是如何影响人们对环境的态度和行为的?又该建立何种时空观念来解决环境问题,构建生态文明社会呢?

一、时空的社会构造

不管自觉与否,时间空间一直与人类同在。现代科学表明,现存宇宙从诞生到今天,已经演化发展了数十亿年的历史。人类可观测的宇宙已经扩大到250万光年的范围。正是在这漫长和宏大的时空框架内,地球从最初的无生命的荒漠之地逐渐演化成为生机勃勃的智慧星球,在丛林中觅食的猿逐渐进化为创造了灿烂文明的人。

虽然时空的物理存在是自然的,然而对时空观念的构建却是属人的。“大量历史地理证据表明,不同的社会(以经济、社会、政治组织和生态环境不同形式为特点‘生产了’完全不同的时空观念)”⑤也就是说,时空观念是在特定的生产和活动过程中依托

① 作者系北京市社会科学院哲学所研究员,主要研究方向为科学技术哲学。
② 比尔·麦克基本:《自然的终结》,孙晓春等译,吉林人民出版社2000年版,第8页。
③ 戴维·哈维:《正义、自然和差异地理学》,胡大平译,上海人民出版社2009年版,第437页。
④ 比尔·麦克基本:《自然的终结》,孙晓春等译,吉林人民出版社2000年版,“序”第1页。
⑤ 戴维·哈维:《正义、自然和差异地理学》,胡大平译,上海人民出版社2009年版,第235页。

特定的制度与文化而形成的。从历史上看，古往今来，不同时代的人们对时间空间的认识与理解存在着巨大的差异。中国古人相信天人感应。他们认为，人世的活动受上天支配，顺应天意的行为会受到上天的褒奖，违反天意的行为会受到上天的惩罚。从而，四时更替，日月轮回都与天道人伦密切相关。当然，这些对时间空间的认识已经为当代中国人所抛弃了。中国古人相信盘古开天，天圆地方。基督教文明则主张上帝创世，地球是宇宙中心。近代科学建立以来，牛顿的绝对时空观逐渐取代了古人的主观臆测的时空观。20 世纪物理学革命的爆发，相对论时空观又为人们提供了一种新的时空视野。直到当今时代，随着现代科学的普及，世界上大多数人对物理时空的认识和理解趋于一致。然而，仍有不同民族不同信仰的人们坚守自己特殊的时空观念。

在人类发展史上，人们始终没有停止对时间空间的探索。这是因为，时空观念的确立对个人及社会都有着十分重要的意义。首先，时空观念是认识自我、理解世界的前提。人类自产生以来，在不断扩展对外部世界的认识的同时，也在不断加强对自身的理解。认识自己首先需要确定自己的存在。这就需要明确人所处空间的层次与范围，明确人类的历史与命运。同时，人类社区是由各种不同的时间和空间规模上运行的相互交叉的过程所塑造的。作为生态行为者，人们的思考和行动要受其所在时间和空间的影响。时间和空间是人们思考和行动的基本参考体系和框架，影响着人们理解世界的方式。

其次，时空观念是影响社会生活的手段。“时间和空间一旦形成，就成为使物、人、关系、过程和事件具有个性并获得同一性的首要手段。”①特定社会的时空观念可以为人们提供普遍遵守的标准，人们依据它们组织社会生活，评估和判断各种社会行为，安排社会等级和劳动分工。中世纪寺庙的钟声提醒人们要有规律地生活，机械钟表的出现使守时成为西方人的第二天性，便宜钟表的普及使得时间观念深入人心。而在有些城市中，“社会被精细地划分成不同的阶级，并仔细地按照等级的高低来安置位置、付与薪水、安排居住地点。社会阶层的高低可以从其住宅地面的高低、与主轴线的关系表现出来。”②当今社会，时间已经成为人们生活中不可或缺的基本观念。“可以想象，要是今天没有了时间的协调，整个社会将很快遭到破坏，直至崩溃。”③社会变迁的发生也往往伴随着空间观念的改变。新型的占统治地位的时空观念的建立，是资本主义兴起的基础。在资本主义成长过程中，地理知识发挥了重要作用。如同现代钟表是时间的社会构造物一样，地图是空间的社会构造物。地图是描绘地理空间、保存地方信息的重

---

① 戴维·哈维：《正义、自然和差异地理学》，胡大平译，上海人民出版社 2009 年版，第 300 页。
② 凯文·林奇：《城市形态》，林庆怡译，华夏出版社 2003 年版，第 14 页。
③ 刘易斯·芒福德：《技术与文明》，陈允明等译，中国建筑工业出版社 2009 年版，第 18 页。

要手段。而新技术发明、新的生产、组织方式产生了新的空间观念,也生产了新的社会秩序。“铁路的来临改变了全部规则。季节性差异、日夜差异以及天气的易变性彻底地改变了。”①“货币及其使用的异质性精确地反映了资本主义条件下时空的异质性。”②

再次,时空观念是环境管理和资源分配的重要手段。古人大多相信时间有尽头,世界有终结。因此,人们对于栖居于其中的森林、土地乃至山川河流都存在着深深的敬畏。在他们的生活中,许多行为与习俗都有着严格的禁忌与限制。这在客观上保护了人们所处的环境。然而,必须指出的是,古人的时空观也造成了一定的环境生态问题。天文学是最早建立的学科。在世界文明发展史上,天文历法一直为人们所重视。天文历法知识除了被用来预测王朝更替,更主要的用途是安排农业生产。农业生产方式的出现是人类历史上第一次巨大的社会变迁。它导致了城市、国家及更高组织化的社会形式的相继诞生,推动了人类文明的演进。同时它也是一场大规模的生态变迁。它建立在对自然生态系统的巨大改变之上,也不断改变着自然生态系统。农业生产通过开辟人工居住地,种植庄稼放牧家畜,破坏了自然的平衡和原有生态系统的稳定性,给周围环境施加了越来越大的压力。许多早期人类文明的消亡主要根源于人工农业体系对生态系统的破坏而导致的环境退化。

总之,虽然物质世界本身具有各种时空属性,然而,时空观念是社会建构的产物,社会建构的时空观念不仅影响社会生活,也影响人们对自然环境的利用与改造。由于传统社会生产能力和技术水平的限制,传统时空观所引发的环境问题往往是局部的,有限的,从而并未为人们所重视。随着工业文明的发展,工业文明时空观与资本主义生产方式和价值观念的联系越来越密切,对自然和社会的影响越来越突出。可以说,对于全球性的环境与生态危机的出现,工业文明时空观难辞其咎。因此,深入探讨时空观念与生态环境问题的内在关联就显得尤为重要。

二、生态环境问题与时间

一般来说,在人们的现实生活中,时间空间是不可分的,人与时空也不可分。作为观念性力量,时间空间有着各自独特的意义与价值。作为社会构造物,任何时代的时间观念都与构造它的社会互为影响。社会进步有其因,社会问题也同样关涉它。当代社

① 戴维·哈维:《正义、自然和差异地理学》,胡大平译,上海人民出版社2009年版,第277页。
② 戴维·哈维:《正义、自然和差异地理学》,胡大平译,上海人民出版社2009年版,第266页。

会所面临的生态环境危机与工业文明的时间观念有着直接的关系。

工业文明时间观是以现代科学进步为前提建立的。现代科学发现表明,存在了数十亿年的地球正当壮年。宇宙的演化没有尽头。在地球漫长的演进中人类历史仅仅是短短的一瞬。同整个自然史相类比,人类还处在童年时代。人类的未来是无穷的。同时,时间观念与时间测量紧密相关。钟表是测量时间的基本手段。最早的机械时钟在公元13世纪就被发明出来。然而只有大规模机械生产降低了生产成本,机械钟表普及以后,时间的测量才成为简单的事情,与之相适应的时间观念才逐渐融入人们的日常生活。近代哲学研究的日益深入也是建立工业文明时间观的必要条件之一。正是人类认识能力和理性思维能力的不断提高,人们才能拨开笼罩在时间问题的种种宗教的、神学的以及哲学目的论和宿命论等重重迷雾,开始客观地探讨时间的本质。而近代哲学的二元性,也决定了工业文明时间观的绝对性。资本主义生产方式所造成的前所未有的创造能力极大地激发了人们对进步的信仰,使得人们对人类未来和社会进步充满期待。这些努力共同促成了工业文明的时间观的建立。

工业文明时间观有如下基本主张。其一,时间是永恒的。人们普遍认为,物理时间外在于人。时间均匀地、持续的、永远地流逝是一个不容置疑的事实。随着现代科学的日益普及,永恒时间观几乎成为常识。其二,时间是精确的。经过工业技术的不断改进,现代钟表上的刻度已经可以精确到秒这样短暂的时间单位。时间对现代人来说不再是一系列事件,一段段经历,而是可以分割的小时、分钟、秒等精确的时段或时刻。人类对时间的控制与分配已经达到了十分精细的程度。其三,时间是可以被拓展的。通过各种技术手段,工业文明时期的人们已经可以大幅度地改变植物生长周期。由于政治、经济、文化甚至宗教等原因,人们也在不断改变着工作时间、学习时间,休闲时间以及各类教育培训时间等。这一观念貌似与永恒时间观相对立,其实不然,时间的拓展不是通过改变物理时间展现的,而是通过作用于构建时间并表征时间的物和现象等存在而实现的。

毫无疑问,工业文明时间观塑造了工业文明的价值信条和社会秩序。它引导人们走向了现代化之路。诸如追求效率、金钱、秩序、发展、进步等现代价值的建立,工业文明时间观功不可没。与此同时,工业文明时间观为现代严重的社会生态环境危机埋下了伏笔。永恒时间观体现了对自然事物的盲目乐观。这种时间观在面对自然世界时,忽视了自然界中并不少见的消逝、灭绝和死亡,想当然地认为现存的一切必将永远地存在下去,从而,失去了对自然的尊重与敬畏,随意改造和利用自然,甚至掠夺性地开发和使用自然资源,结果必然是自然环境的破坏和自然资源的枯竭。精确时间观则体现了对时间的严格控制。而人们控制时间的目的从来不在于时间本身,而在于隐藏在时间背后的价值和利益。因为“适当的计时方法的传播，与生产、交换、商业和管理中不断增长的对效率的关注之间有着很深的联系。”①在工业文明条件下，时间是可以用来交换的商品，是加快生活节奏，提高工作效率的重要手段，也是获取以货币为代表的物质利益的重要途径。希望在最短的时间里创造出最大的价值成为工业社会的普遍追求。可见，精确时间观是一种只注重短期利益，忽视了长远利益的时间观。这一时间观在面对自然世界时，只注重当下的、暂时的、局部的利害得失，而缺乏未来的、长远的、整体的思考与预期。从而自然生态资源和环境被当作可以用来交换的商品。为了获取更大的利益，人们不惜以严重损害生态环境和过度消耗自然资源为代价。可拓展时间观表达了对人类自身能力的极度自信。相信人类可以打破自然界限，改变自然规律，从顺应自然转变为改造自然和创造自然。显然人类不受限制地任意改变自然节律的活动与行为也是现代生态环境危机的一个重要推手。

既然工业文明时间观对产生生态环境危机负有不可推卸的责任，那么，以适应生态文明的时间观取代工业文明时间观就是应对生态环境危机的重要前提。尽管对于有识之士来说，保护环境已经成为共识，然而由于文化的、政治的、社会发展阶段的以及阶级立场的差异，对于如何构建生态文明，还难以形成一致的看法。在时间观问题上也同样如此。无论如何，新时间观的建立既应该有助于克服工业文明造成的生态后果，更应该引领人类社会走向更加和谐全面持续发展之路。以此为前提，生态文明时间观应该包含如下观点。其一，时间是不均匀的。作为社会构造物，时间从来不是孤立存在的，而是存在于万物之中。而在一切事物与现象中，万载千年的沧桑巨变有之，如露似电的昙花一现也有之。显然，世间万物的生命周期各有不同。这种不均匀性正是生态时间观念的最恰当表征。其二，时间不是一个个节点，而是过程。“空间和时间既不是绝对的也不外在于过程，而是偶然的并包含在过程之中。存在着多种多样的空间和时间（以及时空）。它们包含在物理、生物和社会等不同过程之中。这些过程全都生产……自己的时空形式。”②其三，时间是不可任意改变的。任何事物和过程都有自己固有的韵律与节奏。这些固有的韵律与节奏不可任意改变。不能拔苗助长。当然，时间不是不可改变的，任何改变都要经过审慎的思考，长期的实践，反复的验证。

为什么要构建不均匀的时间观呢？首先，它是一切存在的本质表征之一。在多姿多彩的物质世界中，不同的存在拥有不同的生命周期。这些不同又是在漫长的演化进程中自然形成的，因而，无论漫长与短暂，各种物质存在都各自有着不容忽视的存在价

① 戴维·哈维：《正义、自然和差异地理学》，胡大平译，上海人民出版社2009年版，第272页。
② 戴维·哈维：《正义、自然和差异地理学》，胡大平译，上海人民出版社2009年版，第62页。

值与意义。同样，在纷繁复杂的精神世界中，不同思想、意识、文化等的存在时间也有不同的存在时限。有的优秀的思想文化亘古长存，也有的意识与思潮如过眼烟云。这些也是不以人的意志为转移的。也就是说，不均匀性更接近时间的本性。其次，不均匀时间观更适应生态和谐的世界。生态的世界本来是由生机勃勃的生物世界与丰富多彩的无机世界共同组成的。在这个世界里，多样性与变化性是主旋律。正是万事万物的千变万化、复杂多样，给这个世界的存在与发展创造了无穷的可能。而生态环境问题的产生原因之一即是，人们不知不觉中用均一性取代了多样性。经过千百年来人类的不懈努力，特别是现代科技的巨大作用，人类社会迈入现代化。现代化社会中人工自然逐渐取代了纯粹自然。人工自然最大的特点就是规范性、齐整性。现代农业大面积播种同样作物，现代工厂大量生产同样产品，大量人口居住在同样房屋里。均等时间的观念宣告了工业文明的文化和经济秩序的胜利。然而，生物多样性的不断消失让自然环境变得更加脆弱，也给人类生存带来巨大风险。不均匀时间观强调差异性，重视独特性、丰富性。面对自然世界时，它让人们珍视不同物种的独特存在，珍视生物多样性，关注生物生存所依赖的环境与物质条件。这些都将有助于生态平衡世界的构建。

为什么要构建过程的时间观？首先，过程同样表达了时间的本质特点。作为社会构造物，“时间、空间和位置是由过程相关地确定的，它们因过程而变，这些过程同时确定和塑造通常称为‘环境’的那种东西。如果不同时揭示时间和空间是如何在这种过程之中建构的，我们就不可能谈论‘自然’或‘环境’世界。”①正是在一个个自然过程和社会过程中，时间才得以存在和显现。其次，过程时间观同样是生态文明时间观的重要根基。生态文明重视社会的可持续发展。它不仅关心当下，更面向未来。在生态文明时代，现代不再同传统与未来割裂开来，而是融入其中。不但考虑现代人的生存和发展权，也要为子孙后代留下生存和发展机会，这是生态文明时代的共识。过程时间观正是适应了这一要求。过程时间观从系统的、全面的观点出发，不关注一时之得失，而是重视整体的长远的安排与规划。在面对生态环境问题时，这一时间观有助于人们放弃短视的想法，把眼前利益和长远利益结合起来，把当代人的利益同子孙后代的利益结合起来，从而，在目前严重的生态环境危机中找出一条适宜地解决之路。

为什么要建立不可任意改变的时间观呢？虽然创新与改变是社会进步的动力。然而任何创新和改变都不是盲目的、随意的，而是审慎的，依自身规律而产生的，否则带给人们的将会是破坏而不是建设。而现存事物的固有生命韵律与节奏是在长期的自然选择过程中形成的。拥有不同韵律和节奏的事物和过程共同构成不同范围的生态系统，

---

① 戴维·哈维：《正义、自然和差异地理学》，胡大平译，上海人民出版社 2009 年版，第 299 页。

共同参与系统内的活动,共同维持着系统的平衡与稳定。而任意改变其韵律与节奏,必将打破系统的生态平衡,造成系统的崩溃与毁灭。比如现代农业通过基因工程等技术改变生物节律,生产新的生物品种。这些新的生物品种的大面积种植,虽然缓解了粮食危机,但是打破了生态系统的固有平衡,降低了抵御自然灾害的能力,增加了产生更大的生态危机的风险。如果人们普遍认识到时间是不可任意改变的,人们在面对自然事物时必将更加理性、审慎,在尊重时间规律与时间的拓展与创新之间保持必要的张力,从而规避可能的生态风险。

三、生态问题与空间

毫无疑问。现代空间观同现代时间观一起塑造了现代社会。然而,不可否认的是现代文明在生态方面面临的巨大危机同样也与现代空间观有关。

工业文明空间观有如下基本主张。其一,空间是无限的。随着现代科技的不断进步,人们对宇宙空间的探索不断突破。如今人类可观测的宇宙之广阔已经远非常人所能想象,以至于人们普遍认为,宇宙是无限的。即使在整个宇观尺度上渺小如尘埃的地球对人来说也是足够巨大的。人们相信地球蕴藏着人类生存所需的全部资源与财富。其二,空间是可以被压缩的。工业文明是以现代科技为支撑的。随着收费公路、运河、铁路、电报、电话、电视、汽车等新产品、新事物的出现,以往阻碍人们相互交往的空间障碍逐渐被消除,人们所在空间被压缩了,人类社会正逐步迈向全球化时代。其三,空间是有差异的。尽管全球化趋势日益明显,人们似乎正处在同一个地球村中。然而,人们认为他们所处的空间并不都是平等的,而是有差异的。南北之间、城市和乡村之间、不同城市之间,甚至同一城市的不同区域之间,在社会生活的许多方面都有着截然不同的面貌。就世界范围而言,身处南方国家和身处北方国家分别意味着贫困与富裕。城里人在乡下人面前则有着先天的优越感。即使在同一城市,居住在不同区域的人们在社会地位上也有明显不同。

工业文明空间观刻画了现代社会的样式。然而,这一空间观对生态环境的威胁却更加明显。无限空间观让人们的思想步入一个误区,既然宇宙空间是无限的,人们总可以在无限的宇宙中获取自己想要的东西。既然地球的巨大与丰富是难以想象的,那么人们在使用地球上的资源、利用地球环境时也可以是无所顾忌的。尽管近年来,有科学家不断呼吁警示人们地球资源是有限的,但有更多的科学家相信人们完全可以通过科技进步,不断开发新能源等,实现对地球资源更充分、更有效的利用。正是无限空间的观念,让人们不能对生态环境问题给予足够的重视,从而,生态危机不仅继续存在,而且日益加剧。

压缩空间的存在同样加剧了生态环境危机。资本主义发展带来了时间的加速和空间的压缩，这种革命性变化存在着内在矛盾。为了通过时间消灭空间，它必须生产特殊的空间关系（如铁路网）。新的空间关系的出现不仅影响文化和社会生活，而且影响生态环境。“时空关系的革命，不仅常常破坏围绕先前时空体系建立起来的生活方式和社会实践，而且‘创造性地破坏’嵌入在景观中的广泛的物质财富。”①四通八达的公路网、铁路网和众多的大型机场的出现，把人们更紧密地联系起来，使得巨大无比的地球似乎成为了一个村落，人们的生产生活方式更加现代化了。与此同时，自然环境被极大地改变和破坏了。高速公路和铁路网的建设让大面积的土地不能自由呼吸。越来越多的汽车不仅造成了交通拥堵，更排放大量的尾气，污染了空气。越来越多家用电器的使用虽然给人们带来了舒适和方便，然而它们的大量生产付出的环境成本也是难以想象的。

差异空间观对生态环境的影响也是十分巨大的。本来整个地球空间应该是一个整体。各个具体空间在地理环境方面可能有差异，在地位和价值上却不应该有不同。然而，由于人为的社会建构，使得生活在地球上不同地方的人们在生产生活方式、文化习俗等许多方面都有很大的区别，这些不同也深刻影响了他们所处的环境和生态的命运。由于在经济发展中处于后发位置，在国际事务中处于弱势地位，从而，为了满足发达国家对木材和纸张的需求，不发达国家所拥有的大片森林被砍伐，直接导致水土流失、洪水泛滥、气候变化。同样，为满足发达国家过度消费的需求，许多发展中国家的大面积肥沃土地用于种植烟草、咖啡、茶叶等出口赚钱的作物。同一国家，乡村与城市的环境影响也是不一样的。一般来说，乡村往往草木葱笼，环境美好，生态平衡。而城市因为人口众多，各类生产生活设施密集，工业生产、家庭生活，以及机动车行驶排放有毒有害物质，对城市生态环境造成巨大压力和破坏。空气污染、水污染、土壤污染等问题，几乎是所有大城市在城市化过程中不得不付出的环境成本。即使处于同一城市，不同区域的环境状况也差别巨大。无论是自然形成的还是人为的，一个城市内部空间总是有着更细致地区分。这种区分既是社会的，也是环境的。富人总是居住于城市中空气最清新、风景最优美、安全最有保障的地方。穷人总是生活在污染最严重，社会秩序最混乱的所在。

显然，工业文明空间观是造成生态环境危机的重要因素之一。建设生态文明必须改变这一空间观，代之以与其相适应的空间观。那么什么样的空间观能适应并支撑生态文明呢？显然生态文明空间观必须克服工业文明观的失误，并能与生态文明的发展

---

① 戴维·哈维：《正义、自然和差异地理学》，胡大平译，上海人民出版社2009年版，第275页。

一致。按照这一要求,生态文明空间观应该包含以下内容。其一,空间是有限的。虽然人们可观测宇宙几乎可以说是大得无法想象,然而,在相当长时间内,人们所能依存和利用的只有地球。也就是说,人们所能实现其理想与抱负的物质基础就是地球这一个蓝色星球。而地球对于人类来说,尽管是巨大的,但蕴藏其中的不可再生的能源与资源的储量是有限度的,可再生能源和资源的利用是有条件限制的,已被破坏的环境的恢复与养护也是有时间限定的。其二,空间是适度的。在工业文明时代,以技术的跨越式进步为基础,经济社会得到了前所未有的飞速发展。然而遗憾的是,人类发展所取得的巨大成果让人们迷失了前进的方向。人们忘记了人本身才是社会进步的根本目的,以发展本身取代了人成为了人类活动的最终指向。通过利用时间压缩空间,在相对时间内,人们活动范围日益扩大。现代城市化过程中,人口不断向大城市集中,城市同时也不断扩张。其结果大城市病成为城市痼疾。一座座大城市的出现,同时伴随着人类对自然的史无前例的改造与破坏。历史教训告诉人们,过大与过小都是不适当的,只有适度的空间才是合理的选择。只有适度规模的城市既能实现城市的各种功能,又能保障生产与消耗的平衡。其三,空间是平等的。生态科学表明,构成生态系统的各要素都是维持生态系统保持平衡的必不可少的一环。因此,不管人们所处空间有多大差异,从生态系统的整体观点看,它们在本质上都是平等的。都应受到平等对待,都应给予同样的尊重。以往的生态环境危机很大原因在于人们不能同等对待自己和他人所处空间。人们常常通过各种方式保护自己所处空间的环境和生态,而无视他人所处空间的环境安全。由于把他人尤其是弱势群体所处空间当成可以任意利用和破坏的存在,从而人们总是通过牺牲他人的环境利益来维护自己的环境权利,导致环境问题只是被转移而没有得到根本解决。只有确立平等的空间观,承认不同空间的同等地位和同等权益,人们才能放弃各自的狭窄立场,既避免生态现代化的倡导者对全球环境的可能控制,也防止环境正义的坚持者仅对穷人权力的重视,从全人类的共同利益出发,共同探讨生态环境危机的根本原因,确立解决环境问题的根本方案和路径。

总之,虽然人们生活在同样的物理时空中,人们的时空观念却是由社会所构造,并深深地影响着人们的社会生活,也影响着人们对生态环境的态度和行为。当今时代,自然变得越来越不可确定和不可预测了。自然现象变得越来越反复无常。未来的草场和土地以及人们的食物补给等将可能变得越来越不确定。在人类所面临的前所未有的危机与挑战面前,工业文明时空观已经证明了它的不适与无力,生态文明时空观的构建势在必行。然而,生态环境问题如此严重,人们在生态环境问题上还远没有达成共识,这就意味着,对于生态时空观的探讨只是解决生态环境问题的一小步,当然是比较重要的一步,生态环境问题的根本解决任重道远。

西学东渐

贺麟先生论“三纲五常”

王玉峰①

贺麟先生是近代中国重要的思想家，他的思想既开放又保守。他既是西方哲学传入中国的重要引介者，也是传统儒家思想重要的传承者。贺麟先生的保守主义主要体现在他对传统儒家伦理的核心“三纲五常”的认可上。

“三纲五常”是中国儒家的传统道德观念。“三纲”是从“五伦”发展而来的，而“五常”是“五伦”之常德。“五伦”是指五种人伦关系。孔子曰：“君君，臣臣，父父，子子。”（《论语·颜渊》）孟子曰：“使契为司徒，教以人伦：父子有亲，君臣有义，夫妇有别，长幼有序，朋友有信。”（《孟子·滕文公上》）孟子讲的这五种关系是对孔子“君臣父子”关系的扩展，他增加了夫妇，长幼和朋友关系。孟子说的这五种基本的人际关系涵盖了家庭（父子，夫妇，长幼），社会（朋友），以及政治（君臣）各个领域，并且为这些基本的人际关系确立了伦理规范。汉代的董仲舒进一步发展了孔子和孟子上述思想，他一方面提出了“夫仁义礼智信五常之道”②，明确提出了这“五常”观念。另一方面，董仲舒还提出了三纲学说，并且通过阴阳理论，把君臣、父子和夫妇的高低贵贱变成了自然之天理。他认为“阴者阳之合妻者夫之合，子者父之合，臣者君之合。物莫不有合，而合各有阴阳。阳兼于阴，阴兼于阳，夫兼于妻，妻兼于夫，夫兼于子，子兼于父，君兼于臣，臣兼于君。君臣、父子、夫妇之义皆取诸阴阳之道。君为阳，臣为阴；父为阳，子为阴；夫为阳，妻为阴。”因此，“王道之三纲，可求于天。”③对这种阴阳之道，《白虎通·三纲六纪》的解释是：“君臣、父子、夫妇六人也，所以称三纲何？一阴一阳之道，阳得阴而成，阴得阳而序，刚柔相配，故六人为‘三纲’”。《白虎通义》对三纲五常理论做了全面的阐述，成为统治中国儒家和传统社会的重要思想来源。

近代以来，三纲五常理论作为一种保守的旧道德遭到了许多人的激烈反对，不过很多批评者对三纲和五常的态度是有所不同的。比如谭嗣同激烈批判“三纲”学说中包含的不平等思想，但是却对五伦中的“朋友”关系持肯定态度，他说：“五伦中于人生最

---

① 作者系北京市社会科学院哲学所副研究员，副所长。

② 董仲舒：《举贤良对策一》，《董仲舒集》，学苑出版社2003年版，第10页。

③ 董仲舒：《春秋繁露·基义第五十三》，《董仲舒集》，学苑出版社2003年版，第277—278页。

无弊而有益,无纤毫之苦,有淡水之乐,其惟朋友乎。顾择交何如耳,所以者何?一曰'平等';二曰'自由',三曰'节宣惟意'。总括其义,曰不失自主之权而已矣。"①

近代以来,对"三纲五常"旧道德的批判主要是集中在它所包含的不平的思想。儒家的五伦道德观念基本反映了一种以君父为主导的政治社会和家庭结构关系。认同传统的五伦,也就是认同传统的家庭和政治社会结构。反对"三纲五常"旧道德也就是反对传统的君主制以及男尊女卑的家庭关系。

贺麟先生的思想虽然有兼容并包,非常开放的一面,不过也有非常保守的一面,那就是他对于传统的"三纲五常"的肯定。贺麟先生认为,人不能成为错误观念的奴隶,所以必须对自己的观念作一个彻底的反省。贺麟先生讽刺那些批判"三纲五常"的人说:"有许多人表面上好像很新,满口的新名词新口号,时而要推翻这样,打倒那样,试细考其实际行为,有时反作传统观念的奴隶而不自觉。"②对待传统观念,贺麟先生主张我们必须加以批判性反思,抛弃其糟粕,而吸收其精华。未来新时代思想的创造也必须基于对传统优秀文化观念的吸收基础上。而五伦观念则是中国传统伦理的核心,中国未来伦理如果要推陈出新,必须建立在对五伦观念的重新检讨和吸收基础上。

> 五伦的观念是几千年来支配了我们中国人的道德生活的最有力量的传统观念之一。它是我们礼教的核心,它是维系中华民族的群体的纲纪。我们要从检讨这旧的传统观念里,去发现最新的近代精神。从旧的里面去发现新的,这就叫做推陈出新。必定要旧中之新,有历史有渊源的新,才是真正的新。那种表面上五花八门,欺世骇俗,竞奇斗异的新,只是一时的时髦,并不是真正的新。③

那么具体来说,如何从五伦的旧道德开发出新时代的精神呢?应该本着何种原则来看待旧的五伦道德观呢?贺麟先生确立了四条基本原则。"第一,乃是只根据其本质,加以批评,而不从表面或枝节处立论。我们不说五伦观念是吃人的礼教。因为吃人的东西多着呢!自由平等等观念何尝不吃人?许多宗教上的信仰,政治上的主义或学说,何尝不吃人?"④近代以来,许多开明的中国知识分子,像鲁迅先生等批判传统儒教是吃人的礼教。贺麟先生不以为然。在这里贺麟先生指出,自由平等等观念何尝不吃人?贺麟先生在一些地方是主张现代社会应该发挥西方自由民主理念的,但在这里又对自由民主加以严厉的批判。应该如何看待贺麟先生思想中的这种不一致呢?哪种看法才是贺麟先生内心真实的想法呢?贺麟先生行文谨慎,对于自己反对的观点一般不

① 谭嗣同:《仁学·三十八》,中州古籍出版社 1998 年版,第 200 页。
② 贺麟:《近代唯心论简释》,《贺麟全集》,上海人民出版社 2017 年版,第 203 页。
③ 贺麟:《近代唯心论简释》,《贺麟全集》,上海人民出版社 2017 年版,第 203—204 页。
④ 贺麟:《近代唯心论简释》,《贺麟全集》,上海人民出版社 2017 年版,第 204 页。

直接批判，而是指出正确的东西，并且他的思想具有明显的调和，包容色彩。比如在“知行”关系上，他正面的主张是斯宾诺莎的身心平行论，但是对于传统的朱子和阳明的知行观，它也努力论证他们的观点与斯宾诺莎观点的一致之处，更多地是采取兼收并蓄，同情地理解的态度。因此，我们不能怀疑贺麟先生在《五伦观念的新检讨》一文中明确地赞成三纲五常的立场的真诚性，他是站在一种哲学立场上，对三纲五常观念加以深入探讨后，觉得确实合理，才加以认同和接受的。而他对于西方的自由民主等观念，更多地觉得是对当时中国社会有益的，也仅此而已。贺麟先生的第二条原则是不从实用的角度去考察五伦观念的是非，在他看来“因为有用无用，为功为罪，在两千多年的历史上，乃是一笔糊涂账，算也算不清楚，纵然算的清楚，也无甚意义。”一种哲学理念，它所导致的后果的确和这种理念本身的正确错误与否没有必然的关系。不过一般说来，正确的理念还是正确的实践的前提。贺麟先生的第三条原则是，不以实现五伦观念的方法不好，而批评五伦观念本身不好，不能谓实行五伦观念的许多礼节仪文须改变，而谓五伦观念本身须改变。贺麟先生说，这就跟不能因噎废食一样。“第四，不能以经济状况生产方式的改变，作为推翻五伦说的根据。因为即在产业革命，近代工业化的社会里，臣更忠，子更孝，妻更贞，理论上事实上都是很可能的。”①贺麟先生是主张唯心论的，他对于唯物主义物质决定意识的基本原理是持批评态度的，从他的知行观可知，他是主张知为主，行为从的。

在确立了以上四种研究原则之后，贺麟先生主要从四个方面来分析了“五伦”的具体含义。他指出，第一，五伦是五个人伦或五种人与人之间的关系的意思。相比较于西方，中国儒家特别重视人伦关系，而不注重天（神）与物（自然）。注重神，产生宗教，注重物理的自然产生科学，注重审美的自然，产生艺术。注重人与人之间的关系则产生道德，因此儒家的五伦说是特别注重道德价值，而不甚注重宗教，科学和艺术的价值。②贺麟先生这个看法当然是非常准确的，儒家虽然包含了一种理性主义精神，但是他侧重的还是伦理与道德，而不是宗教、科学与艺术。儒家如果要发展，就需要运用固有的理性主义精神，把视野扩大到科学与艺术领域。至于宗教，尤其是基督教，在西方历史上产生过很不好的影响，争议是很大的。我们认为，儒家“敬鬼神而远之”的态度未尝不是一种高明的做法。第二，五伦又是五常的意思，五伦观念认为人伦乃是常道。五常有两个意思：一是指仁、义、礼、智、信五常德，二是指君臣、父子、夫妇、兄弟、朋友的五常伦。儒家认为这五种人际关系是正常永久的，人也应该具有五种常德。儒家表现出一

① 贺麟：《近代唯心论简释》，《贺麟全集》，上海人民出版社 2017 年版，第 204 页。

② 参见贺麟：《近代唯心论简释》，《贺麟全集》，上海人民出版社 2017 年版，第 204—205 页。

种积极的入世精神，它反对人脱离政治、社会和家庭生活。“杨氏为我，是无君也”“墨氏兼爱，是无父也”，儒家也反对佛家出世的思想。贺麟先生还引用斯宾诺莎“唯有人对于人最有益”来为儒家积极入世的思想作辩护。① 其实，斯宾诺莎在政治上还是主张“民主制”的，因为“人多力量大”。斯宾诺莎是西方“自由民主制”（liberal democracy）思想的开创者，因为他认为只有在这种制度中能够允许哲学和思想自由。在政治和家庭关系上，斯宾诺莎没有儒家“君君臣臣，父父子子”的观念，也没有“男尊女卑”的看法。斯宾诺莎和儒家在伦理学上差异是很大的。贺麟先生在哲学上是认同斯宾诺莎的，但是在伦理学上则更倾向于儒家。第三，就实践五伦观念而言，须以等差之爱为准。儒家“亲亲，仁民，爱物”就是等差之爱的典型解释。贺麟先生对“等差”之爱做了补充，认为除了以亲属关系为准之等差爱，还应该注重以物为准的等差爱和以知识或精神的契合为准的等差爱。这是对儒家等差爱的补充。贺麟先生还提出基督教的圣爱是儒家等差爱的最高境界，他试图把基督教思想和儒家的伦理结合起来，但是这种结合是以基督教为主体的，因为他认为爱的最高境界是对上帝的爱，而非人对人的爱。②

最后，贺麟先生认为五伦观念的核心是“三纲”，“三纲”是五伦观念发展的最高阶段。在这个问题上，贺麟先生表现出了一种非常明显的保守主义倾向。在他看来，由五伦发展到三纲是有着逻辑上的必然性的，三纲是五伦观念的一种发展。“五伦”强调的是人与人之间的相对关系，但是“三纲”则是确立了君对臣，父对子，夫对妻的绝对支配性关系。

> 第一，由五伦的相对关系，进展为三纲的绝对关系。由五伦的互相之爱、等差之爱，进展为三纲的绝对之爱、片面之爱。假如君不君，则臣不臣；父不父，则子不子；夫不夫，则妇不妇。……因为这些人伦关系，都是相对的、无常的，如此则人伦的关系、社会的基础，仍不稳定，变乱随时可以发生。故三纲说要补救相对关系的不安定，进而要求关系者一方绝对遵守其份位，实行片面的爱，履行片面的义务。所以三纲说的本质在于要求君不君，臣不可以不臣；父不父，子不可以不子；夫不夫，妇不可以不妇。换言之，三纲说要求臣、子、妇，尽片面的忠、孝、贞的绝对义务，以免陷于相对的、循环报复、给价还价的不稳定关系之中。③

如果说“五伦”要求人与人之间都要尽到自己的本分，而“三纲”则片面地强调一方对另一方的绝对服从和义务，那么“五伦”显然比“三纲”更全面、更合理。贺麟先生却认为“五伦”关系不稳定，片面的“三纲”更稳当，这种理由是相当奇怪的。接下来，贺麟

① 参见贺麟：《近代唯心论简释》，《贺麟全集》，上海人民出版社 2017 年版，第 205—206 页。
② 参见贺麟：《近代唯心论简释》，《贺麟全集》，上海人民出版社 2017 年版，第 207—209 页。
③ 贺麟：《近代唯心论简释》，《贺麟全集》，上海人民出版社 2017 年版，第 210 页。

先生又给出了第二个理由，这个理由可以说是对第一种理由的进一步补充。

> 第二，由五伦进展为三纲包含有由五常之伦进展为五常之德的过程。但是人是有生灭有离合的，人的品汇是很不齐的，事实上的常久关系是不易且不能维持的。故人与人之间只能维持理想上的常久关系。而五常之德就是维持理想上的常久关系的规范。不论对方的生死离合，不管对方的智愚贤不肖，我总是应绝对守我自己的位分，履行我自己的常德，尽其我自己片面应尽的义务，不随环境而变节，不随对方为转移，以奠定维系人伦的基础，稳定社会的纲常。这就是三纲说所提出来的绝对要求。①

在贺麟先生看来，“三纲”强调的是臣、子、妇对一种绝对道德理念的服从，而不是对具体某个人的服从。如果说个人服从某种道德理念，“五伦”同样包括了道德理念，而且更加全面，为何片面的“三纲”才能体现这种人对道德理念的服从呢？“三纲”的确包含了一种道德理念，但是确是一种片面的道德理念，它仅仅强调臣对君，子对父，妇对夫的绝对服从，但是却对君、父、夫没有提出要求。这种片面的道德理念必然在实践中导致片面的服从关系。这也是“三纲”说在近代遭到激烈批判的原因。贺麟先生为“三纲”张目，按照他的这个理由，那“汤武革命”就是乱臣贼子们的造反了。而且按照贺麟先生的解释，如果个人仅仅“对理念尽忠，不是作暴君个人的奴隶”，那么在实践中反抗暴君，其实也并不违反所谓的“三纲”了，但是这是明显有悖于传统的“三纲”的。传统的“三纲”要求在实践上臣对君的无条件臣服，哪怕君不君。

贺麟先生还利用西方哲学资源来为“三纲”张目和辩护。在他看来，“三纲”所表现的这种对绝对理念的服从，非常类似于康德的“绝对命令”以及柏拉图的绝对理念思想。

> 最奇怪，而且使我自己都感到惊异的，就是我在这中国特有的最陈腐最为世所诟病的旧礼教核心三纲说中，发现了与西洋正宗的高深的伦理思想和与西洋向前进展向外扩充的近代精神相符合的地方。就三纲说注重尽忠于永恒的理念或常德，而不是奴役于无常的个人言，包含有柏拉图的思想。就三纲说注重实践个人的片面的纯道德义务，不顾经验中的偶然情境言，包含有康德的道德思想。②

这确实是最令人惊奇的。三纲说竟然跟柏拉图、康德的思想一致了。柏拉图的确强调理念世界是永恒的，但是在政治和道德方面，柏拉图明确地反对僭主制，反对男女不平等。在柏拉图看来，男人和女人虽然在生理上有区别，可是在灵魂上没有区别，都

① 贺麟：《近代唯心论简释》，《贺麟全集》，上海人民出版社 2017 年版，第 211 页。
② 贺麟：《近代唯心论简释》，《贺麟全集》，上海人民出版社 2017 年版，第 212 页。

是有理性的动物,男女是平等的。柏拉图是西方"男女平等"最重要的思想先驱。康德的道德其实是一种基督教道德,他的绝对命令是可以普遍化的,但是"三纲"由于过于片面而无法成为普遍化的命令,因为它自身缺乏理性的基础。"三纲"说在实践中也带来了极大的危害,所谓吃人的礼教主要指的就是这种片面的道德教条带来的恶劣后果。

无论是有意还是无意,贺麟先生在这里都严重地扭曲了西方柏拉图和康德的伦理学。用柏拉图和康德思想来论证传统的"三纲",显然是极其不合适的。贺麟先生对"三纲"学说的辩护不仅仅是苍白无力的,甚至是极其不理智的。

我们认为,贺麟先生把"三纲"看作是"五常"的进一步发展,这是很成问题的。"五常"和"三纲"是有重要区别的。"五常"如果指"仁、义、礼、智、信"这五种常德,那么它们是有某种理性品质的。如果指五种人际关系,那么它强调的也是一种彼此的关系。而"三纲"却仅仅强调某种片面的关系。另外,"五常"也不能归结为"三纲","五常"中的"朋友"一伦就连激烈批判旧道德的谭嗣同都认可和欣赏。"三纲"的问题一方面在于它过于片面地强调了政治和伦理关系,另一方面在于它否定了"男女平等"。没有任何科学方面的证据表明男人和女人在理智方面存在着难以逾越的差距,从而在家庭和社会生活中必须使女人成为男人的附庸。为这种腐朽的旧道德招魂,实在是不智之举。

张祥龙教授曾经这样评价贺麟先生的贡献:

> 贺麟先生一生的两个最大成就是:(一)沟通中西主流思想的方法论,由此而为中国古代思想,特别是儒家,找到一条新路。在西方一边,他自斯宾诺莎那里获得理性观照的直觉法、自黑格尔那里得到辩证法的提示,并力求打通两者。在中国一边,他揭示了宋明儒的直觉法,既言及陆王的"不读书""回复本心""致良知"的直觉法,也阐发朱熹那"虚心涵泳,切己体察"的直觉法。至于辩证法与直觉法(他又称之为"辩证观")的关系,可以简略说成,辩证法需要直觉法的引导,而直觉法体验则需要辩证法的曲折往复的磨炼和展开,两者在历史、艺术、文化和人生的变化过程中相摩相荡而一气相通。(二)对西方哲学、特别是黑格尔和斯宾诺莎哲学的精当阐发和翻译,使之生意盎然地传入中国。①

贺麟先生在西方哲学方面的造诣以及引介工作都是十分值得肯定的,但是他的"新心学",尤其是其中的"伦理学"思想我们必须全面、客观的予以评价。我们已经进入"新时代"了,不过当今社会仍然流行一种"国学热"。国粹固然应该传承和发扬光大,可是不可否认,也有很多沉渣泛起。那种鼓吹片面的政治、伦理关系,否认男女平等的旧道德无疑属于儒家的糟粕。我们必须坚决的抵制它们。

---

① 贺麟:《文化与人生》,《贺麟全集》,世纪出版集团、上海人民出版社 2012 年版,第 2 页。

如何化解儒学传统与现代社会的对峙
——李大钊"青春"人生论的解读

胡　军[1]

中国的现代化进程开始于1861年的洋务运动。其目标是向西方学习物质、技术层面的东西。甲午战争的失败,举国上下为之震惊,"四万万人齐下泪,天涯何处是神州?"痛定思痛,国人冷静地意识到,中国的当务之急不在物质的和经济层面的现代化建设,而是必须在社会制度方面做深层次的快速有效的变革。不幸的是,百日维新以失败告终。尤其是辛亥革命之后漫长的军阀割据、战乱不断,帝制复辟活动频繁的内乱局势使国家陷入思想的彷徨迷茫之中。

一、中国的出路何在?中国究竟会走向何处去?

新文化运动的领袖们自觉地认识到,中国文化复兴的核心在于转变人的道德信念、确立一新的人生论来促进思想或文化的变革,尤其是道德的变革,诚如陈独秀反复申说的那样,"伦理觉悟为吾人最后之觉悟"。在他们看来,没有一场彻底的思想革命或道德革命,其他一切的变革都将无济于事,是不可能取得成功的。即便在短时间内取得了某些成就,但是绝对不可能持久。中国社会当时最为需要的,也是最为迫切、最根本的变革不是政治制度的变革,也不是经济领域的改革,而是"根本思想"的转变。因此结论便是,要真正使腐败落后的中国走向繁荣富强,首要的只能是彻底改变中国人的世界观、人生观,完全重建中国人的思想世界和意识世界。这就是思想革命、道德革命优先的思想。只有完成了这一思想革命,使绝大多数国人具备了一种新的人生论,中国的政治制度、中国的经济制度等才有望得到根本的变革,并获得快速的发展。从上述的分析中,我们可以得知,新文化运动的领袖们是认识到了中国文化复兴的方向和任务。

新文化运动的宗旨就是提倡和确立一种新人生论。从现在看,新文化运动提出的目标也并未完全实现,对于政治民主化的认识和制度改革仍然处在举步维艰的漫长途

---

① 作者系北京大学哲学系教授。

程之中;科学,尤其是基础学科或科学理论,还有待于普及和提高;依法治理公众社会事务的意识远未得到大众的认可,更不用说在实际生活中贯彻落实。新文化运动积极提倡的新人生论即便在当下也未得到普遍的认可,并未被大众接受,所以仍然具有巨大的现实意义和深远的理论意义。

新文化运动时期积极提倡新人生论的两位思想家是陈独秀与李大钊。陈独秀的人生论思想的重点在于强调人权、平等、自由、科学、法治、民主和进化等。当然,李大钊是完全赞同陈独秀上述的人生论思想的各种要素。由于受当时在世界上广泛流行的进化论思潮的影响,以为后来者居上,所以他们都将新人生论的实现完全寄托在青年人的身上。因此,陈独秀创办的新文化运动的指导刊物题为《新青年》。李大钊也将中国文化复兴的希望完全寄托在青年身上,所以他将自己过于人生论思想称之为"青春"的人生论。他的人生思想的终极目标是"青春中华之再造"。但与陈独秀稍有不同的是,李大钊更为注重的是上述各项要素背后的一般性的思想基础。

李大钊1907年进入北洋法政专门学校学习。1911年10月辛亥革命爆发,李大钊积极参加了京津革命同盟会。后于1913年赴日本留学,入东京早稻田大学政治本科。在留日期间,他继续自觉地接触、学习和研究各种社会主义思潮,并开始比较系统地阅读、学习和研究马克思主义理论,尤其感觉兴趣的是马克思主义的历史唯物主义理论。

1916年四五月间,李大钊从日本回国。之后他先后担任了《晨钟报》和《甲寅》月刊的编辑。1918年经由章士钊先生推荐,应北京大学校长蔡元培邀请,李大钊担任了北京大学图书馆主任。到北京大学后,他积极参与了由陈独秀任主编的《新青年》杂志的编辑部工作。不久,他又与陈独秀等人合作创办了《每周评论》,组织发表文章品评当时国内的各种政治、社会等问题。可以说,李大钊实际上已经成为了由陈独秀、胡适等发动的新文化运动的主要领导人之一。

1920年,李大钊在北京大学组织了马克思主义研究会,并在北京大学讲授马克思学说。据有的学者研究,在大专院校内开设马克思主义课程,北京大学应该是属于世界最早的开设马克思主义历史唯物主义的院校之列。同年十月,在李大钊等人的积极倡导与筹备下,组织成立了北京共产主义小组。

二、永葆"青春"的人生论

李大钊的新人生论特色在于他的"青春"人生论。这方面的思想主要表现在《晨钟之使命》《青春》和《今》等几篇文章中。

他指出,一年四季中最美好的季节应该是春天。春天时节,万物复苏,欣欣向荣。

春天给人带来的是无限美好的憧憬与希望。自然的春天使李大钊思考着青春人生的意义。

春天“春日载阳,东风解冻”,春日有“清和明媚之象”,“百卉昭苏”,春天给人们带来“无限之希望,无限之兴趣”。

而人生的青春则体现了“高尚之理想,圣神之使命,远大之事业,艰巨之责任”。

青春的使命或责任就是要“进前而勿顾后,背黑暗而向光明,为世界进文明,为人类造幸福,以青春之我,创建青春之家庭,青春之国家,青春之民族,青春之人类,青春之地球,青春之宇宙。”①实现自我与民族拯救就必须发扬青春的精神。

在李大钊看来,青春主要有两重含义:

第一重含义是指个体的青春进程,

第二重含义是指宇宙的无尽青春。

在这两个含义中,他尤其看重青春的第二重含义。

他认为,个体的青春只有通过与宇宙无尽之青春相结合才能够凸显出自己生命的意义和价值。

无可置疑,任何个体的青春或生命都是有限的,“块然一躯,渺乎微矣,于此广大悠久之宇宙,殆犹沧海之一粟耳。”②所以个体青春能否“永享青春之幸福与否,当问宇宙自然之青春是否为无尽。”李大钊认为,如果宇宙自然青春是有尽的,那么它就不能给个体的青春以“永享青春之幸福”的可能。但是,“如其无尽,吾人奋其悲壮之精神,以与无尽之宇宙竞进,又何不能之有?”③

在李大钊看来,个体青春之有无意义完全依赖于宇宙青春是否是无尽的和永恒的。如果宇宙的青春是无尽的是永恒的,而且个体青春的生命又能够融入此宇宙无尽的青春,那么个体之青春也就能够欢享无限之意义。

问题也就归结到,宇宙是否是无限的。

李大钊认为,宇宙是否为无尽的问题,实质上询问的就是宇宙究竟有无起点和终点。如果宇宙是有起点和终点,那么宇宙就是有尽的,而不是无限的。

宇宙是否是无限的,是一个真正的古老的哲学问题。自有人类以来,那些执着于宇宙论问题的哲学家、思想家和科学家都在绞尽脑汁思考着这一问题。显然,要在理论上解答这一问题,并不是李大钊的初衷,因此他也并没有在这一问题上做过深入而系统的讨论。他只是满足于一般性地指出宇宙是无尽的。在一般人看来,宇宙就是囊括万事

---

① 李大钊:《青春》,《李大钊选集》,人民出版社1959年版,第76页。

② 李大钊:《青春》,《李大钊选集》,人民出版社1959年版,第65—66页。

③ 李大钊:《青春》,《李大钊选集》,人民出版社1959年版,第66页。

万物的存在。如果是这样的话,宇宙当然也就是无穷无尽的。因此宇宙如果是有起点和终点,那么宇宙也就不能囊括万事万物。李大钊也愿意相信,宇宙就是绝对的,就是无尽的。

宇宙是无尽的,但是宇宙中之具体物则是"万象万殊"的。而且对于个体而言,既"有进化,也有退化"。于是,有生就有死,有盛也有衰,有阴有阳,有否有泰,有青春有白首,如此等等,这都是相对的。"个体之积,如何其广大,而终于有限。一生之命,如何其悠久,而终于有涯。"

可见,宇宙是不变的,而个体事物,生命是可变的。

李大钊虽然区分了青春之进程和无尽之青春,但是其最终的目的却是要设法把这两者统一融合起来。在他看来,这样的统一融合的基础就是宇宙无尽之青春。所以他如斯说道:"以其不变应其变,以其同操其异,以其周执其易,以其无持其有,以其绝对统其相对,以其空驭其色,以其平等律其差别"①。作到了这一步,我们就能"以宇宙之生涯为自我之生涯,以宇宙之青春为自我之青春。宇宙无尽,即青春无尽,即自我无尽。"

具有了这样的境界,我们才有可能冲破个人的褊狭与自私,以及种种私利,而能够与无尽的宇宙打成一片。虽然我们每个人都是小我,但如能立足在无尽宇宙的立场上来考虑问题,就是如此的小我也"能享宇宙无尽之青春。"就是通过这样的途径,青年才能突破自然法则加诸于人的如此这般的限制,使人昂然挺立于宇宙天地之间。

不可否认的是,自然法则当然对人有限制的。这样的限制有以下两个方面:

第一,地球是人类的家园。但它的存在是有限的。它的存在界限是人类存在的最大限制。如果说地球正值儿童或青年期,人类尚能聊以自慰。但是如果地球已是白首之期,则人类难免不会有伤心之色。然而具有青春精神的人们是不会因此而消沉的,李大钊说:"地球一日存在,即吾人之青春一日存在。吾人之青春一日存在,即地球之青春一日存在。吾人在现在一刹那之地球,即有现在一刹那之青春,即当尽现在一刹那对于地球之责任。"李大钊认为,这就是以人类之青春精神,柔化地球之白首,虽老犹未老也。

第二,人类作为生物的一种,也有其存在的界限。李大钊认为,人类文明是违反自然的生活,如"有舟车电汽,而人类丧其手足矣。有望远镜德律风等,而人类丧其耳目矣。他如有书报传译之速,文明利器之普,而人类亡其脑力。有机关枪四十二扇之炮,而人类弱其战能。有分工合作之都市生活,歌舞楼台之繁华景象,而人类增其新病。"

---

① 李大钊:《青春》,《李大钊选集》,人民出版社 1959 年版,第 66、67 页。

李大钊认为，虽然如此，人类也不应悲观，应该相信人类有无尽之青春，要努力运用人类的智能，使违背自然的生活重新顺适自然，这样就可以“返于无尽青春之域，而奏起死回生之功也。”

三、以宇宙之青春为自我之青春

人的一生是短促的，也是有限的，这是任何人都奈何不得的，不得不面临的命运。正因为如此，才使我们有限的人生充满着丰富而无限的意义与希望。

李大钊认为，青春的人生观所要标示的就是要把个体的青春生命与宇宙无尽的青春结合起来，这样，有限的一生就有了无穷的意义，从而激发奋进的精神，从而“昂首阔步，独往独来”地生存于天地之间。

要发扬青春精神，树立青春的人生观，李大钊认为，我们就必须要从以下三个方面来认识人的有限生命的意义。

要正视人生短促的事实，人生短促是无法改变的。意识到人生短促因此人们而常怀恐惧之心也是人之常情。问题在于，如何使这种恐惧之心情转而激发人们的进取、奋斗的精神。因为“于以知恐怖为物，决不能拯人于危。苟其明日将有大祸临于吾躬，无论如何恐怖，明日之祸万不能因是而减其毫末。而今日之我，则因是而大损其气力，俾不足以御明日之祸而与之抗也。艰虞万难之境，横于吾前，吾惟有我、有我之现在而足恃。”①所以，空叹人生短促，视死亡为畏途，是消极的人生观，它不能揭示人生的真正意义，且必然造成人们精神上的颓废，使整个民族丧失活力。李大钊的青春人生观就使要彻底破除这种消极悲观的人生哲学，重新塑造具有朝气蓬勃、拼命进取之精神的民族。

我们要脱绝浮世的虚伪的生活，摆脱金钱权力对人的束缚。李大钊尖锐地批判了当时的人们以追名逐利为人生目的的社会现象。认为此种风气不除，青春精神则无从谈起。人们追逐金钱与权力，认为它们能给人带来快乐与幸福，其实这样的看法是大错特错了。因为金钱与权力到头来只能给人带来无限的烦恼、痛苦与不安。因为人生虽有限，但欲望却是无限的。以无穷之欲望追逐有限之人生，如何能够得到满足？于是，空虚、颓唐、烦恼、厌世之精神现象也就随之而起。所以，李大钊认为“黄金权力”“为青春之累”。真正的快乐，是青春的快乐，是发扬进取的精神，在人生的战场上拼搏、奋斗，要把自己有限的生命投入到无尽的青春之中的快乐。这种快乐就会是永存的。

李大钊认为，青年的责任，“在冲决过去历史之网罗，破坏陈腐学说之囹圄，勿令僵

① 李大钊：《青春》，《李大钊选集》，人民出版社1959年版，第68、69、75页。

尸枯骨,束缚现在活泼泼地之我,进而纵现在青春之我,扑杀过去青春之我,促今日青春之我,禅让明日青春之我。”①

脱绝浮世虚伪的机械的生活,以特立独行之我,立于行健不息之大机轴。

青年是青春精神的体现者。“青年”不仅是生理意义上的,而且更主要的是精神意义上的。所以“有老人而青年者,有青年而老人者”,有老当益壮者,而“少年颓丧者,乃在吾人诟病之矣。”

李大钊认为,青春精神应该是这样的,即“青年之文明,奋斗之文明也,与境遇奋斗,与时代奋斗,与经验奋斗。故青年者,人生之王,人生之春,人生之华也。青年之字典,无‘困难’之字,青年之口头,无‘彰碍’之语,惟知跃进,惟知雄飞,惟知本其自由之精神,奇僻之思想,锐敏之直觉,活泼之生命,以创造环境,征服历史。”②他认为,青年应该是这种青春之精神的体现者。

与青年相对是老辈,“老辈之灵明,蔽翳了经验,……老辈之精神,局限于环境,……老辈之文明,和解之文明也,与境遇和解,与时代和解,与经验和解。”③李大钊认为老辈的文明已经完全不合乎当下时代潮流,是过时的属于坟墓中的东西,所以必须坚决打破。

但是李大钊仍然认为,今日中国仍然是老辈文明为主的国家,而具有青春精神的青年十分罕见。所以他认为,中国所以落后挨打,屡战屡败、屡败屡战,不是因为“老辈之强,乃吾青年之弱,非彼旧人之勇,乃吾新人之怯,非吾国之多老辈多旧人,乃吾国之无青年无新人耳!”④

他所谓的“无青年无新人”,是说青年人有,但是却“乏慷慨悲壮之精神,起死回天之气力耳。”

老辈所代表的旧文化,已经成为了明日黄花,与新的青春文化不可同日而语。它们根本没有力量与新的思想相抗衡。然而,由于青年的软弱,使得它们能够称霸一时。因此,李大钊号召青年们要发扬奋斗的进取的青年精神,与老辈宣战,与老辈格斗,“趋由来之历史,一举而摧焚之,取从前之文明,一举而沦丧之。”⑤

正是达尔文的进化论使他坚信,只有青年才能够代表未来的希望,因此他把希望完全寄托在青年身上。他坚信,在新与旧的斗争中,青年正是这个进化法则的体现者。任

① 李大钊:《青春》,《李大钊选集》,人民出版社1959年版,第75页。
② 李大钊:《“晨钟”之使命》,《李大钊选集》,人民出版社1959年版,第59—60页。
③ 李大钊:《“晨钟”之使命》,《李大钊选集》,人民出版社1959年版,第59页。
④ 李大钊:《“晨钟”之使命》,《李大钊选集》,人民出版社1959年版,第60页。
⑤ 李大钊:《“晨钟”之使命》,《李大钊选集》,人民出版社1959年版,第62页。

何压制青年的力量，都是阻碍进化的保守势力，必须彻底扫除干净。

李大钊青春人生观的终极目标就是要实现“青春中华之创造”。

他所以要提出创造青春中华这一目标，就是因为他清楚地看到，新文化运动时期的前后的中华已不是青春期的中华，而是白首之中华。李大钊认为，中华民族自黄帝以降，已有四千八百年的漫长的历史，其青春期在周代，那时“典章文物，灿然大备”。而至今日，中华民族已是白首之民族，白首之民族就是衰亡之民族，与青春民族相遇，必败无疑。中华民族的未来，不在白首民族之苟活，而在“青春中华之再造”。要发扬回春之力，“冲决历史之桎梏，涤荡历史之积秽，新造民族之生命，挽回民族之青春。”

现在中华民族既已是白首民族，那么创造青春中华的可能性又何在？

李大钊说：“盖尝闻之，生命者，死与再生之连续也。今后人类之问题，民族之问题，非苟生残存之问题，乃复活更生、回春再造之问题也。”①他又说：“顾吾以为宇宙大化之流行，盛衰起伏，循环无已，生者不能无死，毁者必有所成，健壮之前有衰颓，老大之后有青春，新生命之诞生，固常在累累坟墓之中也。”②复又申说：“夫宇宙本相，为不断之轮也，吾人日循此轮回生死、成毁、衰亡、诞孕之中。”③

毫无疑问，李大钊的青春人生论是以当时盛行于世界的进化论和循环论这两种理论融合为其基础的。

根据他的这一看法，青春之中华必然要诞生于白首中华之中。这样的白首民族已经衰老，亡之不惜。青年的任务正在于孕育“青春中华之再造”，而不在于为白首中国之不死而呼号，而奔走。他指出，白首中华为老辈所有之中华，历史之中华，坟墓中之中华也。未来之中华，青年所有之中华，理想之中华，胎孕中之中华也。

进一步，李大钊还用“青春”的观念重新解释了“中华”的含义，表明青春中华再造的可能性。

他认为“中”，中者，宅中位正之谓也。即在空间上指中央的位置，在时间上指时中，“时中”谓吾人当于今岁指青春点为中点，具体而言之，即以今年今春之今日今刹那为时中之起点。李大钊指出：“中以前之历史，封闭之历史，焚毁之历史，葬诸坟墓之历史也。中以后之历史，洁白之历史，新装之历史，待施绚绘之历史也。中以前之历史，白首之历史，陈死人之历史也。中以后之历史，青春之历史，活青年之历史也。”④他又强调指出道：“即由今年今春之今日今刹那为时中之起点，取世界一切白首之历史，一火

① 李大钊：《青春》，《李大钊选集》，人民出版社1959年版，第71页。

② 李大钊：《“晨钟”之使命》，《李大钊选集》，人民出版社1959年版，第58页。

③ 李大钊：《新生命诞孕之努力》，《李大钊选集》，人民出版社1959年版，第64页。

④ 李大钊：《青春》，《李大钊选集》，人民出版社1959年版，第72页。

而摧焚之，而专以发挥青春中华之中，缀其一生之美于中以后历史之首页，为其职志，而勿逡巡不前。"①

"华者，文明开敷之谓也，华与实相为轮回，即开敷与废落相为嬗代。"②中华民族现在正处于由"实"（废落）转华（开敷）的时期，"白首中华者，渐即废落之中华也。青春中华者，方复开敷之中华也。"在白首中华之"实"中，正孕育着青春中华之"华"再生，所以，中华的"华"同样意味着青春中华的再生。

但是，青春中华之再生，不是自然而然的进化过程。需要青年们作出长期艰苦的努力和空前卓绝的奋斗。李大钊指出：大凡一个新生命之诞孕，必得经历一番辛苦，也必需一番之努力。他一再告诫青年，千万不可因现实的黑暗而生厌世之心，取消极的方法。

"青春中华之再造"必须弘扬"崇今"的精神。李大钊的青春人生观的一个重要基础就是他的"崇今"的时间理论。他认为：

第一，时间体现为历史，"时是伟大的创造者，时亦是伟大的破坏者。历史的楼台是他的创造的工程，历史的废墟是他的破坏的遗迹。世界的生灭成毁，人间的成败兴衰，都是时的幻身游戏"③。

第二，时间体现为人生，对时间的理解亦是对人生意义的揭示。因为"有生命的历史，实是一个亘过去、现在、未来的全人类的生活。"我们如何看待过去、现在、未来的意义，就表达了我们的人生观是怎样的。

李大钊认为，时间有过去、现在、未来之分，三者之中，现在最为宝贵。这是因为：

首先，过去、未来皆是现在，因为"无限的'过去'，都以'现在'为归宿，无限的'未来'都以'现在'为渊源"，现在是时间流转的基础。"'过去''未来'的中间全仗有'现在'以成其途经，以成其永远，以成其无始无终的大实在。一掣现在之铃，无限的过去未来皆遥相呼应。这就是过去未来皆是现在的道理。这就是'今'最可宝贵的道理。"④

其次，现在体现了创造，因为"时如一线，引而弥长，平列诸点，有去未今。……既引的线，确属过去，未引的线，确在未来。然此线之行，实由过去，趋向未来，必有力焉，引之始现。此力之动，即为引的行为，引的行为，即为今点所在。过去未来，皆赖乎今，以为延引"⑤。现在是人的创造性行为的体现。

---

① 李大钊：《青春》，《李大钊选集》，人民出版社 1959 年版，第 72 页。

② 李大钊：《青春》，《李大钊选集》，人民出版社 1959 年版，第 72 页。

③ 李大钊：《时》，《李大钊选集》，人民出版社 1959 年版，第 485 页。

④ 李大钊：《"今"》，《李大钊选集》，人民出版社 1959 年版，第 94 页。

⑤ 李大钊：《时》，《李大钊选集》，人民出版社 1959 年版，第 486 页。

再次,“现在”最容易丧失。李大钊说:“时间这个东西,也不因为吾人贵他爱他稍稍在人间留恋,……刚刚说他是‘今’是‘现在’,他早已风驰电掣的一般,已成‘过去’了。如一刹那不有行为,不为动作,此一刹那的今即归于乌有,此一刹那的生即等于丧失。”①“现在”还能增强人们的历史责任感。因为过去以现在为归宿,现在的一切都遗留着过去的痕迹,同样,现在又是将来的起点,一切作为都会在将来体现。所以,应格外珍惜“现在”。

“现在”既然如此重要,所以应该树立“爱今”的观念。我们要珍惜时间,珍惜稍纵即逝的“现在”。“我们在此,只能前进,不能回还在时的途程中。只有行动,只有作为,只有过程,只有努力,没有一瞬徘徊的工夫,没有半点踌躇的余地。你不能旁观,你不可回顾,因为你便是引线前进的主动。”②李大钊在此激发青年要珍惜青春生命和时间,从现在、从“此时”开始做起,不要等待,不要旁观。“鼓舞青春中华之运动,培植青春中华之根基,吾乃高撞自由之钟,以助其进行之勇气。”③

四、对尊孔复古思潮的批判

我们可以清楚地看到,李大钊的青春人生论思想主要是对西方的进化论等理论的接受和改造。显然,这样的看法无疑是与传统的儒家思想相冲突的,尤其是与当时的尊孔复古思潮大相径庭。于是,李大钊也就必然要以其青春人生论思想对传统儒家思想做尖锐而激烈的批判。

李大钊认为,儒家文化之所以不适合于现时代就在于它的社会基础是旧时代的家族制度。而中国家族制度是建立在农业经济的基础之上的。正是基于这样的认识,他如是说道:“中国的大家族,就是中国的农业经济组织,是中国二千年来社会的基础构造。”④历史地看,儒家的文化就是宗法农业社会的产物,所以“孔子学说所以能支配中国人心有两千余年的缘故,不是他的学说本身有绝大的权威,永久不变的真理,配作中国人的‘万世师表’。因为他是适应中国二千余年来未曾变动的农业经济组织反映出来的产物,因为他是中国大家族制度上的表层结构,因为经济上有他的基础。”⑤

儒家文化在现代社会所以失势,不像大部分人所认为的那样,是由于西方文化的冲

---

① 李大钊:《“今”》,《李大钊选集》,人民出版社 1959 年版,第 93 页。

② 李大钊:《时》,《李大钊选集》,人民出版社 1959 年版,第 487 页。

③ 李大钊:《“晨钟”之使命》,《李大钊选集》,人民出版社 1959 年版,第 62 页。

④ 李大钊:《由经济上解释中国近代思想变动的原因》,《李大钊选集》,人民出版社 1959 年版,第 296 页。

⑤ 李大钊:《由经济上解释中国近代思想变动的原因》,《李大钊选集》,人民出版社 1959 年版,第 297 页。

击。这样的看法只局限在现象的层面，而没有深刻地认识到儒家文化的现代失落完全是由于在现代化潮流的冲击下，大家族的农业经济制度不得不动摇了，于是逐渐分崩离析了。现代社会的经济是工商业经济，科学的发展和机械发明引发了工业革命，交通发达和产业规模的扩大，市场经济逐渐发展，工商经济代表了新时代的新潮流。西方文明正是建立在工商经济的基础之上的。近几百年来，西方的文明对东方文明，尤其是对中国传统文化（儒家文化）形成了巨大冲击。正是在这种工商经济的潮流巨大的冲击之下，中国传统的以家族制度为基础的社会经济结构受到冲击而从根本上动摇瓦解。这也就决定了，以孔子为代表的思想文化传统也就不得不随之瓦解崩溃。

当然，李大钊并没有否认，儒家文化在历史上曾起过积极的作用，曾在漫长的历史上维护过以传统的家族为基础的社会经济制度。但在现代生活中，儒家思想只能起消极的阻碍社会进步的作用。所以他的结论就是，孔子之道，已经完全不适于今日社会之生存，迟早是要被淘汰，要被消灭的，"孔子之于今日吾人，成了残骸枯骨"，它对人的精神的束缚已经成为了今天社会进步的障碍。

为什么说儒家思想在今天社会竟成了阻碍社会进步的要素呢？

李大钊认为，儒家文化对人的束缚主要体现在其伦理观念上。他尖锐地指出："看那二千余年来支配中国人精神的孔门伦理，所谓纲常，所谓名教，所谓道德，所谓礼义，那一样不是损卑下以奉尊长？那一样不是牺牲被治者的个性以事治者？"①比如忠、孝就是这种伦理观念的体现。忠、孝是做人的准则，但是它却不但不能使人完善他的个性，相反却使人牺牲了他的个性。正是这种伦理准则使子的一方完全牺牲于父，使妻的一方完全服从于夫，使臣的一方完全服从于、牺牲于君的一方。可见，这样的儒家伦理观念是以对个人自由的压制和牺牲为其代价的，由此才保持了中国传统二千余年社会的稳定，在此基础上而形成的社会黑暗造成了中国在现代的落后与愚昧。于是，李大钊指出，要改变这种状况，就要开展一场打破儒家伦理教条束缚的思想解放运动。

李大钊指出，这样的思想解放运动应该包括这样三个方面的内容。

第一，是反对君主专制的民主政治运动。这是一场推翻儒家忠君主义的运动，儒家忠君主义必然导致专制主义，"孔子为历代帝王专制之护符"。民主政治在西方有着漫长的历史，文艺复兴运动、宗教改革、现代科学、启蒙运动等推进了民主政治在理论上的成熟和实践中的落实。当然工商经济的快速发展也对现代的民主政治起到了积极的推进作用。民主政治在世界范围内已成为不可抗拒的政治思潮。李大钊指出，要真正实行民主政治，就必须打破儒家文化传统。

---

① 李大钊：《由经济上解释中国近代思想变动的原因》，《李大钊选集》，人民出版社 1959 年版，第 296 页。

第二,是反对男子专制的社会运动。推翻儒家孝夫、顺夫、贱女的伦理规范,李大钊说:"如家庭问题中的亲子关系问题、短丧问题,社会问题中的私生子问题、儿童公育问题,妇女问题中的贞操问题、节烈问题、女子教育问题、女子职业问题、女子参政问题,法律上男女权利平等问题、婚姻问题——自由结婚、离婚、再嫁、一夫一妻制乃至自由恋爱、婚姻废止——都是属于这一类的,都是从前大家族制下断断不许发生、现在断断不能不发生的问题。"①

第三,是反对贱视劳动的运动。儒家"无君子莫治野人,无野人莫养君子"的观念是贱视劳动阶级。将社会分裂成野人与君子这样两个阶层。这样的阶层划分与在新文化运动时期盛行的"劳工神圣"的时代精神显然是背道而驰的。所以李大钊也就必然挺身而出,指出现代经济组织的宗旨是要唤起劳工的自觉精神,这就要求彻底打破传统儒家的旧伦理,建立"劳工神圣"的新伦理信条。

总之,李大钊认为,对儒家文化传统的批判,其目的是要使人从思想上、制度上,从儒家思想的有形的和无形的压制下解放出来的前提条件。他认为,随着西方文化中的自由主义、个性主义的涌入,这种传统的大家族制下的伦理观念,断难逃脱崩溃的命运。

李大钊所以对儒家思想有如此激烈的批判也是与当时现实社会中反复出现的尊孔运动密切相关的。在中国近现代历史上,批孔与尊孔是相互消长的。

1912 年在康有为的授意下,其弟子陈焕章等人就成立过"孔教会"。陈焕章等人曾上书参众两院,要求奉孔教为国教。黎元洪、冯国璋、张勋等人也积极配合,通电上书,积极鼓噪要尊崇孔教,速定孔教为国教,将其载入宪法,要求所有学校一律设立崇祠,行释奠之礼。此种形势激励了社会上的守旧势力,霎时社会上各种尊孔会社如孔教会、宗圣会、孔道会、洗心会、孔社、大成社先后成立,鼓吹尊孔读经的《不忍》《孔教会杂志》《孔社》等刊物也相继出版、发行,春丁祀孔、秋丁祀孔、孔子诞辰纪念会和祀孟活动也在社会上推波助澜。

1915 年 8 月 14 日,杨度、孙毓筠、刘师培、李燮和、胡瑛、严复六人组成"筹安会",通电各省,发表筹安会宣言,宣称:"我国辛亥革命之时,人民激于感情,但除种族障碍,未计政治进行,仓促制定共和国体,国情适否,未及三思。"中华民国成立后"国家所历危险,人民所感痛苦,举国上下,皆能言之。长此不图,祸将不已。"他们并且指出:美国的大政治家古德诺博士也断然宣称君主制度实较民主制度为优,中国尤不能不用君主国体。这就公开打出了要求复辟帝制的旗号。

为了实现袁世凯做皇帝的美梦,保皇守旧派真是无所不用其极,在全国上下频频策

① 李大钊:《由经济上解释中国近代思想变动的原因》,《李大钊选集》,人民出版社 1959 年版,第 300 页。

划、组织各种请愿联合会。于是全国上下五花八门的请愿团陆续出现,其成员既有王公遗老、政府官僚、将军、巡按使等,也有车夫游民。甚至乞丐、妓女也纷纷被组织起来,成立了所谓的乞丐请愿团、妓女请愿团,跪呈劝进表,恳请袁世凯俯顺民意,早登皇位。

这种复辟帝制的荒唐丑陋的闹剧,自然会引起全国上下的愤怒反抗和激烈批判。

袁世凯的复辟帝制活动虽然以失败告终,但是保皇派的活动并不因此收敛。早在袁世凯的授意下,中华民国宪法草案第十九条中列了这样一个条目"孔子教义应为国民教育养性之基础"。1916年秋,国会在北京开会时,此一条目成了会议辩论的焦点。由于袁世凯彼时已经去世,很多议员能够自由地表达自己的意见,他们坚决反对将此一条目列入宪法之中。但康有为却对此深感不满,提出了强烈的抗议,并当即给总统黎元洪、总理段祺瑞写了一封公开信,再次提议要速将孔教定为国教。

针对康有为的尊孔言论,陈独秀马上作出激烈的反应。在1916年10月1日出版的《新青年》第二卷第二号发表《驳康有为致总统总理书》予以尖锐的批驳,坚决反对奉孔教为国教。他指出在西方宗教已经由隆盛而逐渐走向衰微,教会仪式"尤所蔑视"。中国传统文化本不重视宗教,孔子本人的思想也"绝无宗教之实质与仪式,是教化之教,非宗教之教",所以康有为妄图奉孔教为国教是"强欲平地生波,惑民诬孔,诚吴稚晖先生所谓'凿孔栽须者矣!'"。他并且认为,信教自由"已为近代政治之定则",强迫信教,根本是行不通的。中国传统文化本无统一之信仰,除孔教外,尚有佛、道、耶、回之信仰,康有为奉孔教为国教,势必排斥上述各家信仰。陈独秀又进一步陈列国内大众反对袁世凯复辟帝制的种种事实以驳斥康有为。

李大钊紧随其后,于1917年1月30日的《甲寅》日刊发表《孔子与宪法》一文。李大钊认为,孔子与宪法之间本来毫不相关,所以将孔子立于宪法是颇为"怪诞之尤"的现象。

进而,李大钊列举以下诸点理由以说明自己反对立孔教为国教的论点。

第一,孔子是数千年前的残骸枯骨,而"宪法者,现代国民之血气精神也。以数千年前之残骸枯骨,入于现代国民之血气精神所结晶之宪法,则其宪法将为陈腐死人之宪法,非我辈生人之宪法也;荒陵古墓中之宪法,非光天化日中之宪法也;护持偶像权威之宪法,非保障生民利益之宪法也。"①这样的宪法不免就是孔子的纪念碑,就是孔子的墓志铭,而不是真正的宪法了。

第二,孔子是历代帝王专制的护符,而宪法者,现代国民自由之证券也。专制不能容于自由,即孔子不当存于宪法。所以,将孔子立于宪法,是专制复活之先声也,宪法将

---

① 李大钊:《孔子与宪法》,《李大钊选集》,人民出版社1959年版,第77页。

不是解放人权之宪法也。宪法赋予了全体国民宗教信仰自由和思想自由的权利。根据宪法这一总则,将孔子列入宪法也就是有问题的。

第三,孔子者,国民中一部分所谓孔子之徒者的圣人,宪法者,中华民国国民全体,不问其信仰,不问其民族的共同信条。所以,将孔子立于宪法,此宪法将为一部分人之宪法,非国民全体之宪法;此为孔教徒之宪法,而不是国民全体的宪法。将孔子立于宪法有悖于宪法所规定的公民信仰自由的信条。所以,不能将一部分人之所信仰的孔子立于宪法的看法是正确的。孔子为代表的儒家思想毕竟只是百家中的一家,诸子中的一子。

第四,孔子之道者,含混无界之辞也。宪法者,一文一字均有极明确清楚之意义,具有极强之效力者。所以,将孔子之道立于宪法,不能普及于全国。将使人得不到确切的条文而遵循之。这样宪法也就自己失其效力。其实有同样看法的还有在新文化运动时期大有人在。

应该说,李大钊反对将孔子立于宪法的立场及其观念清楚地看出了儒家伦理信条与现代法治观念之间的紧张;他的基本理念是主张依法治国,而不能仅仅依靠着伦理信条来治理国家。中国传统社会信奉的是以德治国,而与近代西方的宪政观念全然不同,所以缺乏宪政的法制传统。而早在古希腊的亚里士多德就主张将伦理观念与国家治理分开,马基雅维利更是彻底将这两者打开。马克斯·韦伯也曾经指出过,任何政治都不是以道德为依据的事业。

李大钊的上述思想观点在当时的社会上产生了很大的影响。应该看到的是,李大钊反对将孔教列入宪法的立场与论点应该是正确的。遗憾的是,李大钊本人并未对宪政的观念作深入系统的研究和阐述。

也应该注意的是,李大钊也并没有全面否定儒家思想在传统社会的积极作用,也肯定了孔子在封建社会中的中枢作用。但不用讳言的是,他是全盘否定了孔子为代表的儒家思想在现代社会中的作用。孔子或儒家传统与现代化之间的关系问题现在仍是一个热烈讨论着的问题。遗憾的是,儒家思想的研究专家们至今仍然不重视也没有很好地解决这一最大的理论问题。

李大钊激烈地否定传统,是在当时切实地感觉到了儒家思想在当时社会上压制人的独立自由民主的局面,所以矫枉必须过正。但在当时条件下,他还不可能对儒家的学说作公正、全面、深入的学理探讨。作为中国新文化运动的领袖,李大钊与陈独秀一样正确地看到了中国当时所遭遇到种种社会问题,但却没有能力构建中国新文化建设的理论系统及解决这些社会问题的方法论。遗憾的是,在当今儒学复兴的热潮中,也似乎没有学者关注这样的理论建构问题,而沉湎于经典的解读,或者直接企图从儒学的经典来直面中国当前各种问题,于是不免流于一厢情愿,而缺乏李大钊的现实关怀。

社会视野

扁平化变迁与公民性的相互构建

缪　青[①]

一、迈向“小政府大社会”：长时程动因及分析路径

在《中外人文精神研究》第六辑《公民文化在21世纪中国社会的凸显》以及第七辑《为什么研究公民文化？意义、难点和理论创新》的讨论都显示，公民议题在现代中国的兴盛一方面是与现代化以及社会扁平化的趋势相关，这让人看到了演化的影响；另一方面是与贵民思想传统的焕发也即贵民新说相关，这又让人看到了教化的影响，而支撑公民论说持续演进的则是人对善治包括“民治”的不懈思考和追寻。在这里，善治是上位概念，比起善政与民主等概念（民主本身也是多面向的，不仅只有竞争性选举一面）有更为丰富的规定性，它着眼于整个社会的良好治理和持续发展，除了给个体创造更大的空间外，还涵容了诸多考量，包括社会协作、政府能力、专业化程度、法制、民主问责，以及健康管理和社会福利，等等。

正是基于此，公民文化视域下的贵民新说看到了熟人文化看不到的许多东西。一个典型的例证是中国工业化的成功，其重要经验之一就在于当代中国人焕发了那个“贵民”和“无为而治”的大众创新机制所成就的。不是少数人做很多而是大家来参与，或者说政府和公民的合作治理。道理很明显，如果没有良好的社会动员和公民参与的积极性、创造性，就难以说明中国国内生产总值为何自1978年以来会有30倍的惊人扩张；也难以说明中国作为全球最大的制造业中心，能够生产全球50%的钢铁和水泥，世界25%以上的汽车，而且中国还是世界上最大的船舶、高速列车、高速公路、桥梁、化纤、机械设备、计算机和手机的生产国。

在公民文化的分析构架讨论公民性的建构，既可看到演化的作用也可看到教化的作用，是在人的行为和社会结构变迁的互动中相互建构的。换句话说，讨论公民性既要看到社会变迁和扁平化趋势对人的影响，也要看到人在变革社会中也即在解决问题的

① 作者系加拿大多伦多大学博士，北京市社会科学院研究员，博士后指导教师。研究方向为社会政策、公民文化、社会工作理论和老年服务研究。

过程中的公民性表达。这意味着素养的提升不仅是知识的习得,而且是在解决问题的过程中实现的(参见笔者的《践行篇:参与式治理过程中的公民性》①)。本文所关注的是伴随着社会扁平化的趋势,诸如陌生人交往格局、社会组织增多、治理重心下移以及新媒体勃兴等,要看到这些变化对型塑公民性、现代性的影响,同时还要看到其背后诸多长时程因素的作用,例如民意潮流、多元的传统以及国家与社会的关系变动等。这说明解读公民性不能脱离社会历史的大背景和现代化历程来进行。

(一)善治视角下的国家—社会的关系变化、后发现代化叙事

论及社会扁平化的趋势,在治理结构上来看在相当程度上表现为横向的网络化治理之拓展,并与纵向的行政化治理形成互动。由此还可以看到,治理活动在结构上呈现出两大板块的互动:一端是纵向的行政化治理,在这一板块中政府行政活动承载了其主要功能;另一端则是横向的网络化治理,在这一板块中市场、社区还有新媒体等活动承载了其主要功能。

实际上,基于善治的考量来看待上述纵向治理与横向治理的板块活动,两者都是不可或缺的,哪个板块趋于扩张是基于不同发展时段的内外条件。重要的还是在两者互动中找寻一种平衡,这是因为在纵向—横向治理之间的板块边界并非固定:如果纵向治理或者说政府活动的板块扩张过多,就会挤压市场和社区板块的发展空间;反之,如果横向治理也即市场和社区的板块扩张过多,政府一边就有可能陷入无政府状态的混乱。这一纵向—横向治理板块互动的讨论与公民文化论说中国家与社会的关系讨论是契合的。

当我们结合中国现代化的历程来看待国家与社会的关系,不难发现两者之间的板块边界并不固定,这已经为不少研究所注意。② 20 世纪初叶的中国处在弱政府弱社会的状态,而后弱政府转向了强政府,在 60 年代纵向的行政化治理扩张到了极致,也即人们常说的大政府或者说"全能政府"的状态。而到了 20 世纪 80 年代,随着放权搞活和倡导小政府大社会(另一种说法也即有限政府),横向治理也即市场和社会的板块开始扩张。

这样一来,如何看待 20 世纪 80 年代的开放特别是向大社会的转轨,自然会引发一

① 缪青:《践形篇:参与式治理过程中的公民性》,杜丽燕主编:《中外人文精神研究　第九辑》,人民出版社 2016 年版,第 157 —176 页。

② 参见 Miao, C. *Towards Democratic Neighborhoods*: *The Emergence of Bottom-up Citizen Engagement in Urban China*, Lambert Academic Publishing:2009。廖迅:《小政府大社会——海南新体制的理论与实践》,三环出版社 1991 年版;王青山:《论社区建设对社会工作发展的影响》,载曾家达等主编:《21 世纪中国社会工作发展国际研讨会论文集》,中国社会科学出版社 2001 年版。

系列有意思的探讨。例如,为什么放权搞活和鼓励社区及社会组织发展的话语在中国受到欢迎?又例如,为什么这个社会能在80年代忽然打开了它的大门?而按照一种刻板的看法(在西方多见),专制传统包括为之辩护的儒家官学在中国长期占有主导地位。

在理性地客观地回应上述问题之前,回顾一下前述善治思考下的"治道论"与"政体论"的分野以及有关后发现代化的讨论,将有助于线索的梳理。道理很明显,分析中国现代化轨迹如果只是囿于政体思维——例如要么民主、要么专制的非黑即白的方式——就会带来诸多困惑。困惑之一是现代化是多面向的还是单一面向的?如果单纯依据是否有一人一票的票选政治而不是善治的综合标准来评估发展绩效,难免有以偏概全之嫌。例如,不仅亚非拉的许多实施票选政治的国家呈现经济下行、腐败多发,而且实施票选政治的美国也呈现衰退迹象,对此,政体论该如何解释呢?事实上,政体思维还与制度经济学偏离实际的假定不无关联,本文后面还会展开。困惑之二是中国社会的治理架构无论传统的还是现代的是专制的吗?从历史来看,用政体论来看待中国社会,这一思维定势所带来的混乱肇始于利玛窦。他在《中国札记》一书中谈到中国的政体"西方人从来没有看到过":有皇帝,中国看来是一个君主政体;但中国事实上是由士大夫在执行整个治理,那么按照西方分类,中国又是一个贵族政体;可是中国的贵族并非来自世袭,而是源于科举,那么中国又是一个民主政体。① 显而易见,利玛窦无法回答中国是个什么样的政体。而中国社会不是西式政体类型意义上的专制架构,也不是西方崛起时的那类搞殖民扩张的国家,这已经为不少中外学者所指出,例如钱穆、费孝通、梁漱溟、汤因比等,他们的论说都多少带有治道论的意味。限于篇幅延伸讨论将另文撰述。

为了厘清概念,有必要简要地讨论一下后发现代化的观点。后发现代化是指不发达社会实现工业化的一种模式,其特点在于面对工业化和全球化挑战,包括西方崛起时的地缘强权和殖民劫掠(耐人寻味的是,对此自由论者往往失语),后发国家需要借助强国家和良好的社会动员来推进现代化。结合中国现代化历史来看,这一推进过程是分阶段的:第一阶段也即前赶超阶段是实现社会稳定,在纳入全球化轨道的同时去殖民化,独立地发展自身的工业体系和科技体系,以及推进基础教育和大众福利等。第二阶段也即后赶超阶段是在全力发展经济和科技的同时加强社会建设、拓展公众参与、发展高质量的社区生活和社会福利等。

后发现代化的提法凸显了后发国家推进工业化所面临的境遇,并一直存在有关后

---

① 曹锦清:《以制度研究推进中国话语体系重建》,《文化纵横》2017年第4期。

发优势和后发劣势的争论。前者看到了向先发者学习先进技术、管理方法、吸收外来资金以及借鉴其教训等好处，而后者则强调了模仿技术容易而模仿制度难、存在着本土传统与外来文化的冲突等困境。实际上，有关后发优势和后发劣势的谈论不过是反映了同一现代化过程的两面。关键的处置在于，如何从实际出发不照搬国外理论教条（例如制度经济学的假定是票选民主先行带动工业化，下面还会谈到），如何鼓励大众创新（技术的和社会的），以及结合自身传统搞好经济建设和社会建设、搞好政府与公民的合作治理等。后发现代化的成功案例在世界上并不多见，东亚儒家文化圈较为突出，特别是占世界人口五分之一的中国工业化成就是对全球化的重大贡献。并且这一崛起"没有重复西方强国当年的殖民扩张、奴隶贩卖，以及恃强凌弱发动侵略战争的做法，而是通过良好的国民动员，通过搞活国内外市场和互惠的贸易来实现，讲清楚就显得尤为重要。"①本文基于新版现代化理论的讲述就是一个努力。

上述讨论至少说明，在检视不同看法的同时澄明其背后的理论路径非常重要。而对于中国现代化历程中国家与社会的关系变化，中西路径下的呈现的确大为不同。

（二）西方路径下解读国家——社会的关系变化：线索单一、解释混乱

那么，纵观20世纪初叶到中叶的中国现代化，由弱政府转向了强政府，以及后来其纵向治理呈现为大政府和计划体制，这是否源于一种根深蒂固的"强国家情结"？下述两种解释的影响颇具代表性。

一是"强国家情结"源于中国社会的专制传统包括儒家文化的影响，它不仅强调家长式的独裁控制，而且使家庭和国家之间没有中间空间。②

二是20世纪80年代有关"救亡压倒启蒙"的论说。李泽厚认为"强国家情结"源于封建专制传统和救亡危局，尽管救亡运动包括反帝反封建的革命看来是不可避免的，但是强国家的发展"挤压了启蒙运动和自由理想，而使封建主义乘机复活，这使许多根本问题并未解决。"③

不过，上述解释的支持者都没有回应这样的问题：在建设现代民族国家的过程中，强国家对后发现代化的中国意味着什么？中国公众在什么条件下支持强国家选项，而

① 缪青：《话语权赢取：叙事结构、理论层级和议题引领——兼谈中国版公民文化的创作实践》，2016年"全国哲学社会科学话语体系建设理论研讨会"征文。

② 参见 Chan, A., "In search of a civil society in China", *Journal of Contemporary Asia*, 1997, 27 (2), pp. 242–251; Kluver, R.& Powers J., *Civic discourse, civil society, and Chinese communities*, Samford, Connecticult: Ablex Publishing Corporation, 1999。

③ 李泽厚：《启蒙与救亡的双重变奏》，载《中国现代思想史论》，东方出版社1987年版。

又为何能在80年代转而支持放权搞活、小政府大社会？

就思维方式而言，上两种解释都是在旧版现代化的理论视野下展开的，尽管“新启蒙说”试图匡正五四的反传统倾向，但仍未摆脱西方中心论的束缚。两种解释的共同特点表现为：

第一，线索单一而且是静态分析。其一是只局限在民主—专制的单一维度（政体思维取向）来考察现代化过程，没有看到救亡、革命对唤起民众的启蒙作用，没有看到强政府对于国家独立以及自主构建工业化体系有重要作用。其二是对现代化发展做静态分析，看不到后发过程有阶段性的特点特别是地缘政治的重大影响。

第二，囿于西方中心的眼界，过度强调传统与现代冲突的一面，而没有看到传统与现代交融的一面，特别是缺乏后西方的眼界来考察中国贵民传统的影响，看不到贯穿前赶超及后赶超阶段的良好社会动员和大众参与的重要线索。

很明显，解读中国现代化的历程如果囿于西方中心（先进的西方落后的东方）的教条，就容易导致那种“为学日增为道日损”的状况，①用郑永年的话来说即“研究得越多，知道得越少”，因为这样的论说缺乏“中国自己的知识体系”。② 循着这样的逻辑去解读中国现代化历史包括当前的崛起，一个恶果就是曲解现实。典型的做法即先歪曲后批判，面对中国文明衰弱期会往往会简单地归咎于政府专制与国民劣根，而面对中国文明上升期又作出国强必霸或者东方专制社会瓦解等离谱判断。这样一来，中国威胁论和中国崩溃论的交替出现就是毫不奇怪的了。

与上述混乱的解释形成对照，中国的发展显然没有照搬西方制度经济学（其后有制度决定论和政体决定论的印记）的书本教条，然而其经济、科技和综合国力却偏偏崛起了，其道理何在？这亟需中国学派及其知识体系的说明，也即“中国学者透过各学科的理论叙事向世界讲清楚成功崛起的理路，这无疑是话语权赢取的一个关键环节。”③

在这里，简要地讨论一下制度经济学的假定有助于线索的梳理。该理论认为经济发展需要民主制先行（主要指向竞争性选举）才能成功。迄今的人类社会不外两种体制：一种是包容性的，例如民主制。它能够限制精英的权力，限制其榨取中下阶层的劳动，从而有效地保护私有产权，激励创新并促进经济增长。另一种是榨取性制度也即专制和独裁。这一制度缺乏私产保护，中下阶层的劳动和财产不断被专制政府掠夺，个体

① “为学日增为道日损”出自老子的“为学日益，为道日损”，有不同的解读。其一是认为“治学越多，离道越远”，也就是把两句的关系看作因果关系。其二则指出为学与为道是两件事，为学的途径就是要日有进益，而为道的途径是日有减损，平息自己的欲望。本文的讨论取前者的意思。

② 郑永年：《通往大国之路：中国的知识重建和文明复兴》，东方出版社2012年版，第4、13页。

③ 缪青：《话语权赢取：叙事结构、理论层级和议题引领——兼谈中国版公民文化的创作实践》，2016年“全国哲学社会科学话语体系建设理论研讨会”征文。

创造被压抑,从而导致普遍的贫困。而脱贫的办法简约而单一,似乎有了一人一票的票选政治即可。而在实际上民主是有多种样式的,诸如协商民主、共识民主与贤能民主等,延伸讨论参见笔者的《公民文化与社会和谐:活力、竞争力和善治追寻》①并将另文撰述。

然而,面对纷纭复杂的世界现代史,制度经济学的设定明显无法自恰。第一,它与历史事实不符,西方的富裕和崛起并非是在民主制先行时获取的,其工业化历程伴随着大量的殖民劫掠,而普选制的运行是在工业化完成之后;第二,它与当下的实践不符,当西方票决民主强行输出给不发达国家时,许多国家并没有因采纳一人一票制而富强,例如中东地区、拉美地区,以及印度、菲律宾等;第三,即便在同一国家内的一人一票制和产权保护下,区域间的差异仍然很大,例如在意大利,南部的人际间的信任很差,欺诈和腐败多发;而在北部,公众参与公共生活十分积极,权力不大的清廉政府却行动有力。延伸阅读参见笔者的《公民文化与社会和谐:活力、竞争力和善治追寻》,以及文一的《工业化失败的国家缺了什么?中国给出了答案》。②

很明显,要解释20世纪国家与社会的关系变动特别是21世纪中国工业化的成功,需要来自中国学派的新解释包括新版现代化的说明。

(三)中国路径下解读国家——社会的格局:线索丰富、理路清晰

中国后发现代化的实践表明,在20世纪初叶到中叶由弱政府转向强政府是理性的和正常的应对外来挑战。之所以如此是由于社会内部的经济政治以及外部的地缘干涉等多因素互动所致。

面对20世纪初的弱国家弱社会状况:帝国瓦解、军阀混战、列强干涉、外敌入侵和农村凋敝,强政府的诉求显然是大势所趋,非如此不足以抗御外敌及殖民干涉、结束战乱和构建独立的现代民族国家。由此可见,在后发现代化的前赶超阶段,“救亡”或者说革命作为构建现代化强国的主要路径,理应被解读为一种启蒙或现代性。道理很明显,强国家可以有效地利用所有可用的资源,结束战乱和参与全球化竞争,抗衡地缘强权并为而后的工业化起飞护航。中国现代化历程清楚地显示,强政府为经济社会发展提供了稳定的环境,中国在后赶超阶段调适政府角色实施开放搞活,在发展经济和社会建设的同时推进法制与民主,实现了经济的高速增长。

---

① 参见缪青:《公民文化与社会和谐:活力、竞争力和善治追寻》,杜丽燕主编:《中外人文精神研究 第五辑》,中国大百科全书出版社2012年版,第289—306页。

② 参见文一:《工业化失败的国家缺了什么?中国给出了答案》,中国发展网,http://www.chinadevelopment.com.cn/zk/yw/2017/05/1145665_4.shtml。

还应当看到,认同强国家的论者需要回应下述问题:为什么中国现代化走到80年代在国家与社会的格局上会转而强调“小政府大社会”?如果认可现代化进程也是在推进善治并涵容了民主(不归约为只是竞争性选举),就需要指明是什么力量推动了国家与社会的互动并转向横向治理的拓展?

就思维方式而言,上述解释是在新版现代化的理论路径下展开的。其特点表现为:

第一,线索丰富而且是动态分析,既看到救亡、革命对唤起民众起到的启蒙作用,也不排斥对民主和人权的关注。在这里,弄清后发现代化在前赶超与后赶超阶段的不同任务是解读的关键。而迈向大社会则是基于攻守之势的变化,与后赶超阶段的重心相关。

第二,中国学派和后西方的眼界,既看到冲突也关注传统与现代交融的一面,例如贵民思想传统对推进民主以及横向的网络化治理的帮助。新版现代化的解说的大格局上清晰地展示了中国文明是如何脱出低谷走向崛起的。

结合以上讨论,本文在下节简要地梳理出影响国家与社会关系的长时程因素,包括十年动乱结束时的民意潮流、传统的影响以及后发现代化的阶段性特点等,以加深我们对参与、大众创新乃至中国道路特点的理解。

二、新版现代化叙事:开放的民意、多元的传统以及纵向——横向治理的调适

(一)传统的多面向:基层自治、乡贤与平民文化

与那种认为专制充斥了传统时代的刻板印象相反,在中国路径下所看到的传统文化是多面向的,并非只有皇权和官僚的纵向治理活动,还有乡贤文化、基层自治以及平民主义的传统,这可以说是传统时代的横向治理活动。至少一些中外学者已经指出,传统社会远非“单一的政治文化”。

例如在传统中国,乡贤文化(又可称为乡绅和长老治理)作为基层自治的思想源远流长,早在先秦时代的《孟子》和《周礼》已经谈及乡村组织与管理的构想。翻开许多地方志和族谱,不难发现乡绅及德高望重的长者在居住地域兴利除弊的诸多善举,比如修路办学、抚恤孤老、救济贫穷、民事调解、制定乡规民约及家法族规等。古代乡贤在帮助政令在地方上的实施,促进民间诉求的上达等方面起到了积极作用。

对于乡贤在社会善治上的影响,明末清初思想家顾炎武的观察可谓见解独到:“自古至今,小官多者其世盛,大官多者其世衰”。在这里,他强调了社会发展的活力在基

层社会，而所谓“小官”即由乡绅担任的官，从西周的乡遂官、秦汉的乡亭官、隋唐的里坊官、明清的保甲官等以及各地宗族大户的家长，大体都可以归为“小官”之列。①

从学理上看，乡贤文化、基层自治的思想与当代社会科学所讨论的市民社会的议题有相当的交汇。例如一些学者认为，在中国明清时期就有了公共空间的萌芽②还有一些学者则从公元前300年的春秋时期到公元4世纪的汉朝找到了市民社会的要素。③这些努力至少表达了研究者的一个共同关注：基层自治或者说乡村自治的传统在中国社会是源远流长的。这也意味着帝国的官僚行政用于支配民间社会的力量是有限的。例如，古代官僚行政最低一级的官员是县长，在18世纪末中国设县的数量约为1436个。这也就是说每个县长所管理的人口大约在30万人。相比之下，在同期法国的一个行政长官所管理的人口只有3000人。④

基层自治——由地方精英乡绅和长老组成的自治组织——形成了家庭和国家之间的中间地带，这一术语被今天的学者用来描述近代社会中央政府与地方精英之间的权力分配状态。而在费孝通看来，这一乡绅主导的基层自治“既非民主又异于不民主的专制，所以用民主和不民主的尺度来衡量中国社会，都是也都不是，都有些像，但都不确定。一定要给它一个名词的话，我一时想不出比长老统治更好的说法了。”⑤将费孝通的看法与前述利玛窦谈论中国的政体之惑联系起来，是耐人寻味的。

对基层自治的认同还有中国道家“无为而治”的哲理作为支撑。“无为”这个术语不意味着不作为，而是指顺应事物的自然本性而为，包括减少干预和规避来自垂直行政的过度控制。此外，无为也是指有所为有所不为，意味着高明的治理不是一味地管束和包办，而是因势利导和较少的政府干预。这样的话语与西方古典自由主义思想有相当的契合：“如果你想要人民兴旺发达，就让他们过自己的生活。”⑥在中国的自由论者胡适（1891—1962年）眼中，无为而治是自由主义哲学世界最早的话语表达。而这一思想作为公共政策的指导则始于汉王朝，强调与民休息和轻徭薄赋，这一政策在基层受到了

① 参见马小红：《“乡贤”的过去与未来》，《法制日报》2015年11月14日。

② 参见 Esherick，J.and Rankin，M.“Introduction”In J.Esherick and M.Rankin（Eds.），*Chinese Local Elites and Patterns of Dominance*，Berkeley：University of California Press，1990。

③ 参见 Chi，W.*Ideological conflicts in modern China*，New Brunswick，NJ：Transaction Books，1986，Forges，R.“States，societies，and civil societies in Chinese history”In T.Brook & M.Frolic（Eds.），*Civil society in China*，*Armonk*，NY：M.E.Sharpe，1997。

④ 参见 Esherick，J.and Rankin，M.“Introduction”，In J.Esherick and M.Rankin（Eds.），*Chinese Local Elites and Patterns of Dominance*，Berkeley：University of California Press，1990。

⑤ 参见费孝通：《乡土中国》，北京出版社2009年版。

⑥ Scalet，S.and Schmidtz，D.“State，civil society，and classical liberalism”，In N.P.Rosenblum & R.Post（Eds.），*Civil society and government*，Princeton，NJ：Princeton University Press，2002.

的欢迎。有些学者认为"放开搞活"的思想,直到18世纪由于受到中国的影响才在西方出现。①

还应当着重指出的是,中国社会具有丰厚的平民主义传统,中国人是世界上平等意识最强的民族之一。钱穆认为中国古代是扁平化的平民社会,缺乏贵族和僧侣这样的中间阶层横隔在君主和平民之间,这与欧洲社会所表现的贵族意识强烈的等级架构形成了鲜明对照。这既带来好处也有弊端,一方面士农工商作为自由民皆可通过科举文官制向上流动,另一方面这些平民散漫、藐视等级权威和无组织,因而在内忧外患的时候容易呈现一盘散沙的状况。② 寒竹新近的研究增强了这一印象。在他看来,一系列制度诸如春秋战国时的土地私有化运动,后来的郡县制、财产继承上的均分制以及科举文官制,造就了平民主义传统。而平民社会的刚性制度难以让人产生敬畏之心和服从观念,因此需要儒家的尊卑有序、克己复礼的学说,以软性的等级观念来定纷止争。

从平民文化的视角出发,自汉代以降中国社会便形成了刚性的平民制度和软性等级观念的两个支柱。这一模式一直延续到近代清王朝被推翻。一旦帝制终结,社会将不可避免地被平民革命席卷。当上层社会失去了皇权的支撑而缺乏合法性,平等就成为社会的道德制高点,如果执政者不能让社会处于相对平等的状态,其管理就很容易丧失合法性而激起下层民众的造反。不仅如此,平民革命具有多米诺骨牌的效应,只要社会还有不平等,就有人会热衷于革命,动荡会持续到社会接近于最大限度的平等为止。由此看来,平民主义的积极意义在于对发展活力的推动和维持社会的流动性,例如在开放时代,那种个体进取和致富的活力(例如全民炒股、全民经商等)随处可见。而其缺陷在于过度膨胀的平民主义很容易转化为民粹主义,此外,缺乏贵族等级分层的平民社会一旦动荡纷争还容易导致强人政治,权力趋向高度集中。③

由以上讨论可见,无论是在传统中谈论乡贤文化还是平民主义,有一点很明显,传统社会是多面向的,既有纵向治理诸如皇权和官僚行政活动的一面,也有横向治理的乡土自治和平民文化的一面。循着基层自治和平民文化的行动逻辑前行,诸如个体独立、市场经济、有限政府以及民主追寻等元素在传统架构中不乏底蕴,需要的只是合适的历史际遇即可浮出。值得注意的是,鉴于平民文化也有导向民粹和纷争的可能性,因此在推进民主的过程中,法制、专业化、传统以及社区参与和公民教育都是不可或缺的。

---

① 参见W.Chi,*Ideological conflicts in modern China*,New Brunswick,NJ:Transaction Books,1986。

② 参见蔡志强:《平铺化社会的冲突与整合——兼议钱穆关于中国古典政治文明的论述》。

③ 参见寒竹:《中国社会的扁平化结构》,观察者网:http://www.guancha.cn/han-zhu/2012_10_30_106713.shtml。

（二）后发现代化的攻守之势：阶段性的重心、纵向——横向治理的板块调适

以上有关20世纪国家与社会关系的简略回顾，勾挑出了影响治理板块变化的若干长时程因素，诸如20世纪上半纪促成强国家取向的内外因素、80年代推动开放的民意潮流以及传统中的基层自治和平民文化。由此再来回应前述问题：强国家对后发现代化的中国意味着什么？公众又为何能在80年代转而支持放权搞活、小政府大社会？解释的逻辑就自然而顺畅，既符合历史也符合常识。当然，不应忽略的是，下述后发现代化的叙事是在新版现代化眼界下展开的。

1. 20世纪上半纪前赶超阶段的重心：强国家的大势

鉴于后发现代化的起步阶段的弱政府弱社会状况，诸如军阀混战、列强干涉、外敌入侵和农村凋敝等，决定了前赶超阶段的首要任务就是建设强政府以重整河山和抗御殖民干涉，因而救亡与革命优先是理性的和正当的选项，也因此革命很自然地成为启蒙也即现代性叙事的重要构成。如若不然，在讨论美国昔日的崛起之时，对于其反抗英国殖民的独立战争又该做如何解释？

当然，后发现代化情境下的启蒙是多面向的，对人权和民主的关注只是诸多环节中的一个。在这一阶段，自由论者被批评为空谈并不奇怪，面对战乱、贫困、特别是外来殖民干涉，有关个体人权以及渐进式的变革等呐喊即便在知识分子和大学生中，也只在少数人中才有共鸣。道理很简单，上述呐喊与“几万万中国民众的‘悲惨经验’之间几乎存在着无限的差距”，对于人民的“社会愿望”几乎完全没有什么真正的认识。① 而来自马克思主义论者的批评则是，在外国帝国主义的压迫下，中国的资产阶级还没有强大到足以推动现代化，因而自由主义者不可能找到一个解决农村危机以及转变农村经济为市场经济的现实路径。

由此可见，在前赶超阶段强国家与革命作为大势是结束社会混乱、抗御外来殖民干涉的有效方法，这已经得到了历史的验证。1949年中华人民共和国的成立标志着恢复社会稳定、发展经济和建设独立的现代民族国家的良好开端。在50年代，新中国在独立的工业化体系建设、基础教育普及、妇女解放、大众福利、廉政和民族团结等方面的努力，提供了未来经济起飞的基础。也正是在关注强国家与革命的时段，中国贵民思想的语汇中“人民”“国民”的使用成为了主流。

---

① 参见何晓明：《近代中国自由主义：不结果实的精神之花》，《光明日报》2008年1月13日。

对于大的成功,中国智慧历来强调一种整体性评估,关注天时、地利与人和,其中“人和”最为重要。而在人和的选项中,政府能力和公众参与水平居于前列,后者的活力焕发显然是基础,涉及教育、医疗、社会福利、男女平等以及社会协作等因素。在这里,大数据或许有助于看到人和之因素的绩效,对此,不妨对比一下中国和印度在20世纪80年代的人力资源状况。

谈到中国80年代以后的经济起飞,人们容易关注的是政府大力投资基础设施,鼓励外国投资,建立经济特区和力推对外贸易,以及重视知识和科技人才的政策等(在这方面印度政府也很努力)。但不应忽略的是,虽然在20世纪80年代中印的GDP还大致相当,但在1982年中国的成人识字率已达到64.4%,而印度仅为37%。在那时的医疗和社会福利上,反映在婴儿死亡率以及人均寿命方面(1990年中国是69岁,印度是57岁)中国都优于印度。另外,在女性享有经济权利方面,中国排世界第50,印度排第131;在适龄女性参与工作方面,中国比例为74%,印度仅为34%。再加上80年代的中国农民已经不是一盘散沙,而是历经农业合作化的熟悉协作的准工业人口。由以上多种大数据不难看到,在经济起飞的开局,中国已拥有了远多于印度的健康的、有文化的和熟悉协作的工业人口,从而为中国后来的工业化成功提供了良好的人力资源。

顺便说一下,有关现代化的比较是可以在多国之间进行的,从中可以看到不同层面的发展状况。之所以选取印度来比较,主要是两个文明古国在人口规模、后发现代化的起点以及遭受殖民干涉等方面有相近之处。

2. 后赶超阶段的重心:经济和社会建设并举,政府顺势推展横向治理

当强政府为经济社会发展提供和平而稳定的环境之后,20世纪下半纪作为后赶超阶段,其主要的任务无疑应是“经济建设为中心”,在放开搞活的同时加强社会建设。前面有关结束十年动乱的民意潮流清楚地显示,正是人心思变推动了80年代国家—社会的关系开始摆向小政府大社会的格局。而这一纵向—横向治理的板块调适为市场化、社区建设、社会组织发展以及参与活动等提供了广阔的空间。也正是在关注大社会的时段,中国贵民思想的语汇中“公民”“权利”的使用开始流行。

从善治的视角看待中国现代化进程,无论是前赶超阶段的强政府建设还是后赶超阶段的大社会建设都是在推进善治并涵容了民主,而贯穿20世纪的则是良好的社会动员和参与以及对纵向—横向治理的调适。

为了更为清晰地看到中国成功的线索,我们不妨再次借助比较研究的方法,对比一下中国和印度在21世纪工业化的进展状况:

2015年印度记者选取乘坐中印高速列车来体验双方的质量和服务,而两列火车均

历时约4个半小时到达目的地。从德里驶抵斋普尔，全程约270公里，从上海到北京，距离约1300公里。中国列车在服务质量、食物质量和乘坐环境上都超过了印度列车。

鉴于高速列车的制造和运行是综合国力的展现，印方记者认为这一对比反映出两国在治理上的差距。而耐人寻味的是，这一评估——无论意识到与否——使用的正是在善治眼界下的治道分析，①而非一人一票制的政体论标准：

第一，在公众参与方面中国的国民精神更为高昂也更守纪律；

第二，在政府能力方面，中国方面在基础设施的投入上、在合理规划以及让国民分享福利上做得更好；

第三，在摸索本国适用的发展模式方面，中国能将外来理论与传统智慧融合，而印度则照搬西方模式，没有根据本国传统或条件作出修正。

第四，值得关注的是作者基于地缘政治的发问：明明中国制造业是印度的8倍，而西方媒体却持续进行有偏见的报道，一直试图证明印度将超过中国，它们为何要这样做？明显是想把印度当成牺牲的羔羊，想把第三次世界大战的战场从欧洲移到南亚。②

很明显，上述有关现代化的简要讨论尽管聚焦在若干重要节点，但在新版现代化的视野下还是能梳理出有关成功的重要线索。当然还应当看到，历史的发展是难以做到不偏不倚的，既然中国现代化是在救亡、战乱和抵御外部强权的复杂环境中砥砺前行，诸多问题的解决都不是搬用外国经验所能奏效的，这就难免碰到许多曲折和走弯路的状况。值得一提的是，前述有关开放的长时程动因的讨论，为分析上述曲折提供了新的视角，包括从后发过程的攻守之势来厘清偏误发生的线索，这将有助于人们对前后赶超阶段的中国道路（包括其成功与失误）有更加全面的解析。

三、中国学派的解读：成功之道、解蔽与澄明

（一）新版现代化之叙事：参与的逻辑、纵向——横向治理的调适、从实际出发

以上简要的讨论已经勾挑出了中国现代化奇迹的一些重要经验。对此，“中国学

① 在“导言”中已经谈到，善治顾名思义是指良好的治理。对于何为善治的思考在东西方思想库那里都是源远流长的。一般说善治着眼于整个社会的良好治理和持续发展，在概念上比善政以及民主有更多的规定性。例如，一个国家的持续发展和富裕，除了给个体创造以更大的空间外，还有诸多考量包括社会协作、政府能力、专业化程度、法制与民主问责，以及健康管理和社会福利等。票决民主只是善治中的一个环节。

② 参见拉吉·辛格（乔恒译）：《毛的中国与甘地的印度——多么鲜明的对比！》，加拿大《纽带报》4月19日，转引自环球论坛：http://bbs.huanqiu.com/thread-3230474-1-1.html。

者透过各学科的理论叙事向世界讲清楚成功崛起的理路,无疑是话语权赢取的一个关键环节。"①需要指出的是,对于崛起的中国不但过去面临而且将来也会面临诸多挑战,然而仅仅靠指出偏误和问题,是难以厘清快速增长的线索的。中国存在的问题很多,例如环境污染、贫富差距等,别的国家问题也很多,例如美国在 20 世纪的崛起曾发生过十几次经济危机。那么,同样是在应对种种问题,为什么中国增长这么快而别的国家却做不到?很明显,如果不能在纷繁复杂的线索中梳理出中国成功的因素,就很难说是有深度的理论思考。

那么,解析现代化过程(无论是在前赶超还是后赶超阶段),中国做对了什么呢?在公民文化的视野下,笔者以为下述三个方面是助推工业化成功的重要经验。

一是良好的社会动员、鼓励公众参与和大众创新,这既有传统的印记也有革命作为启蒙或者说新传统的影响,一个无可辩驳的史实表现在动员农民群体参与现代化方面。例如在前赶超阶段的抗日战争和解放战争期间,得益于中国共产党的基层动员传统,组织起来的亿万农民在党的领导下成了结束战乱和重构现代民族国家的主力军。而无独有偶,在后赶超阶段的 20 世纪 80 年代,中国的市场化也是从农村改革发轫的。伴随着政府大力支持农民致富——包括推进家庭联产承包制和乡镇企业,乡镇企业的勃兴成为了中国工业化起飞的引爆点。② 前述有关中印人力资源的比较数据也在显示,在改革前 30 年中国政府在基础教育、妇女解放、社会福利和农业合作化等方面的努力,为 80 年代经济起飞准备了大批有文化懂协作的工业人口。

二是动态地调适纵向—横向治理的板块边界,不走极端,不搞要么只讲政府管理、要么放任市场和社会自行发展的二选一。中国后发现代化的实践表明,现代化推进的内外环境是不断变动的,后发过程之所以呈现阶段性,从 20 世纪初的弱政府走向强政府,再到 80 年代迈向大社会,国家—社会的关系变化是多因素互动所致,包括地缘政治的影响。重要的是在纵向—横向治理互动之间中找寻一种平衡,例如,在后赶超阶段推进市场化和社会建设的过程中,并不排斥政府这只"看得见的手"的作用,而是在搞好监管"不缺位"的同时做到"不越位"。有学者指出国家间竞争很大程度已体现在战略能力的竞争,谁在战略能力上高人一等,谁就更有可能在未来的危机和挑战时更加应对有方。这些能力包括有效的政治社会组织能力、自主的可持续的生产能力、文化创新能力以及相应的外交和军事能力。美国智库人士布热津斯基在他的《战略憧憬——美国

① 缪青:《话语权赢取:叙事结构、理论层级和议题引领——兼谈中国版公民文化的创作实践》,2016 年"全国哲学社会科学话语体系建设理论研讨会"征文。

② 参见文一:《工业化失败的国家缺了什么?中国给出了答案》,中国发展网,http://www.chinadevelopment.com.cn/zk/yw/2017/05/1145665_4.shtml。

和全球实力的危机》一书中说过，中国善于从长远处着眼并勾画未来，政策前后连续，这是中国优势所在。而美国的政治文化则常常缺乏长远视角。一个典型的事例是，西方新自由主义经济学片面强调自由选择的一面和政府退出，使得纵向治理的政府监管失灵，导致了全球性金融灾难。

三是从实际出发并善于学习，透过"摸着石头过河"来渐进地推进改革，在吸纳西方现代化在市场化城市化的合理内容之时，不全盘照搬旧版理论。例如，改革不搞"一刀切"，兼顾社会稳定和创新；在发展私企的同时改善国企，搞混合经济；在搞活市场和社区的同时，继续改善政府指导等举措。实际上，渐进战略的思维不仅有经济学理路的支撑例如循序的产业升级，而且也有决策学和认识论方面的深刻道理，例如关于有限理性、本体论的发问以及治道思维等。相比之下，拉美国家、非洲国家，以及印度、菲律宾和俄罗斯等，都照搬了一人一票的票决政治，改革从私有化到金融业快速铺开，这种激进和"一刀切"的做法不仅使得经济未见繁荣，社会还陷入了纷乱。

显而易见，面对20世纪后发现代化进程以及中国崛起的丰富图景，来自中国学派的解释，其逻辑清晰而又顺畅，既符合历史和常识也符合新版现代化理论。还应当强调的是，中国的崛起没有重复西方强国当年的殖民扩张以及恃强凌弱发动侵略战争的做法，而是通过良好的国民动员，通过搞活国内外市场和互惠的贸易来实现。这些都是旧版叙事的教条无法展示的，或者说是不愿面对的。

（二）解蔽旧版现代化理论

面对激荡的现代化百年历程，能够看到改革开放背后的长时程动因，诸如民意潮流、多元的传统以及国家与社会的关系变动等，得益于祛除了西方中心的遮蔽。由此再来看旧版理论有关东方社会专制以及劣根性传统等政体论线索，其解释混乱的缘由也清晰可见。

首先是看不到影响现代化的多因素特别是回避地缘强权和殖民干涉的作用，因而也就看不到救亡、革命能唤起民众的现代性，当然也更不认可民意支持的强政府对于结束战乱、国家独立以及自主构建工业化体系的重大作用。耐人寻味的是，了解现代化历史的人都明白，昔日英美的崛起也离不开强政府的作用。例如，美经济史学家斯文·贝克特指出，"当年的大英帝国，作为第一个开启工业化的国家，并非是一个后来人们所描绘的自由、开明和廉政的国家。相反，它是一个军事开销庞大的、总是处于战争状态的、奉行干涉政策的、高税收的、债台高筑的、极端贸易保护主义的官僚集团和强权国家。"①其次是静

① 转引自文一：《工业化失败的国家缺了什么？中国给出了答案》，中国发展网，http://www.chinadevelopment.com.cn/zk/yw/2017/05/1145665_4.shtml。

态的分析，似乎现代化推进的内外环境是恒定不变的，看不到后发过程的阶段性特点，特别是民意潮流支持搞活市场和小政府大社会，看不到纵向治理和横向治理之间的动态调适。再次是褊狭的西方中心视野，似乎现代化只有单一路径可循并且不容置疑，只要一人一票制加上市场化、私有化、政府退出，经济就自然上去了，不认可中国在学习西方的同时不必照搬旧版理论的教条。而历史的吊诡之处就在于，偏偏不按照西方路数的中国发展却成就斐然。那么面对中国的崛起，是制度经济学的经书错了还是中国的快速增长有问题？迷信旧版教条的人自然不肯承认理论背离了实际，而会说中国增长是以价廉劳动、低效国企投资为手段，以环境为代价的"振兴假象"，由此而来的中国崩溃论就是毫不奇怪的了。

通过以上讨论再来看"新启蒙说"，其合理之处以及误区也清晰可见，限于篇幅这里只做简要的讨论。

"救亡压倒启蒙"叙事的基调在于反思和找寻失误的根源。通过分析 20 世纪 60—70 年代的挫折和教训，勾挑出文化心理结构中积淀的"封建性"，从而对传统进行创造性转化，其关键环节是"搬进来"自由论取向的民主和人权，据此来造就现代人。客观而论，在后赶超阶段的强政府建设中，如何在保护公民免受侵略威胁的同时防范公权力对个体权利的侵犯，新启蒙针对十年动乱的反思有其历史的合理性。不过，如果缺乏边界条件的约束，真理向前一小步就可能变成谬误。当"救亡压倒启蒙"的解说试图勾勒中国整体现代化过程并面向未来时，其视野狭隘的缺陷就袒露无疑。道理很明显，以"压倒"为主调的叙事既无法面对前赶超阶段的强国家之大势，也无法面对 21 世纪之交的中国崛起。就方法论而言，之所以出现这样的被动是基于下述因素：

其一是缺乏大视野，看不到后发现代化的丰富场景，包括启蒙的多面向、抗御地缘强权以及中国做对了什么的思考。这样一来，反思现代化作为构建现代性的重要环节如果仅限于对做错了什么的讨论，而没有综合考量做对与做错，就容易掉入"国民劣根性"的陷阱，有可能滑向"一种对不发达的'诅咒'，一种对落后无药可救的宿命"，延伸阅读参见笔者的《习俗转换：从熟人文化迈向公民文化》。① 其二是指出问题仅是解决问题的良好开端，从摆出问题、建言到拿出公正且可行的方案，后者的思考和功力显然高了不止一个层级。就现代性构建而言，这一努力涉及解决问题过程中的公民性表达，换句话说也即公民素质提升更多的是在大众参与以及解决问题的过程中实现的。本文的主旨之一就是通过现代化历程的重要节点来说明国民现代性是怎样重构的：一个令

① 参见缪青：《习俗转换：从熟人文化迈向公民文化》，杜丽燕主编：《中外人文精神研究　第十辑》，人民出版社 2017 年版，第 159 页。

人瞩目的史实即庞大的农民群体在前赶超阶段积极投身于建立现代民族国家的革命，在后赶超阶段积极参与工业化起飞，而推动这一数亿人群体的“封建性”解构，确切地说应当是素质提升，没有中国共产党的良好基层动员以及前述国家与社会的关系调适是不可想象的。这一过程涵容了有关善治运行的诸多考量，包括社会协作、政府能力、专业化程度、法制、民主问责以及社会福利和大众参与等。在这里，民主与人权的诉求只是治理链上的片段环节，而且该诉求的解决更多的是在日常公共生活的参与中获取，延伸讨论参见笔者的《城市社区的变迁与新老社区的参与意识》以及《践行篇：参与式治理过程中的公民性》。

新启蒙说对于上述中国道路的丰富性之所以看不到，其根本原因还在于旧版现代化理论的束缚，尽管论者强调“传统既是扔不掉守不住的”，要“搬进来”西方的民主、人权来实施创造性转化，并以此来表达对五四激烈反传统的超越。但其构建现代性的努力却忽视了一个关键环节：在超越传统的同时也必须超越西方中心，如果不能立足于中国贵民知识传统、着眼于后发现代化不同阶段的任务、在解决问题中提升参与能力并从治道的眼界来谈论公民性、现代性，那么如何达至素质提升、传统与现代的交融（在旧版理论看来只是肃清“封建性”），特别是如何阐发中国的崛起则统统成了难题。由此看来，无论是说新启蒙需要再启蒙，还是说该观点是中国学派确立之际的过渡性叙事，都是有道理的。

（三）中国成功之道的方法论澄明

1. 迈向“小政府大社会”、扁平化趋向与释放活力

综上所述，在公民文化的视野下看待公民性、现代性建构，既能看到演化的作用也能看到教化的作用。换句话说讨论公民性既要看到社会变迁和扁平化趋势对人的影响，也要看到其背后诸多长时程因素的作用。这意味着解读公民性不能脱离现代化历程的大背景，例如，在前赶超阶段强国家与革命作为结束战乱和抗御殖民干涉的大势，在后赶超阶段伴随着“小政府大社会”的进程以及对十年动乱错误的匡正，有关法治、维权、有序参与和协商民主等意识得到了推进，接下来的社区自治、公民参与、社团发展和网络问政等，都促进了在21世纪公民话语的流行。上述这一切为社会扁平化趋向、释放民间活力和大众创新提供了空间，并推动了中国的崛起。

还应当强调指出，在扁平化趋势下推进开放与释放活力的同时，自然会对公民素养和责任提出更高的要求。如果说公共参与、权利等新话语的流行表明了现代治理对“民的重要性”之期待是前无古人的，这同时也意味着对公民能力和素养的要求也是前无古人的。正如笔者在《越是现代化越需公民参与》一文中所谈到的，“应当清醒地看

到,我们的城市和社区生活已经进入参与式治理的时代,随着人的自我意识和维权意识高涨,城市生活中各种利益纷争也开始增多。而恰恰是在如何做到理性面对和协商共赢方面,一种轻松的参与氛围还很不到位。经常见到的是,碰到纷争就喜欢搞你输我赢甚至是你死我活的过激抗争。要么是政府埋怨公民缺乏素质,要么是人们指责政府无作为,非常缺乏有关公民维权需要协商和妥协,有关民主参与是一种妥协和共赢的艺术等观念。”①由此可见,活力要变成竞争力有赖于高水平的参与以及对民主持有一种“明达而有节制的解读”,更多的讨论参见笔者的《践行篇:参与式治理过程中的公民性》与《公共生活参与的素质、分享式发展和善治》②的讨论。

2. 日常公共生活参与:素质提升与防范民粹

那么,如何使得“鼓民力”不致带来过度纷争、族群分裂乃至散沙状况(其背后的动因可能来自地缘政治干涉、平民文化所伴生的激进自由以及民粹等),在这里,提升参与水平与防范民粹是同一参与式治理过程的两个侧面。也正是在素质提升方面,日常公共生活的参与或者说社会领域的参与的重要性就凸显出来了。道理很简单,这一参与的范围十分广泛,诸如社区营造、社会组织、社会福利、教育发展、健康事业、公益慈善事业以及自媒体平台等,其广度远超政治领域的参与。当舆论关注在高扬平等和权利的同时,公众能否理性地、负责任地和有妥协地介入公共治理中去,换句话说能否在看重个体权利的同时,也关注协商、契约和分享,这些素质更多地是在日常公共生活中例如社区参与和许多微治理中赢取的。由此看来,社会领域的参与水平对于社会繁荣、对于政治活动包括对政治民主的改善都有着重要影响。对此,人们常常没有给予足够的重视,而这正是公民文化研究所关注的,延伸阅读参见《中外人文精神研究》所辑录的多篇文章。

例如,在《践行篇:参与式治理过程中的公民性》谈到的消费过程的民主参与时笔者就指出,人们在购买商品担当消费者的同时,应能依照一定的程序,参与对商品生产销售过程的管理和监督。如果人们在商品消费活动中,只是单纯依靠工商部门、质检部门的管理,或者对侵害消费者利益的追责仅只停留在道德指责上,指望这样做就能杜绝一切违章和不法行为,而不关心广大消费者积极介入消费过程的管理,就等于放弃自己享有的消费安全的参与权利。其结果就容易导致:一方面人员有限的工商管理部门会负担过重,对劣质商品防不胜防;另一方面消费者在碰到违章行为、劣质商品时,由于缺

---

① 缪青:《越是现代化 越需公民参与》,《北京青年报》2010 年 1 月 27 日。

② 参见缪青:《公共生活参与的素质、分享式发展和善治》,杜丽燕主编:《中外人文精神研究 第八辑》,人民出版社 2015 年版,第 143—159 页。

乏参与的渠道,只能限于消极的抱怨和无奈。这种治理空缺所带来的破窗效应,①有可能会助长一些不法商贩侥幸捞一把的心理。

这里谈到的消费过程的民主参与,已经触及社会维度的民主问题,民主在社会领域不外是社会组织或群体为维护公众及个体的正当权益,依照制度的或协商的程序来解决问题并达成妥协及合作的决策过程。此外,关注民主治理的社会维度,也提出了民主政治中制度与文化传统的契合问题。正如有学者谈到的,社群主义认为民主政治只是个架子,它本身不能培养社群意识,这样民主政治是不会稳固的。社会还是需要有一些基本的共识,而这种共识只能从文化中来,对此儒家就可以发挥它的作用。

谈到民主,引人注目的往往是政治民主的程序性活动,诸如权力制衡、议会质询与票决选举等,这一解读的眼界不够开阔,有明显的政体思维的定势。而从治道论的眼界望去,民主政治的稳定运行有赖于诸多条件,其中基础性的要件就在于公众素养和参与氛围,而上述日常公共生活参与的分析凸显了参与水平提升的理路。这些素养和能力的培育更多的是源于日常公共生活的参与,而不是冲突论政治学所看重的党派斗争和街头抗议。当然,这一理路还包括解决问题过程中的公民性表达。

以上有关活力与竞争力、提升参与水平与防范民粹以及日常公共生活参与的讨论,其知识贡献的一个要旨在于释疑,为何一些不发达社会移植了权利话语和票决民主的制度外壳,却未能促进发展反而带来了纷乱?

3. 宏观叙事的更新与治道的眼界

透过新版理论所呈现的后发现代化的丰富图景,特别是贯穿于前后赶超阶段的大众参与、纵向治理与横向治理的良好调适以及中国崛起的成功经验,再结合现代化历程与中国贵民思想传统来探讨公民性议题,就不难看到对“公民”一词的解读不能静态地和孤立地进行,其内涵的丰富性是在人与社会结构变迁的互动中展开的,这就将中国公民文化的发展放在了一个稳妥的基础上。

上述宏观叙事的图示得益于中国学派和后西方的视野,而且其体系化的阐发本身也是一种公民教育。例如,在解说后发现代化起伏跌宕的历程时,不仅能够看到公众参与、活力释放、提升参与水平与防范民粹的议题,而且能够看到对日常公共生活的参与的重视,因为素质提升有很多是在社会领域的参与包括社区参与以及许多微治理中赢取的,并且社会领域的参与水平高低对于政治民主的改善有重要影响。这些讨论往往

---

① “破窗效应”源自一项心理学试验,说明被打破的窗子如果不能及时修复,就会给越轨以强烈地暗示性纵容,进而招致更多的不法。这意味着环境中的不良现象如果得不到及时制止就会带来暗示性纵容,诱使人们争相仿效。

为旧版现代化理论以及制度经济学/政体论的设定所忽略。

以上中国学派所关注的已经渗透了治道思维的意味,包括发展的活力有赖于无为而治、要搞好大众创新和参与,其结构性表达则是横向的网络化治理。当然,要使活力变成竞争力,来自纵向治理的规划、管控和协调也不可或缺。循着治道的理路来观量民主自然就具有善治生态链的眼界,其关注点是民主运行的机制是什么?其支撑条件和运作绩效如何?这样一来,民主在一个宽泛的意义上不外是贵民及鼓励民众参与公共事物的治理过程,其运作形式基于不同文化也自然带有多样性,并非只是竞争性票选的单一形式。该议题的更多讨论将另文撰述,并可参见《公民文化与社会和谐:活力、竞争力和善治追寻》中有关“有节制的民主”之论述。

鉴于日常公共生活参与作为横向治理的表达所触及的范围广泛,诸如社区营造、社会组织、社会福利、公益慈善事业以及自媒体平台等,考察城市社区公共生活及其面对的微治理问题应当是一个好的切入点。在笔者撰写的《城市社区的变迁与新老社区的参与意识》一文中,透过迈向小政府大社会的背景阐发以及有关社区公共生活与制度化参与的讨论,旨在说明公民话语的流行作为现代性,既能看到演化的作用也能看到教化的作用,凸显了社区参与对于素质提升的重要性,并且对政治民主的改善也有重要影响。

借助社区作为一个窗口来看待横向的网络化治理和参与氛围,不禁使人联想到思想家顾炎武的那句话,“自古至今,小官多者其世盛,大官多者其世衰”。在今天看来,这一看法对于解读何为善治、无为而治及乡贤文化仍不乏启示。当然,今日的乡贤更多地指向了专业人士、社区工作者、社会组织和活跃的公众参与,而支撑其后的则是纵向治理与横向治理良好调适。

网络时代更需加强信用体系建设和失信惩戒力度

刘　东[①]　丁　青[②]

信任是社会民众在内心对规则可靠性的认同。信任是关系到社会治理的深层次问题，是网络时代的热门话题。在当今国家治理现代化的过程中，必须强调，诚信是法治政府的基本原则，事关政府公信力，而其根本就在于权力制约，其重点就在于失信惩戒，其关键就在于制度落实。制度就是一系列影响人的行为的规则或规范。制度建设是最根本的，扩大制度供给、加强制度执行，最终都只能依靠制度的力量。

一、社会信用体系建设中的制度性难题尚待解决

新制度主义学派的主要代表人物道格拉斯·诺斯指出，制度是"一个社会的游戏规则，更规范地说，它们是为决定人们的相互关系而人为设定的一些制约。制度构造了人们在政治、社会或经济方面发生交换的激励结构，制度变迁则决定了社会演进的方式，因此，它是理解历史变迁的关键。"[③]世无诚信不宁，国无诚信不稳，业无诚信不旺。从制定全国统一的信用信息采集和分类管理标准，到推动建立自然人、法人统一代码，再到建立企业黑名单制度，在现实中可以看到，诚信建设制度化已经取得了初步成效。而在建立健全法律法规和建设法治环境方面，也取得了一些进展，与信用相关的一些法律法规得到了进一步完善，像在《刑法修正案八》中就加大了对食品安全犯罪刑罚的力度，并且将"恶意欠薪"入刑；在《刑法修正案九》中增加了惩治失信背信行为的规定；在新的《消费者权益保护法》中加大了经营者欺诈性行为的惩罚性赔偿力度。与此同时，在2016年国务院密集出台了各种相关指导意见，比如《关于建立完善守信激励和失信联合惩戒制度　加快社会诚信建设的指导意见》；《关于加快推进失信被执行人信用监督、警示和惩戒机制建设的意见》；《关于加强政务诚信建设的指导意见》；《关于加强个人诚信体系建设的指导意见》等。一系列法律法规及其相关指导意见的出台，对于加

① 刘东，在北京市社会科学院从事文化哲学、环境哲学研究工作。

② 丁青，在北京行政学院从事历史哲学、政治学研究和教学工作。

③ 道格拉斯·诺斯：《制度、制度变迁与经济绩效》，上海三联书店1994年版，第3页。

快建设社会信用体系具有重要的指导意义。

然而在现实中可以看到,由于一些部门和相关人员对社会信用体系建设的重要性缺乏足够的认识,信用管理制度很不完善,在作为社会主义市场经济体制和社会治理体制重要组成部分的社会信用体系建设中,仍然面临着许多制度性的尚待解决的难题。有学者指出,“首先,就是宏观层面的立法欠缺。我国尚无一部全国性的信用法律法规,对信用信息的归集和管理等进行明确规定。尽管中国在《民法通则》《合同法》和《反不正当竞争法》中规定了诚信守法的法律原则,在《刑法》中规定了对诈骗等犯罪行为的处罚,但缺少与信用制度直接相关的立法,实际操作中大都按照部门规章来运行,立法层次还不够高,很多不诚信行为如何认证没有明确的法律法规规定,极大地制约了征信活动的开展。其次,操作层面的具体制度安排缺失。落实《规划》需要一系列具体制度的安排,可是,目前我国社会信用体系建设中还存在诸多操作层面具体制度缺失的问题。”①在现实中,更有一些制度上、观念上或技术上的瓶颈需要突破。

信用是市场经济高效运行的润滑剂,既有市场属性,又有公共产品属性,必须要发挥好政府和市场的双重作用。当前我国信用行业建设尚处于初级阶段,完善的信用服务市场尚未形成,供求双重不足,信用专业人才相对不足且素质有待提高,总体看民众信用意识还比较薄弱。而信用行业业务体系不健全,信用服务机构数量较少而且能力不足,也影响了社会信用体系整体发挥作用。还有就是信用信息产品的应用领域缺乏进一步挖掘,社会化和市场化严重不足。而在网络时代,面对网络空间的复杂状况,特别要强调必须加强网络信用监管。正像有学者指出的,“目前,我国互联网领域创新不断,电子商务持续快速发展,互联网金融异军突起,对传统的金融业形成显著冲击。与其蓬勃发展势头相比,互联网领域的信用风险却被忽视,信用监管亟待加强。”②这些林林总总问题的存在,从多方面加大了社会信用体系建设的复杂性,也使得失信惩戒制度建设更显得尤为迫切。

二、社会信用水平低对社会心态和网络环境带来消极影响

在传媒力量迅速扩张的时代,社会治理的难度在不断提升。在现实中,特别是在网络空间,各种信任违背现象屡有发生,使坦诚沟通的信任机制难以真正建立起来。自从20世纪90年代以来,学者们通过大量的观察发现,信任是动态的、脆弱的,经常会被破

① 《光明日报》2015年11月23日。

② 《中国经济周刊》2015年5月4日。

坏，这也影响了社会心态，使社会心态变得更消极。有学者指出，随着社会的急剧转型，社会利益诉求更加复杂和多元，一些人的社会心态出现了明显的变化，部分人心态失衡，“人与人之间缺乏相互信任，助人为乐和见义勇为等良好风尚难以成为大众普遍的自觉选择。由于拜金主义的流行以及互联网对现实人际交流的阻隔，个人主义和以我为中心的社会心态开始出现……在市场经济环境下，一些违反平等、公正、诚信原则的商业行为，损害了市场和整个社会的利益，扰乱了正常的社会秩序。”①在分析转型期社会心态的问题时，还有学者指出，其主要表现就是：失衡与迷茫；浮躁和盲从；不安全感和怀旧心态；心理矛盾与评判标准的二元化。② 还有一些地方强拆民居，一些农村基本公共服务缺失，一些信息、政策不透明等，这些都让人产生不信任感和不安全感。社会信用水平低也严重影响了网络环境，使网络空间鱼龙混杂，甚至有时充满乌烟瘴气。从“莫当谣言扩音器”（《人民日报》2013 年 8 月 26 日）；“盯住网络谣言背后的非法利益”（《检察日报》2013 年 9 月 30 日）；“网络谣言如此炮制”（《人民日报》2013 年 8 月 22 日），到“互联网领域的信用监管亟待加强”（《中国经济周刊》2015 年 5 月 4 日）；“莫让传播失范造成更多公信丧失”（《北京日报》2016 年 3 月 25 日）；“电信诈骗六大杀器怎么防”（《北京晚报》2016 年 4 月 30 日），再到“三月谣言公共安全类事件数量多”（《北京晚报》2016 年 4 月 8 日）；“假数据套取真收益在线直播数据造假成风”（《北京青年报》2016 年 8 月 5 日）；“一条短信如何骗光网友财产”（《北京青年报》2016 年 4 月 13 日）……一篇篇关于网络乱象的媒体报道令人触目惊心，反映了目前网络混乱状况的严重性。

事实表明，虚假信息始终都是影响社会稳定的消极因素，这也与法制不够健全、社会信用体系建设不够完善有着直接的关系。特别是在互联网、大数据、人工智能和实体经济深度融合的当今，自媒体方式的日益泛滥，使得信息来源更加杂乱，人们的盲目感和不信任情绪在一些事件的后续效应中不断扩散和发酵。这些问题更应引起足够重视。“在传统信息传播环境中，由于信息传播渠道少，传播速度慢，所导致的社会危害相对有限。即使发生了恶劣的舆论事件，政府部门也可以及时进行信息反馈，并且借助官方媒体澄清谣言，而民众对政府的信任度并不会随之降低。”而在当今公众接收信息的渠道逐渐增多，信息传播方式也发生了巨大变化，这也为一些图谋不轨的人提供了可乘之机。“部分不法分子为制造谣言，往往通过伪造图片、视频等方式，利用互联网传播虚假信息，通过提高传播信息的真实度吸引公众关注，进而达到迷惑大众、制造混乱

① 《光明日报》2012 年 6 月 3 日。

② 参见《论转型期社会心态问题的有效疏导》，《山东省青年管理干部学院学报》2015 年第 5 期。

的目的。若政府部门依然沿用传统的舆论反馈机制,需要经过层层上报,并在网络舆情发生后才制定补救方案,或者缺乏对网络舆情的关注度,无法很好地化解矛盾,不仅错过了最佳反馈时机,也难以获得公众的信任。”①近年来,造成民众对政府信任危机的负面事件频繁发生。负面事件发生后,有些政府部门及时采取了措施,减弱了负面事件带来的后果,政府公信力逐步得到修复;有些政府部门没有积极应对负面事件造成的影响,从而使公信力继续受损。因此,着力提升政府公信力首先必须在完善机制上下工夫。而通过提升政府公信力,来推动整个社会的诚信文化建设,则是社会信用体系建设的重中之重。

化解各种消极因素,培育健康社会心态,只能通过积极引导,只能通过逐渐改善社会环境和网络环境,只能依靠制度的力量。要加强社会信用体系建设,要加大失信惩戒力度,在这方面要借鉴西方发达国家的先进经验。在西方发达国家和地区,形式上没有联合惩戒的实践,但是在实质上却有着比中国更为强大更为有效的联合惩戒。这种联合惩戒,不仅仅来自于政府,更重要的是来自于强大的社会监督。中国不断推进国家治理体系和治理能力现代化,就必须吸收借鉴人类文明有益成果,构建系统完备、科学规范、运行有效的制度体系。当前,我国已经启动社会信用体系建设工程,征信系统作为制度性社会信用的主要建设工作正处于建立和完善过程中。而只有切实加强制度建设,建立健全各种法律法规,才可能从源头上解决问题,真正达到治标治本的目的。

三、加大失信惩戒力度才能提高社会民众的制度信任

人无信不立,国无信不强。社会信用体系借助法律、信用记录、信用评价等对失信者可以实行直接与间接的双重制裁:一方面,通过信用法律对失信主体进行民事、行政和刑事责任的直接处罚;另一方面,利用信用信息的公开与传散对失信者进行间接的社会制裁。直接处罚是对失信者的当下惩治,惩罚力度与法律威慑具有正相关性;间接处罚是社会对失信者的长久惩治。两种制裁有机结合,构成对失信者的联合惩戒。如国务院颁布的《关于加快推进失信被执行人信用监督、警示和惩戒机制建设的意见》(2016 年)规定,不仅对失信者给予法律惩罚,而且实行特定行业或项目限制、企业高管和事业单位法人等任职资格限制、准入资格限制、荣誉和授信限制等。对失信者实行的各种资格限制及其消费限制等社会排挤力,使失信者“逃不了、赖不掉”,才会在不同程度上削弱失信者在社会中的生存力和发展力。有学者认为,这种“一处失信、处处难

① 孙文博等:《大数据视野下网络舆情治理的政府监管研究》,《长沙大学学报》2017 年第 6 期。

行"的社会生活现实，会产生积极的社会辐射效应，有利于形成"守信光荣、失信可耻"的良好诚信文化氛围。相反，如果诚信文化建设缺乏社会信用体系制恶的支撑，"失信必罚""失信亏利""失信可耻"的教化就会成为缺乏说服力和信服力的空洞说教，"知信而不守信"的知行背离现象就会沉渣泛起。① 而没有可靠的信任机制和信息技术的保障，实现包容共享、公平正义的价值目标也是非常不现实的。

一定要打造共建共治共享的社会治理格局。必须加强社会治理制度建设，建立健全和完善与信用相关的法律法规。要以健全法律和标准体系、形成覆盖全社会的征信系统为基础，以推进政务诚信、商务诚信、社会诚信和司法公信建设为主要内容，以推进行业信用建设、地方信用建设和信用服务市场发展为重点，以建立守信激励与失信惩戒机制、推进诚信文化建设为手段，加快社会信用体系建设，才能及时化解负面情绪，培育健康社会心态。有文章指出，加强诚信建设，关键在于制度化，把道德伦理的软性规则与制度规定的刚性约束结合起来，努力形成不能失信、不愿失信、不敢失信的制度体系。在改革攻坚期、社会转型期，更应把推进诚信建设制度化放在突出位置，为全社会提供信用体系建设的这一道德"基础设施"。建立社会征信体系，形成联合惩戒机制；健全诚信奖惩制度，让守信者处处受益、失信者寸步难行；建立诚信红黑榜发布制度，涵养"诚信光荣、失信可耻"的社会氛围，制度的威力必将促使人人都能守住诚信底线、敬畏法律高压线。② 法律面前人人平等。必须进行一系列科学合理的制度设计，建立起人人尊重法律、敬畏法律、遵守规则的诚信机制。德国社会学家齐美尔说，"没有人们相互间享有的普遍的信任，社会本身将瓦解……"因此，必须加大对失信行为的惩戒力度，让失信者不得不为自己的失信行为付出更高的成本和代价。

加快社会信用体系建设是一个庞大复杂的系统工程。"社会转型期诚信秩序的生成需要在制度和道德文化双重建设基础上，通过开发和创新社会治理工具，激发社会内生性秩序活力，从而引领社会道德规范，构建社会诚信秩序。"③而当制度安排存在缺陷时，社会心态就会出现偏差和对抗，各种信任关系就难以形成，因此，还要尽可能使各项规则与制度之间有序化。要建立健全信用法律法规，只有在国家层面大力推进信用立法工作，才能真正使信用信息采集、归集、交换、共享，以及信息安全和信息主体权益保护等方面切实有法可依。要完善信用监管，统一信用联合惩戒标准，严格实施信用联合奖惩。国家发展改革委曾在 2016 年把政务诚信建设作为全社会信用建设的重点，并且和有关部门研究制定关于全面加强政务诚信建设的指导意见，同时将加强政务失信记

① 参见《光明日报》2017 年 2 月 15 日。
② 参见《人民日报》2014 年 7 月 31 日。
③ 《中国社会科学报》2017 年 11 月 9 日。

录建设。对政府及其部门以及政府工作人员在行政过程当中的失信情况，纳入信用记录。这些举措是与坚持全面依法治国，着力提升政府公信力息息相关的。加快建设社会信用体系，加强政务诚信建设，加大失信惩戒力度，不仅是政府取信于民、建设诚信中国的重要基础，也在政治、法律和道德等层面站在了推进国家治理现代化的制高点。而基于网络环境的复杂性和网络治理的艰巨性，对网络空间的信用监管和失信惩戒将势必成为一种常态。

重视微时代舆情与规范网络传播秩序

刘　东①

舆情动态是社会变革的一个无法忽视的社会心理资源。舆情动态包含了与人们社会行为密切相关的许多心理因素,其中既有与社会历史文化相联系的较稳定的部分,也有与时代转换、社会变迁相联系的较易变化的部分。微时代的传播方式和话语方式,以及数量庞大、参差不齐的网络用户群体和网络自身所具有的开放性等特点,更使得真实把握舆情的难度在不断增加。这也从一个方面反映了在经济体制深刻变革,社会结构深刻变动,利益格局深刻调整,思想观念深刻变化的当下,舆情动态的复杂性和多变性。而重视微时代舆情动态,规范网络信息传播秩序,加强网上舆论引导,则是促进政治安全和经济社会健康发展的必然要求。

一、网络舆情动态关系到国家的长治久安

舆情是指在一定的社会空间内,围绕中介性社会事项的发生、发展和变化,作为主体的民众对作为客体的国家管理者产生和持有的社会政治态度。如果把中间的一些定语省略,舆情就是民众的社会政治态度。网络舆情即公众利用网络社交平台,基于自身的文化结构、教育背景、政治主张等,对所关注的事件发表言论、态度和看法的总和。网络舆情是互联网时代形成的新概念,反映出大多数人意见的集合,既具有互联网平台的诸多特征,也具有舆情的特殊性。网络舆情以互联网作为传播载体,本身属于社会舆论的一部分。② 网络舆情是微时代公众交往和参与社会治理的新方式之一。舆情动态关系到政治秩序、政治认同、政治稳定,关系到一个国家的长治久安。在当今,"网络舆情已经成为一种新型的社会舆论焦点,而政府的宏观调控是实现对其进行量化监测和分析的重要途径,因此如何在大数据时代完善网络舆情政府监管机制就显得尤为紧迫和重要。"③

---

① 刘东,在北京市社会科学院从事文化哲学、环境哲学研究工作。

② 参见尹建国:《我国网络信息的政府治理机制研究》,《中国法学》2015 年第 1 期。

③ 孙文博等:《大数据视野下网络舆情治理的政府监管研究》,《长沙大学学报》2017 年第 6 期。

今天的中国,正处在一个蓬勃发展的新时代,正处在转变经济发展方式、调整经济结构的关键时期,而以信息网络技术为代表的新兴媒体的迅猛发展,不仅对传统沟通方式及其模式提出了新的挑战,也对虚拟空间的秩序提出了挑战。传媒力量迅速扩张为网络舆情传播创造了便利条件,网络舆情不仅在新闻和突发事件的传播上速度更快,还借助移动网络覆盖面广的特点,突破了地域限制,扩大了传播途径和范围。随着微博、微信等沟通方式的普及和应用,中国社会也随之构建起了最庞大、最嘈杂的舆论场,与此同时,社会治理和网络空间治理的难度也在不断提升。有学者以2015年6月至2016年7月微博热门讨论事件为对象,通过基于语词计量的文本分析,探索网民情绪和态度倾向的总体状况发现:网民的注意力很容易被热点事件调动起来,往往不存在任何预热便让事件的讨论快速传遍网络,同时网民的注意力也消散迅速,一般持续在24—72小时之间;网民在民生政策调整、反腐案件办理、公众人物言论等事件中都表现出较为理性客观的态度。总体而言,2015年至2016年上半年网民心态整体为冷静客观,但在严重威胁自身安全的恶性犯罪、食品信息安全等问题上,表现出强烈的情绪宣泄,并期待政府重视和干预。①

在新时代建立积极的政治信任关系,确保政通人和,确保善治与信任的良性互动,就必须尽快加强微时代的网络舆情治理和改善网络环境,就必须加强和改进网络监管,并争取在织补社会信任网络、形成新型信任纽带、扩大各种信任储备以及增强民众政治认同感问题上有重大进展。目前,国内舆情动态的研究主要是围绕政府舆情信息工作来开展的。而在现实生活中,与官方舆论所不同的民间舆论场中的热点问题,则更加切中社会安定的脉搏。有学者指出,“在传媒力量迅速扩张的时代,社会管理的难度提升。在中国社会发展的历史上,政府组织在整个社会结构中一直掌握着较大的控制权……过去掌握着八成以上‘最有价值信息’的各级政府可以‘垄断和封锁那些不利于政治稳定或危及政治统治的信息’,实行封闭性社会控制。但如今,社会个体通过简单的新媒体技术手段即可以规避来自政府的监控。随着地方政府社会控制能力的弱化,从前各级地方政府拥有的舆论权威以及实施社会控制的空间也被压缩,政府作为一种社会控制主体开始被质疑,正如埃瑟·戴森指出的,新媒体‘使传统意义上的政府几乎对它束手无策’。作为对地方政府社会控制的‘钳制’,网络社会可以通过负面舆论消解政府权威,甚至剥夺政府社会控制的合法性。”②

① 参见《中国社会科学网》2016年12月12日。

② 《转型期乡域社会心理特征与社会管理创新的路径选择》,《华东师范大学学报》2014年第3期。

二、要从战略高度加强对舆情动态的把握和研究

无论从哪个角度看,都必须从战略全局高度出发,把握新时代政治信任的特点,以大数据分析资料为依据,从政治稳定和社会风险防范的角度强调舆情治理及网络监管的重要性。面对网络舆情的复杂性和舆情治理中存在的问题,有学者指出,"当前网络社会舆情事件引发的负面影响,是导致社会心态失衡的重要原因,直接影响社会治理的效果。自媒体的独特传播方式能有效影响社会心态。运用好自媒体这一传播工具的表达和互动功能,可有效缩短消极有害心态存在的历时过程,控制其规模,减少其给个人和社会带来的危害。"还有学者指出,"舆情监测存在舆情监测手段、内容和研判等三个方面的误区,具体表现为迷信大数据、误解批判信息以及错误研判舆情。""应从观念、文化和价值取向等角度重新审视舆论场域的分布,对于互联网舆论格局的认识应当从'两个舆论场'的对立走向'文化多元'的理解。"①实际上,在技术层面以搜索引擎方式存在的舆情监测,是不受任何约束和限制的,可以在第一时间检索到相关的信息,而问题的关键在于通过精准分析,及时研判大量信息背后的真实情况。

应当看到,一方面互联网和实体经济的深度融合为社会发展和人的发展提供了广阔空间,另一方面由于网络具有即时性、隐蔽性、虚拟性、随意性等特点,增加了信息的无序化和不确定性风险。大量的数码设备、移动设备每日每时产生着海量的数据,而各类信息和数据的分享与协调机制却并不畅通。这些现象都使得网络环境呈现出一种无序的状态,同时也使舆情分析和研究本身呈现出纷繁复杂的状况。自党的"十六大"提出要深入了解民情、充分反映民意、广泛集中民智、切实珍惜民力的决策机制,推进决策科学化和民主化以来,舆情成了一个热门词汇。党中央要求各级政府开通官方网站和微博,利用网络途径及时公布最新政务信息,加快实现与公众之间的无障碍交流。随着各级政府借助网络舆情开展工作的案例大幅上升,许多政府部门都能听取民众呼声,关心民众意愿,以积极的态度应对民众监督,重视和研究网络舆情。舆情动态活跃不仅说明公众的民主意识有了普遍提高,也切实提高了政府的办事效率。在学术研究上,从《网络舆情监测理论与实践》(郝晓伟,国家行政学院出版社 2014 年版)、《网络舆情管理学》(彭铁元,湖北教育出版社 2015 年版)、《热点事件网络舆情的传播与治理》(曾润喜,华中科技大学出版社 2017 年版),到《群体性事件的网络舆情及其治理研究》(常锐,中国社会科学出版社 2017 年版)、《大数据时代的网络舆情》(杨明刚,海天出版社

① 吴志远:《社会舆情分析与社会治理创新》,《中国社会科学报》2015 年 4 月 17 日。

2017年版)、《中国舆情指数报告(2016—2017)》(刘志明等,社会科学文献出版社 2017年版),一些相关论文和专著陆续发表与出版。此外,在 2013 年 9 月,人力资源和社会保障部就业培训技术指导中心与人民网联合启动“网络舆情分析师职业培训计划”,自此“网络舆情分析师”将成为正式职业。①

但是必须看到,比起发达国家的相关情况,国内现有舆情工作人员的能力和水平仍然严重滞后,许多舆情机构尤其是地方政府的相关机构根本没有专业的数据处理、分析团队和专门的网络舆情管理部门。在学术研究方面也存在一些欠缺。目前国内主要是基于政府舆情信息工作来开展的研究舆情概念界定与辨析、舆情信息工作、舆情机制、网络舆情等,基本研究层次相对不够深入。这一点相对于国外还有着很大差距。在西方,对于舆情的研究主要是大众传播对公众舆论的影响;还有就是公众舆论与政治决策的互动。舆情研究的方法主要包括民意调查也称民意测验以及分析、文献分析、个案研究和假设与验证等,其中民意测验一直是热点,无论是理论还是实证都是如此,民意测验可以说无所不在,收集社会舆情,已经成为一种常态性的政治活动。国外进行的舆论主客体、民意调查以及舆论、媒体和决策之间关系方面的研究,特别是关于民意调查的研究与实践,已经形成了一个完整的理论与应用体系。许多西方执政党都非常重视舆情问题,并通过这方面的研究来体察民情、了解民意,同时培养社会公众的政治认同感,比如英国的工党和保守党、德国的社民党和基民盟、法国社会党、瑞典社民党、日本自民党、新加坡人民行动党、越南共产党等都设立了专门机构收集和研究民意,评估相关政策的社会心理基础。此外,因社会形态差别,国内外对舆情研究的目的也不同,国外的舆情研究除了服务政治,在社会经济、文化建设中也都有广泛应用,这些都是值得国内相关部门和学者借鉴的。

三、让互联网在法治轨道上健康运行

一个社会的民众是否具有普遍的信任感,不仅决定社会心态是否健康,也是一个社会是否具有可持续发展动力和发展优势的问题。网络传播秩序需要有效规范,网络监管是舆情治理和让互联网在法治轨道上健康运行的重中之重。从目前的情况来看,网络的迅猛发展几乎是在无序的自由状态下进行的,有学者在文章中指出,“网络信息的传播具有多向性和不可控性,一旦形成不良的网络舆情,如网民之间的相互攻击、辱骂和诽谤等,很容易导致网络暴力,进而影响到有序的网络环境;人肉搜索等方式的应用,

① 参见《新京报》2013 年 9 月 7 日。

更容易暴露个人信息，并给别有用心的人制造引发舆论恐慌的机会；互联网上存在的负面信息和虚假言论，则很容易煽动公众情绪，导致大众产生错误的认识，进而引发他们作出危害社会的行为。加之互联网中本身存在多样化的信息传播媒介，随着网络信息的日益增多，很容易出现各种不良言论。部分网民由于个性冲动，在利用互联网与他人交流沟通过程中，容易出现言语冲突，并在短时间内集中形成网络舆情。”①从政治稳定的角度看，其结果之一就是在一些人心中放大了各种社会矛盾和社会阴暗面，并在一定程度上瓦解了人们对政治制度、法律制度的认同与预期；同时，也会导致一些政府公共服务职能的缺失或紊乱，导致社会管理的局部失效或失控。

应当明确地认识到，网络空间充斥大量虚假有害信息，一方面会给人们造成认识偏差和消极情绪，另一方面也给经济社会发展和政治稳定带来了不可想象的后果。网络平台上表现出的种种意图常常是虚拟的，而其现象背后隐藏的需求往往是真实而深刻的。此外，值得引起注意的是，一段时间以来网络上有一种混淆视听、扰乱人心、扩大负面社会心态的现象泛滥，即“贴标签”式的认知和表达方式。从传播效果看，“贴标签”这种简单化的认知和表达方式，具有较强的定性导向的作用，人们接受一些看法时，只需知道“是什么”，而不用知道“为什么”，这样就会在心态和行为等方面无形中发生一些微妙的变化。还有一些办网站的在一味追求点击率，一些公众号充当了谣言制造者或谣言扩散器，以“猎奇”的方式来吸引眼球，从中牟利。这些现象扰乱了网络秩序和社会秩序，一方面催生了人们过高的欲望期待和不满足心态，甚至造成人们的心理恐慌和舆情混乱；另一方面则使人们在片面和偏激的情绪中错过了真正有价值的信息。对于这些问题如果不及时采取有效措施加以解决，将会使网络传播秩序日益混乱。

网络舆情的复杂性，一方面反映了网络传播现象世俗化、草根化的特点；另一方面也使得社会治理和网络治理面临许多新情况、新问题、新挑战。从世界范围看，网络安全威胁和风险日益突出，并且向政治、经济、文化、社会、生态、国防等领域传导渗透。中国拥有一支数字庞大的网民队伍，网络舆情非常复杂，然而目前我国网络监管机制还不够完善，对于网络信息传播缺乏有效监管，大量虚假和有害信息的泛滥，增加了政府部门对于网络舆情的治理难度。据中国互联网络信息中心统计，仅在“十二五”期间我国出台互联网相关法律法规、规范性文件就有 76 部，同比增加 262%。其中，2014 年，中央网信小组成立以来有 47 部，占 62%。2016 年国务院印发了《关于建立完善守信联合激励和失信联合惩戒制度　加快推进社会诚信建设的指导意见》。2017 年 6 月，《中华人民共和国网络安全法》正式施行，成为了依法治网、依法管网的根本依据。这也给依

① 孙文博等：《大数据视野下网络舆情治理的政府监管研究》，《长沙大学学报》2017 年第 6 期。

法治网、依法管网提振了信心和力量。当前尤其要充分认识到舆情治理的重要性和紧迫性,认真研究舆情治理、网络环境治理中网络监管的心理基础和发生机制,通过制度化的途径加强舆情治理,加强网络监管。特别是面对种种复杂的网络困局,以及一些制度上、观念上或技术上需要突破的瓶颈,必须强调,一定要"不断提高对互联网规律的把握能力","不断提高对网络舆论的引导能力","不断提高对信息化发展的驾驭能力","不断提高对网络安全的保障能力"。一定要切实加强网络舆情治理,规范网络传播秩序,以最终提升政府互联网服务能力和网络公信力,打造一个诚信、清洁、健康的网络空间。

责任编辑:杜文丽
封面设计:汪　莹

图书在版编目(CIP)数据

中外人文精神研究.第十一辑/杜丽燕 主编. —北京:人民出版社,2018.9
ISBN 978-7-01-019955-9

Ⅰ.①中… Ⅱ.①杜… Ⅲ.①人文科学-世界-文集 Ⅳ.①C53

中国版本图书馆 CIP 数据核字(2018)第 242292 号

中外人文精神研究
ZHONGWAI RENWEN JINGSHEN YANJIU
第十一辑

杜丽燕　主编

人民出版社 出版发行
(100706　北京市东城区隆福寺街 99 号)

天津文林印务有限公司印刷　新华书店经销

2018 年 9 月第 1 版　2018 年 9 月北京第 1 次印刷
开本:787 毫米×1092 毫米 1/16　印张:13
字数:272 千字

ISBN 978-7-01-019955-9　定价:59.80 元

邮购地址 100706　北京市东城区隆福寺街 99 号
人民东方图书销售中心　电话 (010)65250042　65289539